은승표의 재미있는 스포츠 의학 시리즈

스키 부상의 역사를 통해 공부하는
스포츠 의학 입문서

스키 부상의 역사
우연초적 위험

HISTORY OF SKIING INJURIES
INHERENT RISK

은승표 정형외과 의학박사 지음

영창출판사

Prologue

원초적 위험 Inherent Risk

스포츠 부상을 완벽하게 예방하는 법?
아주 간단, 운동 안 하면 된다.

머리 안 다치려면 권투 안 하면 되고, 어깨 안 다치려면 야구 안 하면 된다. 전방십자인대 파열이 무서우면 스키장에 안 가면 된다. 집에서 가만이 누워만 있으면 마라톤 중 심장마비로 인해 죽을 일은 없다. 사실 운동장에 나간다는 것 자체가 위험한 행동이니, '다치니까 나가 놀지 말아라.'던 어른들의 말씀이 틀린 것은 아니다.

하지만 호기심 많고 잔인한 인간의 본성은, 문명이 발달할수록 스포츠를 오히려 더 위험하게 만들어간다. 사람들이 먹고 살 만 해지면 스포츠가 항상 겪게 되는 두 가지 변화, 'Extreme(극한 스포츠)'과 'Free style(자유형 스포츠)'이다.

주먹으로만 승부를 겨루던 권투가 시시해지자 온 몸으로 치고 받는 이종격투기를 만들어냈다. 사람들은 결국 로마시대 '글라디에이터'와 같은 결투를 원하게 될 것이다. 42.195km로 성이 차지 않는 사람들은 100km를 달리는 '울트라 마라톤', 심지어는 사막을 달리는 '극한 마라톤'으로 빠져들어 간다. 에베레스트를 일부러 추운 겨울에 무산소 등정하고, 산사태가 밀려오는 산 꼭대기에서 스키를 신고 뛰어 내린다. 모든 스포츠가 'Extreme sports'로 변해가는 느낌이다.

틀에 얽매이는 것을 증오하는 젊은 친구들은 'Free style'을 추구한다. 잘 정리된 슬로프에서 누구나 똑같이 내려오는 스킹은 그들을 자극하지 못한다. 길이 아닌 곳을 일부러 찾아 들어가 모글(mogul) 스키를 타고, 도약대(ramp)나 웅덩이(half pipe)에서 날아가 중력(gravity)을 즐긴다. 심지어는 난간, 계단 등의 장애물 위를 지나가야 직성이 풀린다(slope style). 이런 친구들과 같이 있으면 '가슴이 뛰는' 대신 '처자식 생각'이 먼저 난다면, 이미 젊음은 물 건너 간 것이다.

문제는 이러한 변화가 더 심한 부상, 새로운 부상을 만들어 낸다는 점이다. 그렇다면 스포츠 의학을 공부한 의사들은 부상 예방을 위해 이들을 말려야 하는 것 아닌가?

모든 운동 행위는 '원초적 위험(inherent risk)'을 내포한다. 운동하다 보면 조심하더라도 피할 수 없는 부분이 있어서, 어느 정도의 위험은 감수해야 한다는 것이다. 당연히 운동이 extreme / freestyle 쪽으로 갈수록 '원초적 위험'의 범위도 커져서 부상이 증가한다.

어디까지를 '원초적 위험'의 범주로 보아야 하는가에 대한 대답은 스포츠 의학의 역할을 규정하는 중요한 일이지만, 이는 상황에 따라 해석이 달라지기 때문에 사실상 결론을 내기가 불가능하다. 그리고 이 '원초적 위험'을 잘 못 해석하여 건드리면 스포츠의 본질을 망가뜨리는 어리석은 짓을 하게 된다. 권투 시합 중 얼굴을 많이 다친다고 해서 얼굴을 못 때리게 한다면, 마라톤하다가 일 년에 몇 명씩 죽으니까 거리를 반으로 줄여버린다면, 이미 권투와 마라톤으로서의 의미가 없어진 것이다. 학교 체력장 시간에 가끔 발생하는 돌연사 사고의 대책으로 체육 시간을 줄이고 체력장 제도를 없애는 정책을 택한다면, 역시 비슷한 경우라고 할 수 있다.

원초적 위험에 대한 해석은 스포츠 부상과 관련된 법적 분쟁에서 책임 소재를 결정하는 기준이 되기도 한다. 축구 중 태클을 당해 골절상을 입은 환자가 태클을 가한 사람을 가해자로 고소하여 승소하는 판결이 내려진 적이 있었다. 그런 식이라면 모든 권투 시합 후에는 서로 쌍방 고소 사건이 벌어질 것이다. 스키장에서 발생한 충돌 사고를 교통 사고와 비슷한 잣대로 처리한 판례들 때문에 사실상 잘잘못을 가리기가 어려운 스키장에서의 충돌 사고 현장에서 서로 고성이 오가고 연락처를 적어가는 웃지 못할 일들이 벌어진다.

의사들이 해야 할 일은 스포츠 부상을 완전히 없애자는 것이 아니고, 사람들이 몰라서 다치는 억울한 부상을 줄이는 것이다. 그리고 발달한 스포츠 의학은 과거에는 '원초적 위험'에 해당되었던 부상의 상당 부분을, 미리 잘 알고 대처만 하면 피할 수 있는 '인재(人災)'로 바꾸어 놓고 있다. 바로 이 부분이 스포츠 의학을 공부한 전문가들이 사람들에게 전달해야 할 과제이다.

결국 스포츠 의학의 역할은 '병 주고 약 주는' 격이다. 끊임없이 한계를 넘어 인간을 강하게 만들어 나가지만, 그 과정에서 더 심한 새로운 부상이 발생한다. 그리고는 그 부상을 치료하기 위해 또 새로운 치료법을 개발해 내려 노력한다.

생각해보면 좀 웃긴다. 추운 겨울날 따뜻한 집 나와 벌벌 떨면서, 안 올라가면 될 높은 산에 비싼 돈 내고 올라가고 위험한 짓만 골라서 하며 내려 오다가 다치고, 그것을 치료한다고 난리 치고, 또 예방한다고 머리 싸매고 공부하고.

2013년 9월.

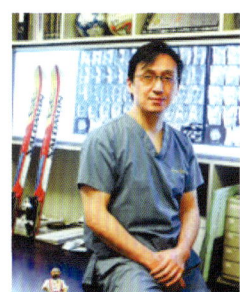

은승표

정형외과 / 스포츠의학 전문의
코리아 정형외과 / 코리아 스포츠메디슨 센터 원장
가톨릭 의과대학교 스키부 OB

Trapp Family Lodge, Stowe, Vermont

Ski Dr. Robert J Johnson MD, University of Vermont

추천글

진영수

서울아산병원 스포츠건강의학센터 교수
대한 체육회(KOC) 의무분과위원장
대한심폐재활협회 이사장
대한노인건강운동협회 이사장
대한스포츠의학회 전 회장

　스키 애호가라면 다 알고 있을 정형외과 전문의인 은승표 박사가 스키 부상에 관한 책을 출간한다는 것은 스키를 사랑하는 사람의 입장에서 너무나 고무적인 일입니다. 은승표 박사는 스포츠 의학회를 통해 활발하게 스키 부상에 관한 논문을 여러 번 발표함으로써, 많은 학자들에게 부상의 기전 및 예방에 대하여 새로운 지견을 소개하여 왔습니다.
　이 책은 스키에 관한 전반적, 역사적 사실로부터 스키 장비의 발전, 스키 부상의 최신 예방법, 치료방법까지 소개하고 있습니다. 아마도 지금까지 스키에 관한 전문적 내용을 이렇게까지 쉽게 풀어 설명한 책이 없었던 것으로 알고 있습니다.
　바쁜 개업의 생활에서 열심히 연구하는 은 원장에게 감사를 드리며, 계속 동계 스포츠에 관심을 가져 주시기 바랍니다.
　이 책이 의사, 스키 선수, 스키 동호회 회원, 처음 스키를 시작하는 많은 분들에게 큰 도움이 될 것이라는 것을 믿어 의심하지 않습니다.

박 원 하

대한 스포츠의학회 회장
삼성서울병원 재활의학과 교수 / 스포츠의학 센터장

　雪原(설원)을 질주하고 회전하는 스키는 스트레스에 시달리는 현대인들이 대자연과 호흡하며 심신을 단련할 수 있는 매력적인 운동으로, 우리 국민들의 사랑 받는 겨울 스포츠로 자리 잡았습니다. 우리가 유치한 평창 동계 올림픽에서도 스키는 가장 인기 있는 중요한 종목이기도 합니다. 비록 경기력적인 면에서는 아직 부진하지만, 스키에 관한 스포츠 의학 분야에서는 훌륭한 성과를 내기를 기대해 봅니다.

　대중 스키에 대한 관심이 폭발적으로 불어난 현실에도 불구하고 스키와 관련된 전문가들의 스키에 대한 체계적이고 과학적인 지식과 이해가 아직 뒤따르지 못한다는 느낌은 저만의 것일까요? 이제 믿을 만한 전문가가 스키에 관련된 책을 낸다고 하니 내 일처럼 기쁩니다.

　저자는 의사로서 과거 학창시절부터 스키 선수라는 경력을 가지고 활동했기에 스키에 대해 남다른 애정이 있고, 스키 부상에 대한 위험성을 자신이 잘 알고 있습니다. 국제 스키 안전협회(International Society for Skiing Safety) 한국 지부장이라는 다소 생소한 직책도 맡고 있으며, 대한체육회 의무위원이고 대한스키협회 이사 및 스키지도자연맹 의무이사로서 국내 스키어들의 부상 방지를 위해 지속적으로 노력해 오고 있는 열정적인 의사입니다.

　이 책에서는 스키의 역사와 장비의 발전에 따라 스키 부상의 패턴이 달라졌다는 흥미로운 관점에서 시작하여, 스키에 대한 지식과 경험을 가진 의학적 지식을 바탕으로 부상의 메커니즘 그리고 스키 역학, 생리학까지, 스키라는 스포츠를 다양한 스포츠 의학적 해석을 통해 씨줄과 날줄로 역어 내고 있습니다.

　무엇보다도 '스포츠 의학의 최종 목표는 부상 예방' 이라고 저자도 강조했듯이, 이 책에 소개 된 과학적 근거를 통한 부상 예방법과 안전한 스키를 즐기는 방법 등은 스키 매니아와 스키 지도자뿐만 아니라 모든 스포츠 의학자들이 꼭 알아야 할 내용입니다. 실용성과 정보성을 갖춘 길잡이 역할을 할 좋은 도서를 저술한 저자의 열정에 큰 박수를 보냅니다.

목 차

Prologue

추천글

제 1 장 케이블 바인딩 ··· 13
제 2 장 플라스틱 스키화 ··· 23
제 3 장 스키어의 무릎 ··· 35
제 4 장 스키 생체역학 ··· 45
제 5 장 하지 정렬과 스키화의 조정 ··· 63
제 6 장 스키 생리학 ··· 77
제 7 장 진화와 혁명 ··· 95
제 8 장 헬멧 이야기 ··· 109
제 9 장 전방십자인대 손상 기전-그라운드 스포츠 ······························· 119
제 10 장 전방십자인대 손상 기전-스키 ·· 141
제 11 장 스키부상의 예방-경골 골절 ·· 155
제 12 장 스키부상의 예방-전방십자인대 ·· 171
제 13 장 원초적 위험 ··· 185

Epilogue1 매터호른 스키 여행기 ··· 193
Epilogue2 재활 트레이닝의 이론과 실기 ·· 233

제 1 장 케이블 바인딩

1.1. 노르웨이, 근대 스키의 발상지

눈이 내리는 곳에서는 세계 어디든지 나름대로 눈 위를 이동하는 방법이 발달하였다. 우리 나라에도 강원도 산간 지방에서 전래되어 내려오는 '고로쇠 썰매'라는 전통 스키가 있다. 이렇게 세계 각 곳에서 사용되던 스키는 수송, 사냥, 군사적 목적으로 수천 년을 이어져왔으나 그 발전 속도는 매우 느렸다(그림 1-1).

19세기 중반까지의 스키는 통나무를 깎아 만든 것이었고, 일상 생활에서 사용되던 가죽 신발을 그대로 신었다. 가죽 줄로 신발과 스키를 고정하였기 때문에 불안정하여 조종이 어려웠다. 완만한 언덕을 걸어서 올라가고 미끄러져 내려 오는 '크로스컨트리(crosscountry)' 스타일이 스키의 주종이었다.

그림 1-1. 고로쇠 썰매. 단국대 강찬금 교수 시연

그림 1-2. 고대 스키

이동 중 스키가 쉽게 벗겨져 버렸으므로 이 시기의 스키 부상은 원치 않는 곳에서 넘어지며 부딪혀 발생하는 골절상이 대부분이었다(그림 1-2).

사람들은 먹고 살 만 해지면 생활의 일부분을 스포츠로 발전시킨다. 수천 년을 이어 내려오던 전통 스키에 변화가 오기 시작한 것 역시 스키를 스포츠로써 즐기면서부터였다. 19세기 중반 무렵 스키는 스칸디나비아 반도, 그 중에서도 노르웨이 지방에서 성행하고 있었다. 이들은 언덕에서 점프와 크로스컨트리 경기를 즐겼는데, 때문에 이를 아직도 '북구식 스키(Nordic Ski: 일반적으로 뒤축이 들리는 free heel binding을 사용)'로 분류한다.

그러던 중 스키는 노르웨이의 텔레마크(Telemark) 지방에 살던 목수, 손드레 노르하임(Sondre Norheim)에 의해 근대화의 첫 발을 내딛게 된다. 자주 벗겨지던 스키에 불만을 갖고 있던 노르하임은 1866년 버드나무 뿌리를 꼬아서 만든 새끼줄로 스키화의 뒤축을 묶고, 3m가 넘던 스키의 길이를 60cm 정도 줄여버렸다. 또 그는 스키의 허리 부분을 잘록하게 만들면 회전이 잘 된다는 사실을 알아냈다. 최초로 고정식 뒷바인딩(fixed heel binding) 개념 및 옆들림(sidecut) 개념을 도입한 것이다. 노르하임은 개량된 장비를 이용해 새로운 회전 방법을 개발했는데, 이를 사람들은 그가 살던 지방을 따서 '텔레마킹(telemarking)'이라고 불렀다. 텔레마킹은 아직도 산악 스키 기술의 일종으로 명맥을 이어 내려오고 있다(그림 1-3, 1-4).

그림 1-3.
Osier binding by Norheim, 1866(좌)
그림 1-4. Telemarking(우)

스키화의 뒤축을 고정시킨 노르하임의 아이디어는 스키의 조종 능력을 향상시켜 기술의 변화를 가져왔지만, 한편으로는 앞으로 벌어질 스키 부상의 대변화를 예고한 사건이기도 했다. 스키와 스키화 간의 견실한 접촉이 스키가 긴 지렛대처럼 하지에 회전력을 발생시키는 연결 고리를 제공한 것이다.

1.2. 오스트리아, 알파인 스키의 원조

북유럽 지방의 노르딕 스키의 발상지가 노르웨이라면, 알프스 지방의 스키 즉 알파인 스키의 원조는 오스트리아이다. 알프스 산맥은 물론 오스트리아, 스위스, 프랑스, 독일, 이탈리아의 접경을 따라 걸쳐져 있지만, 알파인 스키 이야기를 할때 오스트리아 사람들 앞에서 다른 알프스 국가, 특히 스키 경쟁국인 프랑스 이야기를 잘 못 꺼냈다간, 김치가 일본 음식 아니냐는 질문을 받은 분위기가 되어 버린다.

스칸디나비아와 마찬가지로 생활 수단으로 쓰이던 알프스 지방 스키는 오스트리아 릴리엔펠드(Lilienfeld) 지역 산 속에 살던 마시아스 짜르스키(Mathias Zdarsky)에 의해 전기를 맞는다.

19세기 후반은 유럽 각지에 탐험에 대한 열풍이 불던 시기이다. 제국주의에 의한 영토 확장의 광기가 개인적인 영웅 심리와 맞물려 떨어져, 애국심에 불탄 각국의 청년들이 오지로 탐험을 떠났다. 알프스 고산들의 초기 등반이 이루어졌던 것도 이 시기였다. 이런 분위기에서 1888년, 전 유럽에 스키에 대한 관심을 불러 일으킨 사건이 발생한다. 노르웨이의 프리초프 난센(Fridtjoff Nansen)이 스키로 그린랜드(Greenland)를 횡단한 것이었다. 난센이 쓴 모험기는 곧 베스트셀러가 되었는데, 이 책에서 난센은 크로스컨트리 스키, 점핑, 사냥 등에 대한 기술을 자세히 언급하였다(그림 1-5).

그림 1-5. Fridtjoff Nansen

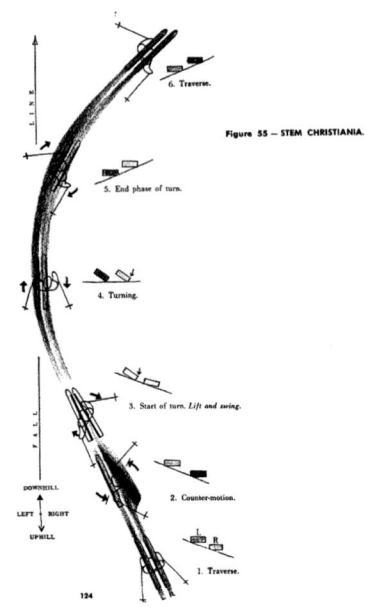

그림 1-6. Lilienfeld binding by Zdarsky(좌)
그림 1-7. Stem Christiania 모식도(우)

난센의 책을 읽고 감명을 받은 짜르스키는 당시 사용하던 북구 지방의 긴 스키와 텔레마크 회전으로는 가파른 알프스를 내려오기가 어렵다는 것을 알고 장비 개발에 돌입했다. 그 결과 스키의 길이를 대폭 줄이고 앞 바인딩을 스프링이 달린 금속으로 개조하였다. 또 뒤 축을 가죽 줄로 묶어 스키화와의 접촉을 더욱 견고하게 만들었다(그림 1-6).

새로운 스키 장비는 좀 더 정확한 힘의 전달과 조종이 가능했기 때문에 짜르스키는 한 쪽 스키의 뒤를 벌려 제동을 가해 회전을 시작하는 회전 기술을 개발하였다. '슈템 크리스차니아(Stem Christiania)'라 불리는 이 회전법은 텔레마크 방식과는 달리 알프스의 가파른 경사에서도 훨씬 작은 호의 회전이 가능했다(Christiania는 Oslo의 옛 지명으로, 이 지역에서 전래한 발을 붙이고 회전하는 스키 스타일을 의미한다). 짜르스키는 이를 책으로 펴내어 많은 사람들에게 기술을 전수하였고, 이후 전 알프스 지방에 스키가 급속히 퍼지며 알파인 스키 시대가 열렸다(그림 1-7).

1.3. 한네스 슈나이더, 전설의 스키 마이스터

20세기에 진입하면서 오스트리아로부터 시작된 알파인 스키의 붐은 스키 종주국을 자처하던 노르웨이 사람들에게는 충격이었지만 이미 대세는 거스를 수가 없었다. 이렇게 된 이유를 따지자면, 당시 북구 지방 사람들의 스키에 대한 관심이 온통 점프에만 집중되어 있었기 때문이었다. 스키 경기라는 것 자체가 점프 경기를 의미했으며, 회전 기술은 착지 후 스키를 조종하는 보조 기술 정도로 여겼다. 노르하임이 텔레마크 턴을 처음 보여주었던 것도 점프 경기의 착지 동작에서였다. 하지만 점프는 고난이도의 동작으로서 대중화되기 어려웠고 알프스 지방의 험준한 산세에서는 활용도가 떨어졌다. 반면 뒤 늦게 등장한 알파인 스키는 산을 오르고 내리는 '알피니즘(Alpinism)'의 일부로써 일반인들에게 산행의 재미를 전해주었다. 이렇게 스키가 대중화되자 여러 사람들이 스키의 장비 및 기술의 개발에 관심을 쏟기 시작하였던 것이다.

알파인 스키는 오스트리아 스투벤(Stuben) 출신의 한네스 슈나이더(Hannes Schneider)라는 전설적인 스키 마이스터에 의해 또 한 번 새로운 전기를 맞게 된다(그림 1-8).

그림 1-8. Hannes Schneider

치즈 생산업을 하던 집안에서 태어난 슈나이더는 스키에 심취한 나머지 가업을 이어받으라는 부모님의 뜻을 어기고 집을 떠나 알베르그 지방의 생 안톤(St. Anton am Alberg)에서 1907년 스키 강사 생활을 시작하였다. 여기서 그는 알파인 스키 역사에 한 획을 긋는 업적을 쌓는다. 최초의 스키 학교인 '알베르그 스키 학교(Alberg School)'를 설립하여 기술을 개발하고 체계적인 강습 방법을 확립하였다. 여기서 배출된 강사들이 유럽 각 지역 및 미국, 일본으로 건너가서 세계에 알파인 스키 기술을 전파하였다. 그의 '알베르그 기술(Alberg system)'이 향후 30년 이상 사실상 세계의 스키 기술을 주도하면서, 슈나이더는 '알파인 스키 기술의 아버지'로 불리며 존경받는 스키 마이스터가 되었다. 슈나이더는 나치 침공 후 미국으로 이주하여 1955년 작고하였지만, 요즘도 매 해 오스트리아 주니어 대표 선수들이 뉴햄프셔주의 작은 스키장(North Conway, NH) 근처에 살고 있는 슈나이더의 후손들을 찾아와 경의를 표한다(그림 1-9).

그림 1-9. Herbert Schneider, 한네스 슈나이더의 아들과 필자

슈나이더의 알베르그 시스템은 기본적으로 다리를 벌려 회전을 시작하는 짜르스키의 슈템 기술을 기초로 삼았다. 하지만 체중을 낮추기 위해 '크라우칭 자세(crouching)'를 강조했고 바깥쪽 어깨를 회전 방향으로 돌리는 '로테이션(rotation)' 기술을 사용하였다. 이와 같은 '로테이셔널 슈템(rotational stem)' 기술은 기존 방식에 비해 훨씬 공격적인 회전법으로서, 이를 구사하기 위해서는 스키화의 뒤축이 고정된 형태의 바인딩이 절대 유리하였다. 따라서 자연스럽게 바인딩의 개발은 고정 기능의 향상 쪽으로 줄달음쳤다(그림 1-10).

그림 1-10. Rotational Stem Christie, Alberg Style

1932년 발간된 오토 슈나이브(Otto Schniebs)의 '모던 스킹 테크닉(Modern Ski Technique)'이라는 책에는 당시의 이런 개념을 언급하고 있다.

"스키화는 뒤꿈치 부분이 스키의 중앙에 오도록 위치한 상태여야 하며, 이때 바인딩으로 스키와 스키화가 단단히 고정되는 것이 무척 중요하다. 스키가 풀리게 되면 스케이트가 풀리는 것과 같이 매우 위험하다. 바인딩은 스키어가 무릎을 구부려 스키 앞에 닿을 정도로 조정한다."

1.4. 케이블 바인딩, 사람의 욕망이 만든 '인재(人災)'

바인딩 고정 기능의 향상을 간절히 원하던 스키어들은 1930년대에 들어 드디어 '케이블 바인딩(cable binding)'을 탄생시켰다. 스키화의 뒤축을 케이블로 내려 누르고 그것을 앞쪽에서 당겨 레버로 고정하는 형태였다. 케이블 바인딩은 점점 기능이 개선되고 발목을 고정하는 가죽 줄(long thong)과 같이 사용하게 되면서 뒤축의 고정 문제를 완전히 해결하였다. 당시 독일의 '게제(Geze)' 사에서 생산한 '칸다하 바인딩(Kandahar binding)'은 케이블 바인딩의 대명사로서, 1950년대까지도 가장 많이 쓰인 베스트셀러가 되었다(그림 1-11).

스키어들은 케이블 바인딩의 등장에 열광하였다. 스키가 발에서 떨어지지 않는 케이블 바인딩을 사용하자, 벗겨진 스키를 찾으러 산을 기어 올라가야 하는 일도 없어졌고, 당시 대세였던 알버그 스타일의 기술을 더욱 효과적으로 구사할 수 있었다. 모든 문제를 한 방에 해결한 기술의 승리라고 칭찬하였다.

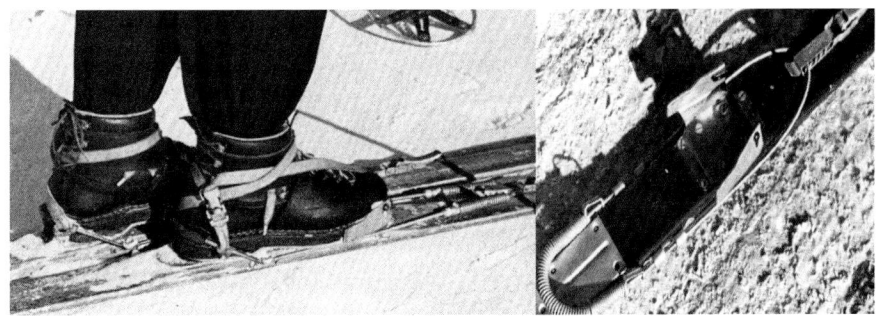

그림 1-11. Kandahar cable binding, Geze

정말 승리였을까?

케이블 바인딩을 착용한 스키어들이 급속도로 늘어나면서, 생각지도 못했던 일이 벌어지기 시작했다. 넘어져도 벗겨지지 않는 긴 스키가 지렛대처럼 다리를 휘감기 시작하였던 것이다. 당시 스키화는 가죽 등산화를 그냥 사용했었기 때문에 모든 회전력이 족관절에 집중되면서, 족관절 외과의 사선형 골절이 집중적으로 발생하였다. 의사들은 이를 '스키어 골절(Skier's fracture)'이라고 부르기 시작했다(그림 1-12).

1936년 독일 가미쉬(Garmich)에서 열린 동계올림픽부터는 알파인 스키가 정식 종목으로 채택되었고, 북미지역에서도 유럽 이민자들이 전파한 스키가 선풍적인 인기를 끌었다. 이렇게 알파인 스키가 동계스포츠의 대명사로 자리 잡으면서 대중화되자 케이블

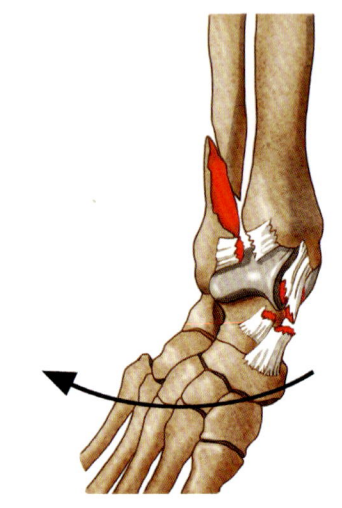

그림 1-12. 스키어의 골절

바인딩의 생산도 대폭 늘어났다. 그 결과 스키어 골절도 늘어만 갔지만 해결할 방법이 없었기 때문에, 스키를 즐기기 위해서는 어쩔 수 없이 감수해야 하는 '원초적 위험'으로 여겨졌다. 스키를 좀 편하고 잘 타게 된 대가로 발목을 갖다 바친 셈이었다.

결국 케이블 바인딩은 인간의 욕망이 새로운 부상을 만들어낸, 전형적인 '인재(人災)'이었던 것이다. 스키어들은 이렇게 엄청난 희생을 치르고 나서야 비로소 스키가 경우에 따라서는 발에서 떨어져 주어야 하는 기구임을 뒤 늦게 알게 되었다.

1.5. 이탈식 안전 바인딩의 등장

최초의 '이탈식 안전 바인딩(releasable safety binding)'은 아이러닉하게도 유럽이 아닌, 스키 후진국이었던 미국에서 등장했다.

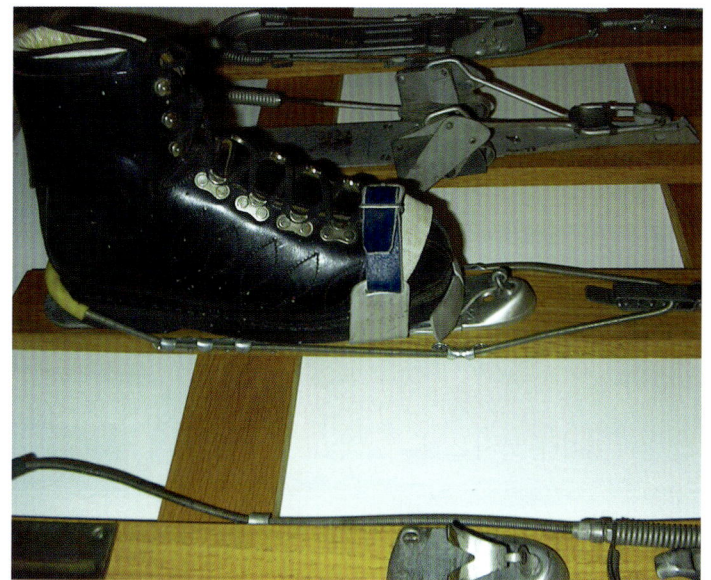
그림 1-13. Hvam Saf-ski Binding

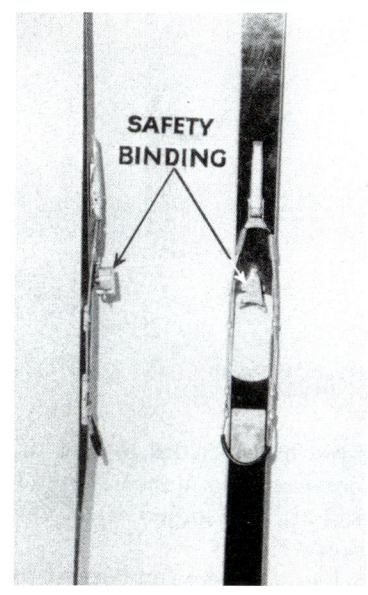
그림 1-14. Automatic toe iron, Marker

1930년대 말, 노르웨이 스키 선수 출신으로 미국에서 살고 있던 얄마 밤(Hjalmar Hvam)은 스키를 타다가 2년 연속 족관절 골절상을 입게 된다. 이대로는 안되겠다 싶었던 밤은 노력 끝에 1939년 최초의 이탈식 바인딩을 개발했지만, 곧 2차대전이 터지는 바람에 아쉽게도 상용화되지는 못하였다(그림 1-13).

이후 여러 회사에서 다양한 형태의 안전 바인딩을 개발했지만 대중화 되는 데에는 시간이 오래 걸렸다. 초기의 안전 바인딩은 측방 이탈 기능(side release)을 지닌 앞 바인딩과 뒤축 케이블을 조합한 형태로서 이탈 기능이 워낙 부실했고, 상급자 스키어들은 안전 바인딩을 착용하는 것 자체를 부끄럽게 생각하는 경향이 있었기 때문이었다(그림 1-14).

이어서 바인딩의 뒤축 고정 방식에 새로운 방법이 등장하는데, 1950년 미국의 미치 커벌리(Mitch Cubberly)가 뒤축 이탈이 가능한 스텝 인 바인딩(step-in binding)을 개발한 것이었다. '커브코 바인딩'은 현재의 바인딩에 견주어도 손색없을 정도의 '다중 방향 이탈 기능(multidirectional release)을 보유했던 제품으로서 많은 스키어들의 호응을 얻었다. 이처럼 이탈 기능이 개선된 제품들이 속속 등장하면서 안전 바인딩은 서서히 대중화되어 갔다(그림 1-15).

1958년 유명 스키 강사 프레드 이셀린(Fred Iselin)이 쓴 '스킹의 세계로의 초대(The new invitation to skiing)'라는 책에 보면 당시 상황이 잘 기술돼 있다.

"10여 년 전부터 안전 바인딩이 개발되었지만 1950년대 중반까지 나온 이탈식 안전 바인딩의 대부분이

그림 1-15. Cubco Binding by Mitch Cubberly

제 기능을 발휘하지 못했다. 하지만 그 동안 노력한 결과, 이제는 이탈 기능이 많이 좋아진 안전 바인딩들이 나오고 있다. 과거엔 초보자, 겁쟁이들이나 착용하는 장비로 취급받으며 상급자들에게 외면당했던 안전 바인딩이 이제는 필수 장비가 되었으며, 선수들도 모두 안전 바인딩을 착용하고 있다. 하지만 주의해야 할 것은 반드시 전문가가 설치 및 이탈 강도를 조정해야 하고, 사용자도 조정 방법을 배워서 수시로 점검해야 한다는 점이다."

'스키어 골절'과의 전쟁이 시작된 것이었다.

제 2 장 플라스틱 스키화

2.1. 전쟁과 스포츠

전쟁이 끝나면 스포츠가 발달한다. 황폐화 된 사람들의 몸과 마음을 달래주기에 스포츠 만한 것이 없기 때문이다. 승전국은 엘리트 스포츠와 생활 스포츠를 활성화시켜 국민들이 보고 즐기게 만들고, 패전국은 패전국대로 없는 살림이지만 억지로 스포츠 스타를 만들어서라도 열광한다. 우리도 80년대 초반 비슷했던 쓸쓸한 기억이 있다.

또 한 가지 중요한 이유는 전쟁 통에 발달한 공학기술들이 전쟁이 끝난 후에는 스포츠 쪽으로 유입되기 때문이다. 스키는 장비가 많이 사용되므로 이런 영향을 가장 많이 받을 수밖에 없었다. 게다가 2차 대전으로 인해 중단되었던 다른 스포츠와는 달리 각 국에 창설된 스키 부대로 인해 전쟁 중에도 명맥이 이어졌으니, 아마도 전쟁의 혜택을 가장 많이 입은 종목일 것이다. 전설의 스키 부대, 미국 10사단에서 쓰던 장비는 한국 전쟁 이후 우리 나라에도 흘러 들어와 국내 스키 활성화에도 기여했다.

최초로 금속 재질의 스키를 개발한, '헤드(Head)' 사의 창업자 하워드 헤드(Howard Head)도 원래는 전투기 만드는 항공 회사(Glenn L. Matin Company, 히로시마에 원폭을 투하한 B29 항공기를 생산한 회사)에 근무하던 엔지니어였다. 하버드 출신의 공학도에 포커 승부를 즐기던 헤드에게 통나무를 깎아 만든 기

그림 2-1. Head Standard ski by Howard Head

존의 투박한 스키가 맘에 들 리가 없었다. 헤드는 비행기 회사를 그만 두고 아예 스키 회사를 차려 장비 연구에 돌입한 끝에 1947년, 당시 비행기 경량화에 사용된 신소재였던 알루미늄을 이용하여 금속 스키를 개발해내었다. 나무 스키에 비해 훨씬 내구성이 강하고 회전력이 좋았던 금속 스키는 대성공을 거두었고, 이후 스키 업계는 플라스틱, 합금, 파이버글라스 등 각종 신소재가 다양하게 적용되어 마치 공학 실험실을 방불케 하였다(그림 2-1). 헤드는 말년에 테니스에 몰입하여 다시 천재성을 발휘하기도 하였다. 알루미늄을 입힌 메탈 라켓, 스위트 스팟을 확대하여 테니스 라켓 모양 자체를 바꾸어 버린 오버사이즈 라켓 등이 그의 작품이었다(그림 2-2).

이처럼 사람이 만든 기술은 사람이 어떻게 사용하느냐에 따라 달라진다. 전쟁에 사용하면 사람을 죽이고, 의학에 사용하면 사람을 살린다. 스포츠에 사용된 기술은 사람들을 행복하게 만든다.

그림 2-2. Prince Oversized tennis raquet by Howard Head

2.2. 플라스틱 스키화, 스포츠 역사상 최고의 발명품

스포츠와 공학과의 만남은 1960년대에 들어와 결국 스포츠 역사상 최고의 발명품을 탄생시킨다.

이전 스키어들이 신던 가죽 스키화는 추운 날에 가죽이 얼어 붙어 찢어지거나 줄이 끊어지는 일이 잦았다. 저녁에는 젖은 스키화를 모닥불에 말리다가 태워먹기 일수였고, 시간이 가면 모양이 변형되었다. 신을 때는 스키화 끈을 동여매고 그 위에 줄을 칭칭 감아야 했으므로 시간이 많이 걸렸다(그림 2-3).

그림 2-3. 1950년대의 가죽 스키화

불편한 것은 둘째 치고 가죽 스키화의 결정적인 약점은 족관절의 안정성 문제였다. 스키 기술은 날이 갈수록 공격적으로 변하여 정확한 체중 전달과 빠른 체중 이동을 요구하였지만 가죽 스키화는 이를 수용하지 못하고 있었다. 스키어들에게 공포의 대상이었던 '족관절 스키어 골절' 역시 발목을 잡아주지 못하는 가죽 스키화가 원인이었다.

국내에도 잘 알려진 오렌지색 '랑게(Lange)' 브랜드 스키화의 창업자 로버트 랭(Robert Lange)은 명문 필립스 아카데미(Phillips Academy, Exter, NH)와 하버드(Havard Univ., Boston, MA)를 졸업한 천재 엔지니어였다. 겨울마다 스키 여행을 빼먹지 않는 스키 광이었던 그는 발목이 불안정한 가죽 스키화의 조종 능력에 항상 불만을 갖고 있었다. 이미 대학시절에도 스키화를 딱딱하게 만들려고 시도한 적이 있었던 랭은 1958년, ABS를 사용하여 최초의 플라스틱 스키화인 '로얄라이트(Royalite)'를 개발하였다(그림 2-4).

이 스키화는 너무 딱딱해서 깨져버리는 실패를 맛 보았지만, 절치부심 끝에 1964년, 당시 듀퐁(DuPont) 사에서 개발한 신소재였던 '아디프렌(Adiprene)'을 사용함으로써 단점을 보완하여 큰 성공을 거두게 된다 (그림 2-5).

혜성처럼 등장한 랭의 플라스틱 스키화는 불과 수 년 사이에 스키의 패러다임을 송두리째 바꾸어 놓는다. 랭의 스키화를 처음 신어 본 유럽 스키어들이 '환상적인 플라스틱(Les Plastiques Fantastiques)' 이라고

그림 2-4. Royalite ski boots by Lange

그림 2-5. Adiprene ski boots by Lange

그림 2-6. 오스트리아의 counter-rotation 방식의 회전 자세 (좌)
그림 2-7. 프랑스의 rotation 방식의 회전 자세 (중)
그림 2-8. Jean Claude Killy in Grenoble Olympic, 1968 (우)

표현했을 만큼 플라스틱 스키화는 획기적인 반응을 얻었다. 그 이유는 역시 플라스틱 스키화가 발목을 잡아주어서 힘을 정확하고 효율적으로 스키 날에 전달할 수 있었기 때문이었다. 훨씬 더 공격적인 기술을 구사할 수 있었고, 과도한 업-다운(up-down)이나 상체를 비틀지 않아도 회전이 가능하였다. 당시 전혀 반대의 회전 메커니즘을 고수하며 대립하고 있던 오스트리아와 프랑스간의 스키 기술의 차이가 없어져버렸을 정도였다(그림 2-6, 2-7). 급기야는 1968년 그레노블 올림픽(Grenoble Olympic)에서 쟝 끌로드 낄리(Jean Claude Killy, France)의 삼관왕을 포함한 5개의 금메달을 플라스틱 스키화를 신은 선수들이 휩쓸면서 불과 수 년 만에 스키계를 평정해 버렸다(그림 2-8).

이렇게 플라스틱 스키화가 열풍처럼 번져 대중화된 것이 1960년대 후반. 그러자 뜻밖의 결과가 나타났다. 스키어 골절 즉 족관절 골절이 줄어들기 시작한 것이다. 물론 여기에는 대중화되기 시작한 이탈식 안

그림 2-9. Lange Adiprene ski boots

전 바인딩의 역할도 있었겠지만, 보조기처럼 발목을 보호하는 딱딱한 플라스틱 스키화의 영향이 훨씬 컸다.

원색의 화려한 외형에 스키도 더 잘되고, 비싸서 희소 가치까지 있던 랭 스키화대신 구질구질한 가죽 스키화를 신을 이유가 없었다. 1960년대는 미국 콜로라도를 필두로 스키장 개발의 붐이 일며 스키 인구가 급증하였던 시절 랭의 플라스틱 스키화는 선택의 여지없이 모든 스키어들이 동경하는 명품이 되어버렸다. 하지만 이때, 플라스틱 스키화가 앞으로 스키어들에게 미칠 엄청난 영향을 예측한 사람은 랭 자신을 포함하여 아무도 없었다(그림 2-9).

2.3. 새로운 스키어 골절

스키 역사상 최고의 발명품으로 칭송받으며 승승장구하던 플라스틱 스키화에 어둠의 그림자가 보이기 시작하는데, 역시 부상과 관련된 문제였다.

1960년대에 생산된 초창기 플라스틱 스키화의 높이는 복숭아뼈를 바로 넘는 수준이었다. 그 결과 발목이 보호되면서 족관절 골절은 줄었지만, 대신 회전력이 가해지는 위치가 상승하여 경골에 집중되면서 경골 골절이 늘기 시작한 것이다. 결국 '스키어 골절'은 사라지지 않고 경골 간부의 나선형 골절에 그 이름을 넘겨주게 되었다(그림 2-10).

게다가 당시의 바인딩 개발은 앞 바인딩에서의 측방 이탈(twisting side release) 기능의 개선에만 집중되었기 때문에, 상대적으로 뒤축의 수직 이탈(upward release) 기능, 즉 앞으로 넘어질 때 발생하는 굴곡력에 대한 이탈 기능은 부실했다. 때문에 경골의 횡 골절은 오히려 더 늘어나고 말았고 이를 의사들은 '부츠 톱 골절(Boot Top Fracture)'이라고 불렀다. 플라스틱 스키화가 새로운 형태의 '스키어 골절'을 만들어 낸 셈이었다(그림 2-11).

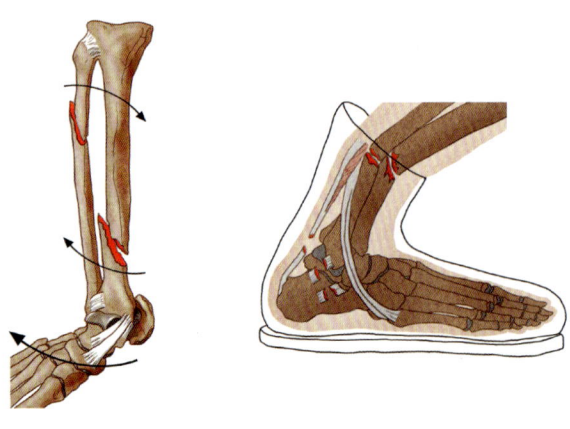

그림 2-10. 1970년대의 스키어 골절, 경골 나선형 골절(좌)
그림 2-11. 1970년대의 스키어 골절, Boot top fracture(우)

헤드의 메탈 스키와 랭의 플라스틱 스키화로 대변되는 스키 장비의 혁명은 엄청난 변화를 몰고 왔지만 상대적으로 바인딩을 포함한 안전 장비들은 그에 맞는 기능을 갖추지 못한 채 시스템의 괴리를 일으키고 있었던 것이다. 역사가 보여주듯이 전체 시스템의 조화를 무시한 일방적인 혁명은 예상치 못한 후유증을 몰고 온다. 한 두 명의 천재가 이끌어 가는 사회가 성공하지도, 행복하지도 못한 이유이기도 하다.

2.4. 스키 역학(Ski epidemiology)

스포츠 의학의 최종 목표는 부상의 예방이다. 부상을 예방하려면 어떤 종목에 어떤 부상이, 얼마나 발생하는지를 먼저 알아야 목표를 정할 수 있다. 이런 이유에서 각 종목의 부상 양상에 대한 '역학 조사(epidemiologic study)'는 스포츠 의학을 구현하는데 있어서 가장 중요한 기초 작업이라고 할 수 있다.

스키는 장비 환경 등의 '외적 요인(extrinsic factor)'과 체력, 체형 등의 '내적 요인(intrinsic factor)'이 골고루 부상에 관여하면서 시대에 따라 극적인 변화를 겪어 왔기 때문에, 스포츠 역학(sports epidemiology)을 연구하는 사람들에게는 주요 관심 종목이 되어 왔다.

1962년 윌리엄 해던(William Haddon Jr.) 등이 발표한 스키 부상에 대한 환자-대조군 조사(case-control

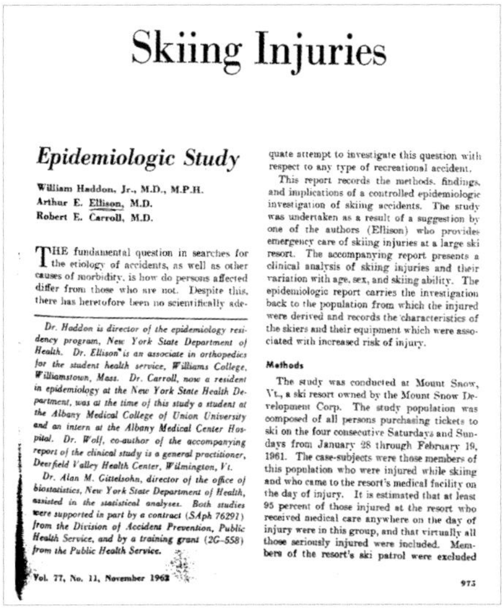

Skiing Injuries

Epidemiologic Study

William Haddon, Jr., M.D., M.P.H.
Arthur E. Ellison, M.D.
Robert E. Carroll, M.D.

THE fundamental question in searches for the etiology of accidents, as well as other causes of morbidity, is how do persons affected differ from those who are not. Despite this, there has heretofore been no scientifically adequate attempt to investigate this question with respect to any type of recreational accident.

This report records the methods, findings, and implications of a controlled epidemiologic investigation of skiing accidents. The study was undertaken as a result of a suggestion by one of the authors (Ellison) who provides emergency care of skiing injuries at a large ski resort. The accompanying report presents a clinical analysis of skiing injuries and their variation with age, sex, and skiing ability. The epidemiologic report carries the investigation back to the population from which the injured were derived and records the characteristics of the skiers and their equipment which were associated with increased risk of injury.

Methods

The study was conducted at Mount Snow, Vt., a ski resort owned by the Mount Snow Development Corp. The study population was composed of all persons purchasing tickets to ski on the four consecutive Saturdays and Sundays from January 28 through February 19, 1961. The case-subjects were those members of this population who were injured while skiing and who came to the resort's medical facility on the day of injury. It is estimated that at least 95 percent of those injured at the resort who received medical care anywhere on the day of injury were in this group, and that virtually all those seriously injured were included. Members of the resort's ski patrol were excluded

Dr. Haddon is director of the epidemiology residency program, New York State Department of Health. Dr. Ellison is an associate in orthopedics for the student health service, Williams College, Williamstown, Mass. Dr. Carroll, now a resident in epidemiology at the New York State Health Department, was at the time of this study a student at the Albany Medical College of Union University and an intern at the Albany Medical Center Hospital. Dr. Wolf, co-author of the accompanying report of the clinical study is a general practitioner, Deerfield Valley Health Center, Wilmington, Vt.

Dr. Alan M. Gittelsohn, director of the office of biostatistics, New York State Department of Health, assisted in the statistical analyses. Both studies were supported in part by a contract (SAph 76291) from the Division of Accident Prevention, Public Health Service, and by a training grant (2G-558) from the Public Health Service.

Vol. 77, No. 11, November 1962 975

그림 2-12.
Haddon W Jr, Ellison AE, Carroll RE:
Skiing injuries: Epidemiologic study.
Public Health Rep 1962;77:975-985

study)는 스포츠 역학 분야에 전기가 되었던 연구로 평가받고 있다. 이 연구에서 해던은 모터사이클 사고에 대한 역학 조사에 사용했던 연구기법을 응용하였는데, 당시의 이탈식 안전 바인딩의 효과에 대해서 건장한 남자들에게는 작용하지만, 여자나 애들처럼 약한 사람들에겐 효과적으로 작용하지 못하고 있음을 지적하였다. 해던의 연구는 이후 스키 부상 분야에 독보적인 영역을 구축한 버몬트 그룹 연구의 기초가 된다.

1972년 겨울, 버몬트 대학 정형외과 교수 로버트 죤슨(Robert J. Johnson), 'Vermont Ski Safety' 대표 칼 에트린져(Carl F. Ettlinger), 로체스터 공대 교수 쟈스퍼 쉴리(Jasper E. Shealy) 세 명은, 버몬트 주 슈가부시 스키장(Sugarbush, VT)에서 역사적인 스키 부상 역학 조사를 시작하였다.

해던과 버몬트 그룹의 연구 이전의 스포츠 부상에 대한 역학 조사는, 주로 환자를 대상으로 한 후향적 조사들이었다. 다쳐서 병원에 방문한 환자 만을 대상으로 하거나, 아니면 축구, 농구 등의 특정 종목의 스포츠 선수들을 대상으로 하였기 때문에 '위험 인자(risk factor)' 를 규명할 수가 없었다. 예를 들어 다친 스키어들 중에 남자가 더 많았다고 해서 남자가 여자보다 스키 부상률이 높다는 결론을 내릴 수는 없는 것이, 전체 스키어 중에 남자의 비율이 높아서 나온 결과일지도 모르기 때문이다. 그래서 스포츠 부상을 일으키는 위험 인자 규명을 위해서는 다치지 않은 일반 스키어, 즉 '대조군(control population)'과의 비교가 필수적이며 특히 스키처럼 시대에 따라 장비와 환경 조건이 계속 변하는 상황에서는, 장기적으로 부상의 동향을 추적 관찰하는 '경향조사(trend study)'가 필요하다.

그림 2-13. Robert J. Johnson, ski doc

문제는 이런 작업이 말이 좋아 '경향조사(trend study)'지 능력, 노력, 정열, 끈기, 시간, 비용이 모두 필요한 엄청난 고행 길이라는 것이다. 한 두 해에 결론을 내릴 수가 없으므로 운동장에서 평생을 바치겠다는 각오로 묵묵히 걸어 가야 결과가 나올까 말까 한 것이 이 분야이다. 버몬트 그룹은 처음 연구를 시작한 1972년 이래 현재까지 매 해, 똑 같은 사람들이, 동일한 스키장에서, 같은 방법으로 자료를 수집해 왔다. 닥터 죤슨은 눈 덮인 버몬트 대학 병원에서 한 번도 자리를 옮기지 않고 무릎 수술을 집도 해 온 정형외과 의사이고, 죤슨의 동네 친구인 괴팍한 엔지니어 칼 에트린저는 아예 산 기슭에 연구소를 차려 놓고 파 묻혀 스키 장비 연구에 평생을 바쳐 왔다. 동네 사람들은 그를 'mad scientist'라고 부른다. 쉴리는 로체스터 공대 교수로서 냉철한 분석력으로 연구 디자인과 통계 처리를 주도 해 왔다(그림 2-13).

결과는 멋있어 보이지만 이들의 자료 수집 및 처리 과정은 '단순, 무식, 노가다' 작업의 연속이다. 보조 인력이 별로 없기 때문에 스키장 리프트 베이스에서 이루어지는 대조군 설문 조사와 missing data 파악을 위

Journal of ASTM International, Vol. 5, No. 10
Paper ID JAI102046
Available online at www.astm.org

Robert J. Johnson,[1] Carl F. Ettlinger,[2] and Jasper E. Shealy[3]

Update on Injury Trends in Alpine Skiing

ABSTRACT: Over the 34 years from December of 1972 to April of 2006 the authors evaluated prospectively 18,696 injuries sustained by 17,193 skiers and reported to the injury clinic operated in the base lodge of a medium-sized northern Vermont ski area. Data from a total of 3966 randomly selected uninjured controls were also collected. Over the period approximately 6,780,940 skier-visits were accrued by the area. The overall injury rate dropped by 55 % over the 34 years of the study to 1.9 injuries per thousand skier visits. Among lower extremity injuries only tibial plateau fractures produced a statistically significant negative trend. Twist-related lower leg injuries improved the most with a net reduction of 87 % over 34 years. Bending-related lower leg injuries showed no improvement in the last half of the study. Overall, the incidence of knee ligament injuries changed very little. However, the incidence of minor to moderate sprains diminished by 77 % while severe knee sprains, usually involving the anterior cruciate ligament, increased by 268 % through the early 90s. Since then there has been a 37 % improvement. Among upper body injuries only clavicle and humerus fractures produced statistically significant negative trends.

KEYWORDS: skiing injury trends, epidemiology, knee injuries, lower leg injuries, injury rates

Introduction

For 34 seasons, beginning in the winter of 1972–73, the authors conducted a case control study designed to document snow sport-related injuries at a northern Vermont ski area. During this time the authors published seven reports using the same basic methodology [1–7]. The present study extends by four years the analysis since the last major review of this on-going study. The report that follows includes all forms of skiing but does not include snowboarding.

Alpine skiing has evolved greatly over the past 80 years, with changes in the design of skis, boots and bindings, and the techniques by which skiers maneuver down hill propelled only by the force of gravity. These changes, and the ever increasing use of ski lifts, have opened the sport to people of all ages and levels of athletic skill and conditioning. To accommodate this changing market a whole industry has sprung up to make and groom snow. Each of these developments have, in some way, influenced the type and incidence of skiing related injuries.

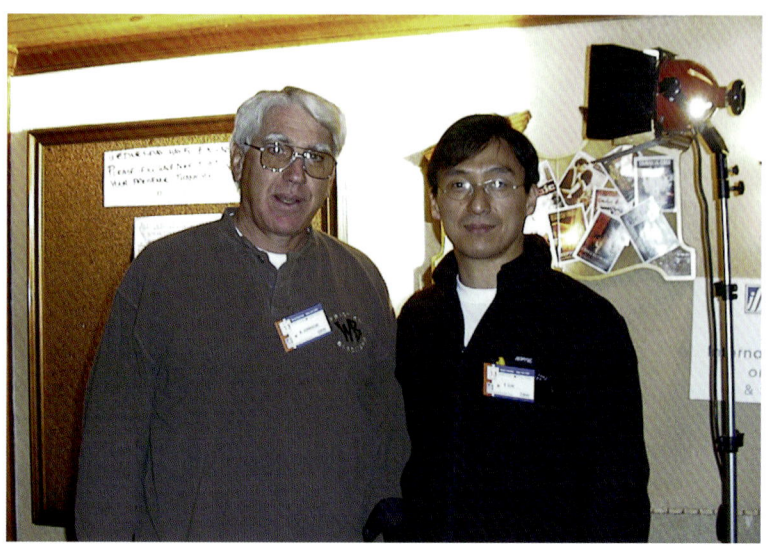

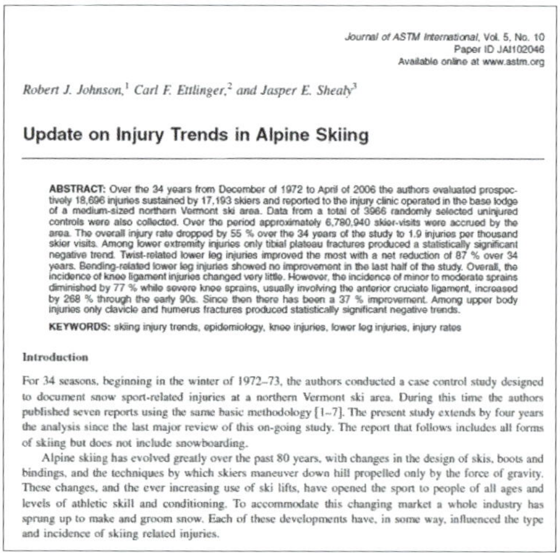

그림 2-14. 버몬트 그룹이 2009년 발표한 trend study

한 'parking lot study'에는 칼의 딸 하이디가 아르바이트 삼아서 뛰어 다니곤 한다. 아직도 컴퓨터를 쓰지 않는 죤슨은 주말마다 스키장 클리닉에 가서 환자 정보를 일일이 손으로 적어온다. 이 세 사람이 무려 40년 동안 이끌어 온 스키 부상에 대한 경향조사(trend study)는 스포츠 역학 연구의 독보적이면서도 모범적인 사례로 꼽힌다(그림 2-14).

이들이 처음 연구를 시작했던 1970년대 초반은 스키 역사상 가장 많은 변화를 겪던 격동의 시기였다. 랭의 플라스틱 스키화가 스키 장비와 기술의 패러다임을 완전히 바꾸어 버리는 통에 스키장에서 내일 무슨 일이 벌어질 지 아무도 모르는 예측불허의 상황이었다. 스키 장비 업계는 마치 요즘의 IT 업계처럼 각종 신기술의 경연장으로 변해버려, 해 마다 첨단 신제품들이 쏟아져 나왔다. 심지어는 정형외과 의사가 발명한 바인딩이 인기를 끌었던 적도 있었다. 오래 가지는 못했지만 현재까지도 가장 안전한 이탈 모드를 지녔던 것으로 평가받는다. 당시의 스키 잡지는 고급 연구 기사들이 줄줄이 실려 과학 저널을 방불케 하였다(그림 2-15, 2-16).

운동 환경이 이렇게 빠른 속도로 바뀌니 부상 양상에 대한 역학 조사가 절실한 상황이었던 것이다. 1970년대 초반 스키 부상 빈도는 1,000명 스키어 당 약 7명 정도(현재 약 1~2명)이었고 주요 부상은 여전히 '스키어 골절'이었다. 앞서 소개한대로 기계적으로는 상당한 수준에 이른 바인딩이 등장했음에도 불구하고, 플라스틱 스키화의 목 부분이 발목 위로 점점 상승하면서 족관절 골절 대신 경골 간부 골절이 그 이름을 유지하며 빈도가 줄어들지 않고 있었다.

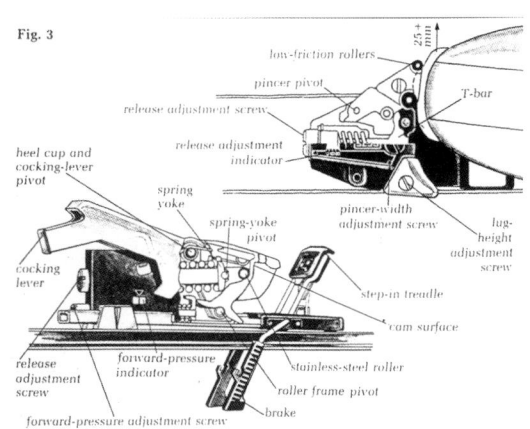

그림 2-15. Spademan binding(좌)
그림 2-16. 1970대 Skiing 잡지에 실린 칼 에트린져의 바인딩 관련 기사(우)

2.5. 표준화와 스키어 골절의 정복

환자-대조군 조사로 인해 스키 부상과 관련된 여러 가지 사실들이 드러났다. 이 분야에 종사하는 스포츠 의학자들에게는 해결해야 할 목표가 분명해졌음을 의미한다. 그 동안 보이지 않는 적을 상대하던 불안한 상황에서 벗어나 눈에 보이는 적을 향해 공격을 할 수 있게 된 것이다.

연구 결과는 최신식 이탈식 바인딩을 착용하더라도 여전히 높은 비율의 '스키어 골절'이 발생하는 것으로 밝혀졌다. 바인딩이 이미 기계적으로는 상당 수준에 도달했음에도 불구하고 제 역할을 못하고 있었고 그 이유는 이탈 기능이 표준화되어 있지 않았기 때문이었다. 스프링이 주요 부품인 바인딩의 이탈 강도는 각 스키어의 조건에 따

그림 2-17. Nevada binding, Look

라 달라져야 하는데, 이탈 기능을 표시하는 기준이 없으니 원치 않는 곳에서 풀리는 '이른 이탈(inadvertent release)'이나 경골 골절이 발생해도 풀리지 않는(release failure) 등의 오작동이 일어날 수 밖에 없는 상황이었다(그림 2-17).

허버트 슈나이더(Herbert Schneider; 한네스 슈나이더의 아들)는 1968년 발간된 '레츠 고 스킹(Let's go Skiing)'이란 책에서 이렇게 기술하고 있다. "요즘 판매되는 이탈식 안전 바인딩을 말 그대로 믿으면 큰 오산이다. 너무 강하게 조정하면 넘어져도 풀리지 않으며, 반대로 너무 약하게 조정하면 정상 회전 중에도 풀린다. 조정 강도의 설정은 여러 번 넘어져가며 시행착오를 거쳐 자신에 맞는 강도를 찾아 나가야 한다." 바인딩의 이탈 강도의 표준치가 없었기 때문에 기술자의 감각과 스키어 자신의 경험으로 조정할 수밖에 없었던 상황을 보여주는 내용이다.

이제 공격 목표는 확실해졌다. 경골이 부러지기 전 바인딩이 풀리도록 만드는 것이었다. 그리고 방법은 바인딩 이탈 기준의 설정, 즉 '보정(calibration)' 작업이었다. 독일의 DIN, 미국의 ASTM과 같은 표준 단체

			Release/Retention Adjustment Table						
			a-n RENTAL	o-s A-B	t-x C-G	y-z H-L	SINGLE CODE M-Q	SINGLE CODE R-Z	
kg/lbs	cm/Ft'in"	SKIER CODE	mm ≤250	251-270	271-290	291-310	311-330	≥331	Mz Nm / My Nm
									5 / 18
10-13 kg / 22-29 lbs		A	0,75	0,75					8 / 29
14-17 kg / 30-38 lbs		B	1,00	1,00	0,75				11 / 40
18-21 kg / 39-47 lbs		C	1,50	1,25	1,00				14 / 52
22-25 kg / 48-56 lbs		D	1,75	1,50	1,50	1,25			17 / 64
26-30 kg / 57-66 lbs		E	2,25	2,00	1,75	1,50	1,50		20 / 75
31-35 kg / 67-78 lbs		F	2,75	2,50	2,25	2,00	1,75	1,75	23 / 87
36-41 kg / 79-91 lbs		G	3,50	3,00	2,75	2,50	2,25	2,00	27 / 102
42-48 kg / 92-107 lbs	≤148 cm / ≤ 4'10"	H		3,50	3,00	3,00	2,75	2,50	31 / 120
49-57 kg / 108-125 lbs	149-157 cm / 4'11"-5'1"	I		4,50	4,00	3,50	3,50	3,00	37 / 141
58-66 kg / 126-147 lbs	158-166 cm / 5'2"-5'5"	J		5,50	5,00	4,50	4,00	3,50	43 / 165
67-78 kg / 148-174 lbs	167-178 cm / 5'6"-5'10"	K		6,50	6,00	5,50	5,00	4,50	50 / 194
79-94 kg / 175-209 lbs	179-194 cm / 5'11"-6'4"	L		7,50	7,00	6,50	6,00	5,50	58 / 229
≥95 kg / ≥210 lbs	≥195 cm / ≥6'5"	M			8,50	8,00	7,00	6,50	67 / 271
		N			10,00	9,50	8,50	8,00	78 / 320
		O			11,50	11,00	10,00	9,50	91 / 380
									105 / 452
									118 / 540

그림 2-18. 바인딩 이탈 수치 조정표

가 중심이 되어, 스키화 바닥 형태와 바인딩 기능에 대한 표준화 작업을 시작하였다. 바인딩의 calibration에는 경골의 회전력, 굴곡력에 대한 역치가 기준이 되었고 스키어의 키, 체중, 스키화의 길이, 스키어의 스키잉 경향 등을 변수로 설정하였다(그림 2-18).

이런 과정에서 바인딩의 이탈 강도를 측정하는 기구 즉, '바인딩 이탈 측정기(binding release calibrater)' 도 개발되었다. 버몬트 대학의 존 아웃워터(John Outwater)가 스키 바인딩의 토크를 측정하는 기계를 개발하였고, 1970년 그의 제자였던 버몬트 그룹의 핵심 멤버, 칼 에트린져(Carl Ettlinger)가 스키화를 바인딩에 장착한 상태에서 직접 이탈 강도를 측정할 수 있는 토크 렌치 형태의 이탈 측정기를 개발하였다. '버몬트 칼리브레이터(Vermont Calibrator)'는 이후 미국 스키샵의 표준 측정기로 채택되었다(그림 2-19, 2-20).

그림 2-19. 스키 메카닉스의 대가 칼 에트린저

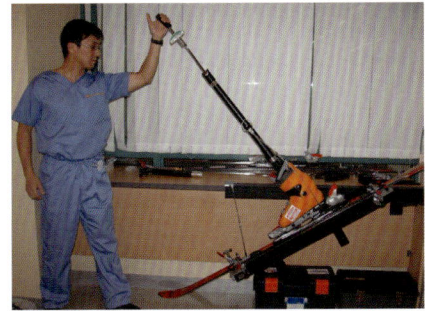

그림 2-20. 칼리브레이터 시연 장면

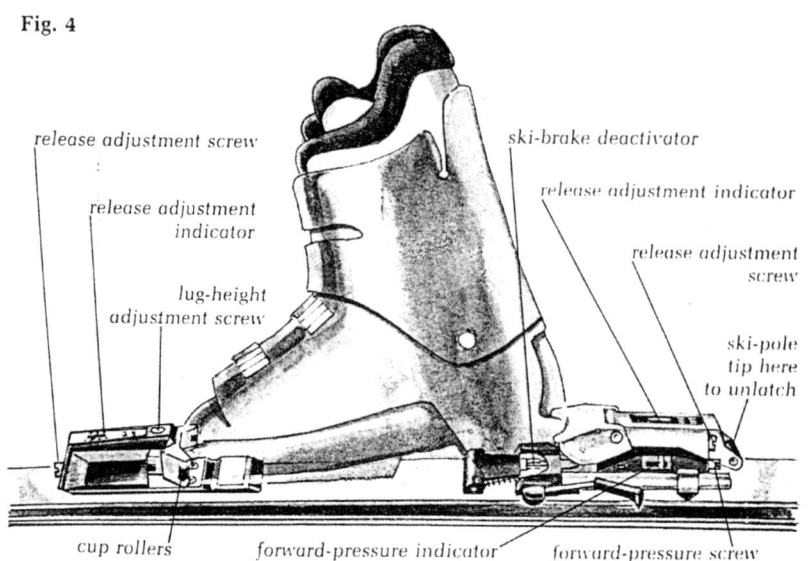

그림 2-21. 1970년대에 정착된 부츠-바인딩 시스템

    이런 결과를 회사들이 장비 개발에 반영한 결과, 1970년대 후반에 들어서는 표준화된 양질의 이탈식 바인딩이 대중화되었다. 그 사이에 스키화의 높이는 장딴지를 감쌀 정도로 높아지고, 라이닝이 개선돼 다리에 가해지는 충격을 분산시킬 수 있게 되었다(그림 2-21).

    한편 일선 스키점에서는 판매하는 바인딩에 자연스럽게 표준 이탈 수치를 적용하였다. ASTM 같은 표준단체에서 권장하는 바인딩 이탈 수치가 강제력을 지닌 것은 아니었지만, 수치 조절을 잘 못하여 판매한 바인딩으로 인해 골절이 발생한 사고에 대해서 법원은 거액의 보상 판결을 내렸기 때문이었다. 그러자 드디어 수십 년 동안 스키어를 괴롭혀 온 스키어 골절이 급격히 줄어들기 시작하였다. 1970년대 후반에 이르러서는 90% 이상 감소한 것으로 드러났다. 거의 박멸 수준의 성과였다. 전체 손상률 역시 1,000명 스키어 당 2~3명 수준으로 떨어졌다. 의사, 엔지니어, 통계학자, 장비 생산자 등의 합동 노력이 스포츠 부상을 줄인 드라마틱한 결과였다. 그리고 모두 스포츠 의학의 승리라고 자축하며 축배를 들었다.

    그러나 게임은 끝나지 않았다.

제 3 장 스키어의 무릎

3.1. 제국의 역습, 전방십자인대 파열

스키 부상 환자들의 통계를 계속 주시해오던 닥터 죤슨 등의 버몬트 그룹은 1970년대 후반, 중요한 흐름을 관찰하게 된다. 전체 손상의 비율이 1960년대에 비해 1/3로 줄었고 하지의 골절은 무려 90% 가량 줄었음에도 불구하고, 슬관절 인대 손상이 전혀 줄지 않고 있다는 점이었다. 1972~1994년 사이의 경향 조사에서 완전 파열을 의미하는 3도의 인대 손상이 오히려 급격히 늘었으며, 그 중에서도 전방십자인대 손상이 228% 증가한 것으로 드러났다(Johnson RJ, Ettlinger CF, Shealy JE: Skier injury trends-1972 to 1994, in Johnson RJ, Mote CD Jr, Ekeland A (eds): Skiing Trauma and Safety. Volume 11. ASTM STP 1289. West Conshohocken, PA, American Society for Testing and Materials, 1997, pp 37-48)(그림 3-1).

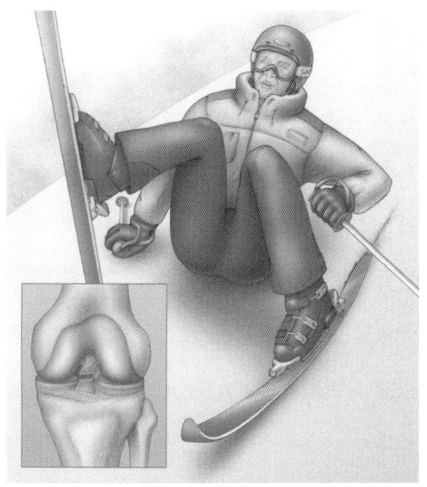

그림 3-1. 스키로 인한 전방십자인대 파열

스키어 골절을 대폭 줄임으로써 스포츠 의학 역사에 한 획을 그었다고 자축하며 축배를 들었던 과학자들에겐 당황스런 결과였다. 마치 대유행하던 전염병에 대한 백신을 가까스로 개발하자마자, 비웃듯이 더 독한 변종이 바로 등장한 상황과 비슷하였다. 전방십자인대 손상의 증가가 더욱 난감했던 이유는, 하드웨어적으로 기술적 한계에 달한 상태에서 발생한 새로운 부상 형태였기 때문이었다. 앞서 설명한 대로 스키 부상 예방의 핵심 수단으로 여겼던 바인딩은 1970년대 초반, 이미 기계적인 목표를 달성한 상태였다. 당시의 목표라는 것은 경골 골절을 막는 것이었고, 경골 골절을 일으키는 주요 메커니즘인 회전력과 굴곡력에 대해서 각각 앞 바인딩의 '측방 이탈 기능(twisting release)'과 뒤 바인딩의 '수직 이탈 기능(upward release)'이 이미 충분히 커버하고 있었다. 그리고 학자들은 이 기계적 성능을 표준화시킴으로써 현장에서 실효를 거두고 있었던 것이었다(그림 3-2).

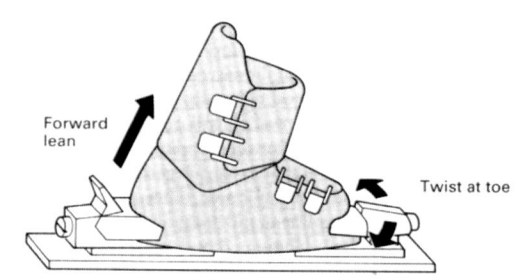

그림 3-2. 1970년대에 완성된 이탈식 바인딩의 작동 기전

같이 발표된 '환자-대조군 조사(case-control study)' 결과는 더 충격적이었다. 전방십자인대 손상을 당한 환자군의 평균 바인딩 이탈 수치가 손상을 입지 않은 대조군의 수치와 차이가 없었던 것이었다. 이것은 스키로 인한 전방십자인대 손상이 바인딩 이탈 수치 조정과 상관없이 발생함을 의미한다. 즉 경골 골절은 바인딩 정비를 잘 하고 표준 수치를 지키기만 하면 예방할 수 있는 반면, 전방십자인대 손상은 그렇게 해도 피해갈 수 없다는 것이었는데, 결국 바인딩이란 기계의 한계를 보여주는 결과였다. 뿐만 아니라 이런 상황은 초보자뿐만 아니라 상급자들에게도 비슷하게 발생하는 것으로 드러났다. 기술적인 문제, 체력적인 문제도 아니므로 기술을 연마해도, 체력을 향상시켜도 스킹 중 발생하는 전방십자인대 부상은 막을 수 없다는 것이었다.

스키 부상을 막아보고자 하였던 50년에 걸친 인간의 노력이 원점으로 돌아가는 순간이었다. '스키어 골절(Skier's fracture)'과의 전쟁에서 천신만고 끝에 이기고 돌아오자마자, 숨돌릴 겨를도 없이 '스키어 무릎(Skier's knee)'과의 전쟁이 다시 시작되었다.

3.2. 스키로 인한 전방십자인대 손상 기전
: Phantom Foot Mechanism(유령발 기전)

스키 부상을 연구하던 학자들은 일단 전방십자인대 부상 기전을 밝혀내려는 노력부터 시작하였다. 스포츠 부상 예방 대책을 구상하기 위해서는 부상 기전의 규명이 선행되어야 하지만, 당시 스키로 인한 전방십자인대 손상 기전에 대해서 정확히 알려진 것이 없었기 때문이었다. 아직까지도 스키를 포함한 비접촉성 전방십자인대 손상 기전은 완전히 정립된 이론이 없다.

그림 3-3. 비디오에 잡힌 전방십자인대 파열 순간

당시 가장 적극적이었던 버몬트 그룹은 부상 장면이 수록된 비디오를 모으기 시작하였다. 비디오 연구는 실제 부상 상황을 관찰할 수 있는 유일한 방법이기 때문에 부상 기전의 규명 작업에 있어서 중요한 단서이다. 요즘은 각종 미디어가 발달한 덕에 여건이 많이 좋아졌지만, 1980년대에 스키어들의 부상 장면을 수집하기는 쉬운 일이 아니었다. 부상 비디오를 모으다 보면 방송중계 중 벌어진 엘리트 선수들의 부상 장면이 입수되는 경우가 많으며, 유명 선수들의 경우 치료 과정이 공개되어 진단의 확인도 비교적 용이하므로 중요한 자료가 된다. 하지만 스키의 경우 방송으로 중계되는 것은 주로 고속의 레이싱 경기인데, 이런 고속에서의 부상은 연속 사진을 추출하더라도 2~3 프레임 만에 주요 과정이 순식간에 지나가 버리므로 더 분석이 어렵다. 때문에 비디오 분석을 위해서는 비교적 저속의 일반 스킹 중의 부상 장면이 더 의미가 있는데, 핸드폰 등의 휴대용 녹화 기구가 변변치 않았던 시절이라 드물기도 했지만 구해진 비디오도 질이 좋지 않아 분석 자료로 쓰기가 어려운 경우가 대부분이었다. 그래서 스키는 지금도 다른 종목에 비해 분석 가치가 있는 전방십자인대 부상 장면을 입수하기가 어려운 분야이다(그림 3-3).

어쨌든 이들은 8년 동안 어렵게 모은 10예의 전방십자인대 손상 환자의 부상 장면을 관찰하여 몇 가지 의미있는 분석을 내놓았는데, 그 중 가장 중요한 내용은 1980년대에 늘기 시작한 전방십자인대 손상이 과거와는 다른 방식으로 발생한다는 것이었다.

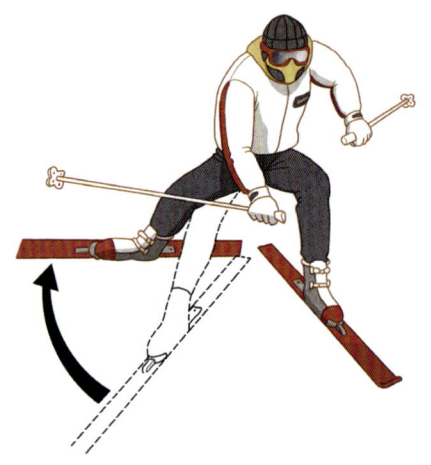 

그림 3-4. valgus-external rotation mechanism of ACL injury(좌)
그림 3-5. Phantom foot mechanism of ACL injury(우)

1970년대 이전 스키어들은 목이 낮은 초창기 플라스틱 스키화가 이탈 기능이 부실한 바인딩에 물려 있는 형태의 장비를 사용하고 있었다. 이 시기의 슬관절 인대 손상은 주로 스키 앞 쪽이 눈에 걸려 스키가 바깥쪽으로 돌아가는 상황, 즉 외전-외회전 기전(valgus-external rotation mechanism)에 의한 것으로 알려졌었다(그림 3-4). 외회전 기전은 전방십자인대가 파열되기 전 내측측부인대의 선행 손상이 발생하는데, 이런 기전의 손상은 1970년대 말 바인딩의 측방 이탈 기능이 개선되면서 경골 골절과 함께 같이 줄어들었다고 보았다. 반면 1970년대를 거치며 증가한 전방십자인대 손상은 내측측부인대 파열을 동반하지 않은 단독 손상이 주류였다. 그리고 비디오 분석 결과, 이 신종 전방십자인대 손상은 외회전 기전과는 다른 형태로 발생하는 것을 알게 되었고, 이를 버몬트 그룹은 '유령발 기전(phantom foot mechanism)'이라고 명명하였다.

그들은 유령발 기전의 전방십자인대 손상 과정에서 공통적으로 관찰되는 여섯 가지 조건을 기술하였는데 다음과 같다(그림 3-5).
 1. 산 위쪽 팔을 뒤로 짚고 넘어진다.
 2. 균형이 뒤로 무너져 있다.
 3. 엉덩이가 무릎 아래로 내려가 있다.
 4. 산 위쪽 스키는 체중이 실려있지 않다.

5. 체중이 산 아래쪽 스키 꼬리 부분의 내측 날에 집중되어 있다.
6. 상체는 산 아래쪽을 향한다.

그리고 '유령발 기전'은 다음과 같은 행동 중에 발생하는 것으로 보았다(그림 3-6, 7, 8).
1. 넘어져 미끄러지는 도중 일어나려 할 때
2. 균형을 잃은 상태에서 회복하려 애를 쓸 때
3. 균형을 잃은 상태에서 주저앉으려 할 때

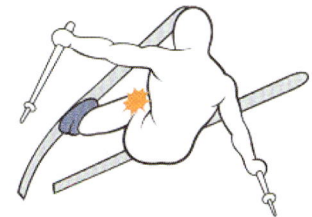 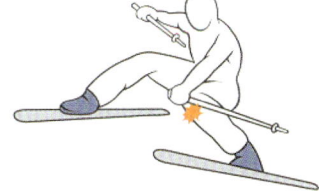 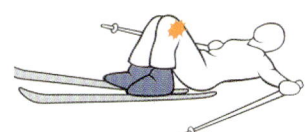

그림 3-6, 7, 8. 유령발 기전을 유발하는 위험한 행동

풀어 설명하자면, 스키어가 중심을 잃고 양 스키가 벌어진 상태에서 주저 앉는 순간, 산 아래쪽 스키 꼬리의 내측 날에 에지가 걸려 스키가 갑자기 내회전을 일으키는 상황이다. 스키어의 몸은 중력에 따라 산 아래쪽 방향으로 이동하는 중에 한 쪽 스키가 갑자기 안 쪽으로 회전하면, 풀리지 않는 바인딩에 물려 단단히 경골을 감싸고 있는 스키화는 거대한 지렛대가 되어 슬관절에 강력한 내회전력이 발생하고, 그 결과 전방십자인대가 파열된다. 이런 상황에서는 축구 등의 그라운드 종목에 비해서 슬관절의 굴곡각이 훨씬 큰 상태에서 손상이 일어나고, 과굴곡(hyperflexion) 상태에서는 근육의 방어기전이 작동하기 어려워서 적은 회전력에서도 전방십자인대가 파열되는 것으로 보았다. 가상의 발이 다리를 비트는 상황을 빗대어 '유령발 기전(phantom foot mechanism)'이라고 이름 붙였던 것이다.

버몬트 그룹이 제시한 또 다른 한 가지 손상 기전은 '스키화 기전(boot induced mechanism)'이었다. 이는 스키어가 뒤로 중심을 잃고 스키 꼬리가 먼저 설면에 닿으며 착지하는 상황에서, 스키화의 뒤 쪽 커프가 정강이를 앞으로 밀면서 발생한 전방 전위력에 의해 전방십자인대가 파열되는 기전이다. 이때 순간적인 대퇴사두근이 강한 수축을 일으키면 전방 전위력을 배가시킨다(그림 3-9).

실험적 검증이 부족함에도 불구하고, 이 두 가지 해석은 현재 스키로 인한 전방십자인대 주요 손상 기전으로 인정받고 있다.

그림 3-9. Boot induced mechanism of ACL injury

3.3. False sense of security

스포츠 의학의 최종 목표는 부상의 예방이다. 그리고 스포츠 부상 예방을 위해서는 스포츠 의학의 부전공 분야들이 다단계로 기여하는데, 그 기초 작업이 '역학(epidemiology)'이고 중간 작업이 '임상 연구', '실험실 연구'라면 마무리는 '간섭 연구(intervention study)'를 통한 검증 작업이다. 시간이 걸리더라도 각 단계를 거치며 충실히 검증 과정을 거쳐야 하는 것이, 직관에 의존하여 성급하게 결론을 내려버리고 일을 진행하면 엉뚱한 방향으로 흘러가서, 결국 안 하는 것 보다 못한 결과가 나오곤 하기 때문이다. 이미 여러 종목에서 뼈 아픈 시행 착오를 겪은 바 있다.

예를 들자면 스키장에서의 헬멧 착용 문제가 그렇다. 안전을 위하여 스키장에서 헬멧을 쓰는 것을 반대하는 사람은 없을 것이다. 하지만 만약에 이런 취지에서 스키장에서 모든 사람에게 헬멧을 의무적으로 씌운다면? 두부 손상으로 인한 사망률이 떨어져 좋을 것 같지만 실제로는 사망자가 더 늘어날 수 있다. 왜 그럴까?

우리 주변에는 '상식'과 '실제 상황'간에 차이가 나는 경우가 많은데, 안전 기구의 사용에서 이런 일이 자주 발생한다. 그 이유를 'false sense of security'라는 용어로 설명한다. '안전 불감증' 정도로 해석할 수 있을 것 같다.

헬멧의 완충 효과에는 한계가 있어서 32km/h 이하의 저속의 충격에만 유효하다. 하지만 스키 사망 사고는 대부분 40km/h 이상의 속도에서 벌어진다. 스키 타다가 죽었던 사람들은 대부분 헬멧을 썼어도 죽었을 가능성이 높다는 것이다. 실제 스키장에서 두부 손상으로 사망한 환자들의 헬멧 착용 비율은 다치지 않은 대조군에 비해 오히려 높은 것으로 드러난다.

문제는 헬멧 착용 이후, 마음 가짐에서 발생한다. 안전하다는 착각에 빠져 위험한 행동을 더 많이 하기 때문에, 오히려 사고의 빈도는 늘어나는 것이다. 마치 총알이 빗발치는 전쟁터에서 고개도 못 들던 병사가, 철모 하나 씌워주자 혼자 '돌격 앞으로' 하는 상황과 비교할 수 있을 것 같다.

이처럼 안전 기구는 사고가 났을 때 부상 정도를 약간 줄여줄 지는 모르지만 사고 자체를 막지는 못하며, 오히려 사고를 더 부추기는 역할을 할 수도 있다. 안전을 위해서는 '하드웨어(헬멧)' 보다 '소프트웨어(마음가짐)'가 훨씬 더 중요하며, 기구는 사용하는 사람에 따라 달라진다는 것이다.

바인딩의 문제도 그렇다. 바인딩 이탈 수치를 표준에 맞게 조정하라는 이야기는 물론 상식적으로 합당한 조언이지만, '바인딩 이탈 수치를 잘 맞추면 전방십자인대 손상을 막을 수 있습니다.'라고 이야기한다면 그것은 잘못 된 조언이며, 'false sense of security'의 영향권 내로 들어가는 것이다.

이처럼 특정 스포츠 부상을 목표로 한 예방 작업은 오랜 시간 동안 여러 과정을 거쳐야 하는 일이기 때문에 모범적으로 시행된 예를 찾기가 매우 어렵다. 발표된 내용들도 자세히 보면 이권이 개입하거나 정치적으로 의도되어 짜 맞추기 식으로 진행된 경우가 많다. 과거 미국에서도 스키장에서의 헬멧 착용 의무 조항을 추진하던 한 시민 단체가 나중에 헬멧 회사로부터 로비를 받은 것으로 드러나 망신을 당한 경우가 있었다.

우리 주변에는 사회적 관심사가 되는 사건이 벌어졌을 때, 평생 그 문제를 공부해 온 전문가의 의견보다도 대중적 영향이 큰 인사나 단체의 의견이 더 부각되어 여론을 주도하는 경우를 종종 본다. 전문가를 존중하지 않는 잘못 된 사회 분위기 때문인지, 아니면 전문가가 존중받지 못하게 잘못 된 행동을 해왔는지 진지하게 생각해 볼 문제이다.

3.4. 유령발 기전에 의한 전방십자인대 손상의 예방
: 'ACL Awareness Program'

바인딩이란 하드웨어의 기계적 한계를 잘 알고 있던 버몬트 그룹은 당분간 획기적인 기능 개선은 어렵다고 보고, 먼저 소프트웨어를 통한 해결 방법을 시도한다. 이들은 유령발 기전에 의한 손상 장면들을 면밀히 분석하여 'ACL Awareness Program'이라는 예방 교육 프로그램을 만들었다(그림 3-10).

'ACL Awareness Program'의 기본 전략은 위험한 상황을 미리 인지하는 훈련과 그에 대한 방어 행위를 익히는 훈련을 통해 부상을 예방하자는 것인데, 핵심은 다음과 같다.

전방십자인대 손상이 발생하는데 가장 중요한 선행 조건은 양 다리가 벌어지는 상황이다. 양 다리가 같이 붙어 다니기만 하면 전방십자인대 손상은 일어나지 않는다. 비이탈식 바인딩이 장착되어 있는 스노우보드가 전방십자인대 부상률이 낮은 이유이다. 간혹 보드 바인딩이 고장으로 인해 한 쪽만 이탈되는 경우, 육중한 보드가 한 쪽 다리만 휘감아서 스키보다 더 심한 복합 인대 손상이 일어나곤 한다. 어쨌든 스키장에서 양 스키의 간격이 벌어진 상황은 일단 슬관절에 위험한 조건이라고 보면 된다.

그림 3-10. ACL Awareness Program

그런데 사람이 균형을 잃었을 때 가장 먼저 반사적으로 취하는 행위가 바로 팔과 다리를 벌려 체중을 분산시킴으로써 균형을 맞추려는 동작이다. 그리고 평지의 경우는 이런 반사 동작의 결과 균형을 회복하거나 넘어져도 손발로 충격을 분산시키는 효과를 볼 수 있다. 문제는 스킹 중에도 동일한 반사 동작이 일어나는데 평지와는 달리 스킹 중에는 양 다리를 벌리는 행위 자체가 위험한 상황을 유발한다는 점이다. 그래서 이 프로그램에서는 균형을 잃거나 이미 넘어져 미끄러지는 등의 위험한 상황에 직면했을 때, 평지와는 약간 다른 3가지 인위적인 방어 동작을 취해 양 다리를 모으도록 유도하고 있다(그림 3-11, 12, 13).

  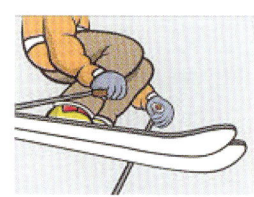

그림 3-11, 12, 13. ACL Awareness Program 방어 동작

1. 팔을 앞으로 뻗는다.
2. 스키를 가지런히 모은다.
3. 손을 스키 위에 위치한다.

이 중에서도 가장 중요한 동작이 '팔을 앞으로 뻗는' 것인데, 연쇄적으로 산 위쪽 다리가 모아져서 체중이 일부 산 위쪽 스키에 분산되도록 만든다. 그 결과 스키어는 균형을 회복하거나 아니면 최소한 다리가 모인 상태로 넘어질 수 있다. '스키를 가지런히 모으는' 동작은 이미 넘어진 상태에서는 산 아래쪽 스키를 허벅지와 같은 방향으로 재정렬시켜 회전력의 발생을 원천 봉쇄하는 행위이다. 세부 동작을 모두 종합해보면 낙하산 착지 동작과 비슷한 과정이 된다. 사지를 몸의 중심으로 모아서 한 부위에만 외력이 집중되는 것을 막는 일종의 낙법이라고 할 수 있다.

근본적으로는 위험한 상황을 유발하는 행동을 하지 않는 것이 중요하다. 이를 위해서 다음과 같은 상황을 주의해야 한다. 주로 넘어진 상황에서의 대처 방법에 해당되는 'fall training'이라고 할 수 있다.

1. 넘어질 때 무릎을 펴지 말고 구부린 상태로 두도록 한다.
2. 미끄러져 정지할 때까지 일어나려 하지 않는다.
3. 넘어질 때 손을 뒤로 짚지 않도록 한다.

또 자신의 스킹 기술 중 '유령발 기전'을 유발할 소지가 있는 나쁜 습관을 평소에 고치는 것도 중요하다. 대표적인 나쁜 스킹 습관에는 다음과 같은 것들이 있다.

1. 산 위쪽 팔을 자꾸 뒤로 가져가는 버릇
2. 중심이 자꾸 뒤로 가는 버릇
3. 엉덩이로 주저 앉으려는 버릇

때문에 평소 잘못된 스키 습관을 고쳐서 근본적으로 위험한 상황의 발생을 막아야 한다는 것인데 그 내용은 이렇다.

1. 팔을 항상 앞으로 뻗는다.
2. 균형 감각과 조종 능력을 항상 유지한다.
3. 엉덩이가 항상 무릎보다 위에 위치하도록 자세를 유지한다.

버몬트 그룹은 이 프로그램을 이용하여 미국 20개 스키장에 있는 약 4,000명의 패트롤, 강사들을 교육시킨 다음 교육을 받지 않은 다른 지역과 비교하는 방식의 '간섭 연구(intervention study)'를 시행한 결과, 전방십자인대 손상이 62% 감소하였다는 결과를 1995년 미국 스포츠 의학회지에 발표하였다(Ettlinger CF, Johnson RJ, Shealy JE: A method to help reduce the risk of serious knee sprains incurred in alpine skiing. Am J Sports Med 23:531-537, 1995).

장비의 개선을 통하여 부상을 줄여보고자 하였던 하드웨어적인 방법이 한계에 부딪히자 대신 스키어의 행동에 근거한 소프트웨어적인 방법에서 해결의 실마리를 찾아낸 성과였다. 스키 부상 정복을 위한 인간의 끈질긴 노력은 계속 이어진다.

제 4 장 스키 생체역학

4.1. Brief history of sports medicine

스포츠 의학은 말 그대로 '운동학'과 '의학'이 합쳐진 분야이다. 안 그래도 광범위한 두 학문이 연결되어 각종 조합이 등장하는데, '건강 증진(fitness sport medicine)', '경기력 향상(performance sports medicine)', '치료(therapeutic sport medicine)' 등의 소 분야로 나뉜다. 이런 스포츠 의학의 역사는 인류의 역사만큼이나 유구하다.

그림 4-1.
Milo of Croton, BC 600

고대 그리스의 전설적인 역사였던 밀로(Milo)는 근육을 단련하기 위해서 매일 어린 송아지를 들어 올리는 훈련을 했다고 한다. 송아지가 자라 몸무게가 늘면서 밀로의 근육에 가해지는 저항이 점차 증가하였고, 그에 비례하여 밀로의 근육도 커졌다는 전설. 생사를 건 혈투를 벌이던 검투사 들은 근육 트레이닝의 기본인 '점진적 저항 증진 훈련(progressive resistance training)' 원칙을 본능적으로 실천하였던 것이다. 기아에 시달리고 생존을 위한 전쟁을 벌이던 시절에는 살아 남기 위해서 스포츠 의학을 이용했다(그림 4-1).

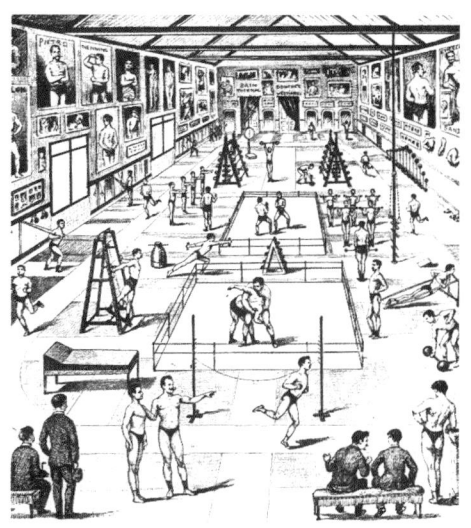

그림 4-2. 18세기 파리의 체육관 풍경

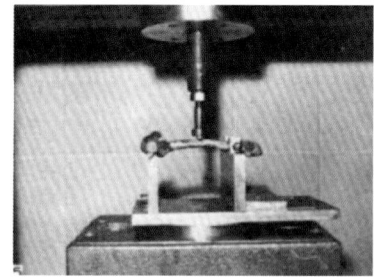

그림 4-3. Outwater의 경골 골절 실험. 1972년

RESTORATION OF MUSCLE POWER BY HEAVY-RESISTANCE EXERCISES

BY CAPTAIN THOMAS L. DELORME

Medical Corps, Army of the United States

From the Orthopaedic Section, Gardiner General Hospital, Chicago, Illinois

Exercise is essential in restoring function to muscles, weakened and atrophied as a result of injury and disease. Therapeutically, exercises may be classified according to the quality developed in the exercised muscle,—namely, power, endurance, speed, and coordination. Failure to discriminate between these classes of exercises leads to the employment of the wrong type of exercise to develop the quality needed in the muscle; inevitably the result is poor. Commonly the attempt is made to restore power by exercises to build endurance; this is a mistake.

This paper deals with the redevelopment of muscle power, chiefly in the quadriceps, although some consideration will be given to other muscles.

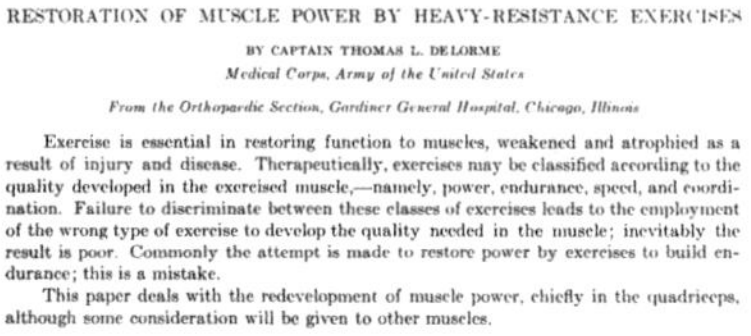

그림 4-4. 웨이트 트레이닝의 과학화를 연 Delorme의 논문. 1945년

중세기에는 신만 모시기에도 바빠서 사람에 대한 관심이 없었기 때문에 스포츠가 성립될 수 없는 분위기였다. 르네상스 시대를 거치며 그나마 사람의 신체에 다시 관심을 갖기 시작하였지만, 학교 교육에 '체육(physical education)' 시간이 등장한 것은 18세기에나 들어와서였다(그림 4-2).

과학적 검증을 통한 본격적인 스포츠 의학이 시작된 것은 2차 대전 이후였다. 전쟁 중에 발달한 공학기술이 실험 과학에 융합되면서, 과거 경험에만 의존하던 스포츠를 스포츠 과학으로 승화시켰다. 더불어 신체를 공학적으로 해석하고 증명하는 작업, 즉 '생체역학(biomechanics)'이 같이 발달하여 신체를 더 기능적으로 이해할 수 있게 되었다(그림 4-3).

재활의학의 개념이 시작된 것도 이 시기였다. 1945년, 미 육군 정형외과 군의관이던 드롬(Thomas L. Delorme)은 부상 환자의 근력 회복에 웨이트 트레이닝이 효과적이라는 실험 결과를 발표하였다. 드롬의 연구는 당시 해변가에 어슬렁거리던 건달들이나 하는 운동으로 인식되던 보디빌딩을 재활 치료 도구로 승화시킨 계기가 된다(Delorme TL. Restoration of Muscle Power by Heavy-Resistance Exercises. J Bone Joint Surgl. 1945;27:645-667) (그림 4-4).

동서구권이 대립하던 1960~70년대의 냉전시대는 스포츠 경기를 전쟁 대신 치르던 분위기. 각국은 스포츠에 전폭적인 투자를 하였고, 그 결과 트레이닝, 영양 등의 경기력 향상 분야에서 괄목할 만한 성장을 이루었다. 특히 동구권 국가에서는 비윤리적인 방법까지도 무차별로 동원하여 생체 실험장을 방불케 하였

다. 스테로이드 등의 약물이 스포츠 쪽으로 흘러들어 온 것도 이 시기의 일이다. 금메달 하나에 온 나라가 들썩이던 시절, 우리 나라도 운동 선수들에게 가장 정렬적인 지원을 했었던 것 같다. 각종 첨단 기술들이 바로 스포츠에 적용되면서 스포츠 장비에 혁신적인 개발이 이루어졌고, 그 혜택을 가장 많이 입은 종목이 스키였던 것이다. 헤드의 메탈 스키와 랭의 플라스틱 스키화는 이런 분위기에서 탄생한 융합적 사고의 작품이었다(그림 4-5).

그림 4-5. Robert Lange

그 이후는 프로 스포츠가 스포츠 의학을 지배한다. TV 중계와 광고가 운동 선수들의 몸 값을 천문학적으로 올려 놓자 비즈니스적인 면에서도 고가의 선수들을 다쳤다고 그냥 버릴 수 없는 상황이 되어 버린 것이다. 자연스럽게 선수들의 신체 관리, 즉 체력 훈련과 부상 치료 기법이 발달하였다. 절개 수술 대신 관절경 수술이 등장하여 수술에 대한 부담을 대폭 줄였고, 조기 재활 트레이닝으로 인해 선수들은 수술 후 다음 시즌을 거르지 않을 수 있게 되었다(그림 4-6).

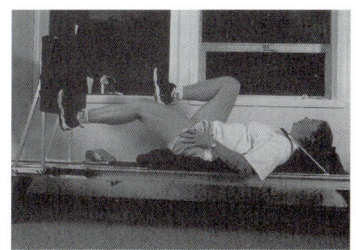

그림 4-6. 재활 중인 미국의 스키 선수 Picabo Street. 1998년 나가노 올림픽 금메달

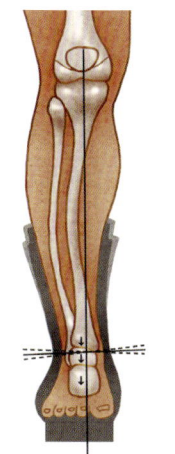

그림 4-7. 하지 정렬과 스키

이런 과정에서 모든 종목에 스포츠 의학 지식들이 다양하게 응용되었는데, 현재의 스포츠 의학은 신체 기능을 다루는 모든 분야에 관여한다. 너무 범위가 넓다 보니 갖다 붙이면 안 걸리는 곳이 없을 정도이다. 그 중에서도 장비를 많이 사용하거나 환경의 영향이 큰 종목은 스포츠 의학이 개입할 요소가 더 많아진다. 스키는 장비가 경기력 및 부상에 기여하는 비중이 큰 종목이면서 변화 무쌍한 환경 요소가 영향을 미치고, 체력적 요소까지 깊이 관여하기 때문에 스포츠 의학의 주요 관심 종목 중 하나다. 특히 스키라는 긴 신발과 바인딩, 스키화로 구성된 장비의 조합이 하지 정렬 문제와 맞물려 경기력 및 부상에 영향을 미치는 현상은 다른 종목에서는 경험할 수 없었던 독특

제 4 장 스키 생체역학　47

그림 4-8.
Skiing at Matterhorn

한 문제였다. 이런 문제를 해석하는 과정에서 '족부의학(podiatrics)'을 한 수준 높이는데 기여한 것도 스키였다. '맞춤 깔창(custom insole)'도 일찍이 플라스틱 스키화를 발에 맞추는 작업에서 발달한 기술이었다(그림 4-7).

　스포츠 의학을 공부하려면 먼저 해부학, 생리학, 운동학 등의 기초 학문을 익힌 다음, 다양한 기초 지식들을 각 종목에 응용하는 방법이 정공법이다. 하지만 스포츠 의학과 같은 응용 과학은 역으로 현장, 즉 운동장에서 벌어지는 문제를 하나씩 공부하며 풀어나가는 것도 괜찮다. 스키를 즐기는 과정에서 더 잘 타기 위해 트레이닝을 공부하고, 장비에 대한 지식을 익히고, 부상을 치료하려고 의학을 공부하는 순서가 오히려 더 자연스러울 수도 있다는 것이다. 스키도 타고 공부도 하면 꿩 먹고 알 먹는 셈. 어쨌든 이래 저래 생각할 것이 많은 운동이라 이런면이 사람의 호기심을 자극하여 더욱 스키에 빠져들게 만드는지도 모르겠다(그림 4-8).

4.2. Brief history of ski equipment

스키는 체중과 중력에 의해 발생하는 힘을 제어하는 운동이고, 이 힘의 전달 과정에서 사람과 지면 사이에 스키화-바인딩-스키로 이어지는 '연결 시스템(coupling system)'이 끼어든다.

처음 근대 스키가 등장했을 때 가장 중요했던 장비는 단연 스키판이었다. 당시에는 바인딩 및 스키화의 기능이라는 것이 워낙 미비하여, 스키에 딸린 부속물 정도의 역할 밖에는 하지 못하였다. 회전 보다는 직진 주행 능력이 우선이었기 때문에 2미터가 훨씬 넘는 긴 스키를 이용하였다. 현재도 카빙 스키로 인해 많이 짧아졌다지만 여전히 발 보다 6~7배 긴 스키가 발에 붙어 있다(그림 4-9).

그림 4-9. 20세기 초반 스키어

이후 케이블 바인딩으로 인해 발생한 스키어 골절에 맞부딪혀 안전에 대한 의식이 바뀌자, 바인딩은 20세기 중반을 지나며 이탈 기능(release function)과 완충 기능(anti-shock function) 등을 구비하여 나름대로의 역할을 담당하게 되었다. 하지만 스키화는 여전히 스키와 발을 연결시켜주는 단순 구조에 불과하였다.

이런 스키화를 일거에 가장 중요한 장비로 격상시킨 것은, 앞서 소개한 시대를 앞서간 천재, 로버트 랭(Robert Lange)이 발명한 플라스틱 스키화였다. 부드러운 가죽 스키화와는 달리, 60~70년대를 거치며 목이 높아진 딱딱한 플라스틱 스키화는 마치 스키와 합세하여 발을 돌리는 거대한 지렛대(lever arm)와 같은 형상을 띠게 된다. 단순한 연결 구조의 역할에서 벗어나 스키 기술에 큰 영향을 미치게 되었을 뿐만 아니라, 안전 문제에 있어 핵심 장비가 되어버렸다(그림 4-10).

그림 4-10. First plastic boots by Lange

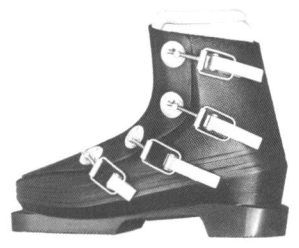

그림 4-11. 'Competite' ski boots by Lange

가죽 스키화를 신었을 때는 다리와 발 모양에 스키화가 적응했지만, 딱딱한 플라스틱 스키화 안에서는 스키화의 모양에 따라 다리가 정렬을 한다. 이전에는 스키어의 다리가 스키화를 조종하였으나 이제는 스키화가 스키어의 다리를 쥐고 흔드는 상황이 되어버린 것이다(그림 4-11).

플라스틱 스키화가 나온 이후 스키어들에 의해 지적되어 오던 문제점들을 처음 공식적으로 제기한 사람은 미국의 워렌 위더렐(Warren Witherell)이었다. 그는 1972년 'How the Racers Ski'라는 책에서 날 조종의 중요성을 강조하여 이미 카빙 테크닉에 대해 관심을 불러일으켰던 스키 이론가이다. 미국 버몬트 주에 있는 버크 마운틴 스키 학교(Burke Mountain Academy, VT)의 창립자이기도 하다. 이 책에서 워렌 위더렐은 딱딱한 플라스틱 스키화의 바깥 쪽이 주로 닳는 것을 지적하여, 이런 현상이 스키화 안에서 일어나는 하지 정렬의 변화에 의한 것이며, 결과적으로 내측 날의 조종을 방해하고 바깥 날이 자꾸 걸리는 일이 발생한다고 기술하였다(그림 4-12).

이윽고 스키어들은 하지 정렬과 관련하여 스킹 중 발생하는 문제를 해결하기 위한 노력을 시작하는데, 장비에 맞추어 다리를 바꿀 수는 없는 일이므로 대신 다리에 맞추어 장비를 조절하는 방법을 연구하기 시작하였다. 스키를 좀 더 잘 타 보자는 심정에 생체역학까지 발달하게 된 것이다.

그림 4-12. 'How the Racers Ski' by Warren Witherell. 1972

4.3. 스키 생체역학(Ski biomechanics) : 운동 사슬

신체의 중심축은 척추, 골반, 대퇴골, 경골, 족근골 및 족골들이 차례로 연결된 '운동 사슬(kinetic chain)' 구조이다. 운동 사슬은 두 가지 서로 다른 운동 행태를 보이는데, 그 중 스키와 같이 발이 지면에 고정된 상태에서 움직이는 구조를 '폐쇄 운동 사슬(closed kinetic chain)', '걸터앉아서 무릎을 펴는(leg extension)'

동작처럼 운동 사슬의 말단 부위가 고정되어 있지 않은 구조를 '개방 운동 사슬(open kinetic chain)'이라고 부른다. 폐쇄 운동 사슬형 동작에서는 한 관절에서 발생한 움직임이 다른 관절의 연속적인 움직임을 유발하는 특징이 있다. 예를 들어 스키를 신고 서서 슬관절을 구부리면 자동으로 고관절 및 족관절뿐만 아니라 척추의 움직임도 일어난다. 이와 같이 스킹 중의 하지의 움직임은 폐쇄 운동 사슬 형태로서, 하지의 정렬 상태가 많은 영향을 미친다 (그림 4-13).

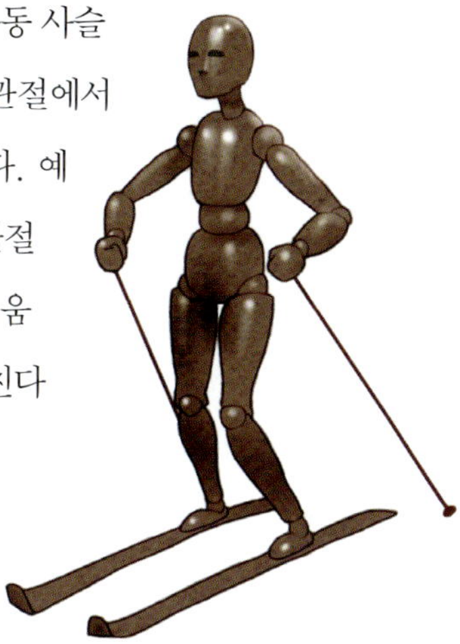

스킹 중 하지의 폐쇄 운동 사슬을 구성하는 네 개의 관절 즉 척추, 고관절, 슬관절, 족관절은 각각 성격이 다른 구조이다.

고관절은 볼-소켓 관절(ball and socket joint)로서 굴곡/신전(flexion/extension), 내/외전(adduction/abduction), 내/외회전(internal/external rotation) 등의 넓은 운동 범위를 지니는 관절이다. 이 운동 범위는 골반과 척추의 상대적 위치에 따라 달라져서, 고관절은 신전 상태에서 보다 굴곡 상태에서 회전 운동 범위가 늘어난다. 때문에 스키 회전 중에 무게 중심을 낮추고 엣징 각을 극대화시키기 위해서는 고관절을 굴곡시켜야 한다.

그림 4-13. Closed kinetic chain

족관절은 변형된 경첩 관절(hinge joint)로서 굴곡/신전 운동 이외에도 종단면 상에서 내번/외번(inversion/eversion) 운동이 일어난다. 이 내번/외번 운동은 관절의 구조상 족저 굴곡 상태에서 범위가 늘어난다. 한편 회내전(pronation)/회외전(supination)은 발의 종축을 기준으로 한 동작으로서, 체중을 실을 때 발의 안정성에 중요한 역할을 한다. 딱딱한 플라스틱 스키화 안에서도 이와 같은 족관절의 다양한 움직임이 어느 정도 일어나며, 엣징 및 체중 이동에 많은 영향을 미친다(그림 4-14).

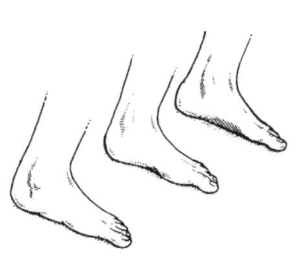

그림 4-14. Pronation of the foot

스킹 중 효과적으로 '운동 사슬'이 작동하려면 가장 아래에 위치한 족관절이 안정되어야 한다. 작용점인 스키로부터 가장 근접한 관절인 족관절에서 균형이 무너지면, 여기에서 발생한 움직임은 마치 나비 효과처럼 다음 링크인 슬관절과 고관절을 거치면서 영향이 증폭되어 고관절과 척추 관절에서 커다란 움직임이 발생하게 된다.

제 4 장 스키 생체역학

그림 4-15. Counter-rotation 기술   그림 4-16. In-tracking of the knee joint

    과거 70년대 이전에 유행하던 '카운터 로테이션/로테이션(counter rotation/rotation)' 기술은 모두 상체 움직임을 회전의 원동력으로 삼거나 균형을 유지하는데 이용하던 기술이었다. 부드러운 가죽 스키화를 사용하던 시절, 불안정한 족관절의 움직임을 상체의 반사 동작으로 균형을 잡으려는 '폐쇄 운동 사슬'의 특징을 단적으로 보여주는 예다. 이런 기술은 목이 높고 딱딱한 플라스틱 스키화가 등장하자 자연스럽게 자취를 감추었다(그림 4-15).

    슬관절은 경첩 관절(hinge joint)로서 굴곡/신전 동작이 일어난다. 약간의 회전 운동과 내/외반 운동이 일어나기는 하지만 매우 적은 범위이다. 폐쇄 운동 사슬의 중심에 위치한 핵심 관절이기 때문에 외력을 많이 받아 부상의 위험이 크다. 스키 용어 중 엣지 각을 세우기 위해 슬관절을 돌리는 행위를 통상 '꺾기(angulation)'라고 부른다. 그런데 이 동작은 사실 관상면(coronal plane)에서 슬관절이 꺾이는 순수한 '외반(valgus)' 현상이 아니고, 실제로는 인접 관절인 고관절의 내회전(internal rotation), 족관절의 외회전(external rotation) 동작과 더불어 중앙에 위치한 슬관절 전체가 안으로 회전하는 일종의 '내추적(in-tracking, crank-in)' 현상이다. 고관절과는 달리 슬관절은 관상면에서의 꺾기가 불가능한 관절이기 때문이다. 대부분의 스키 서적들이 이 동작을 외반 현상으로 잘못 이해한 이유에, 'O-다리/X-다리(내반슬/외반슬)' 문제와 연결시켜 무리한 해석을 하고 있다. 이 문제는 최근 전방십자인대 손상 기전의 분석 과정에서도 논란거리가 되고 있다(그림 4-16).

4.4. 스키 회전의 원리

'스키가 회전하는데 가장 중요한 것 한 가지만 골라라.' 같은 바보 같은 단답형 질문을 할 사람은 없겠지만, 억지로 답을 쓴다면 '엣징: 날 세우기(edging)'일 것이다. 바람이 불어 몸이 저절로 돌아가는 경우를 빼고는 날을 세우지 않고는 회전을 할 수 없다.

그렇다면 날을 얼마나 세워야 스키가 밀리지 않고 회전이 될까? 이에 대해서는 미국의 스키 이론가, 론 르마스터(Ron LeMaster)가 기술한 '한계 엣지 각(critical edge angle)' 이론을 소개한다.

스킹 중 설면에 가해지는 힘은 스키어의 '중력(gravity)'과 '원심력(centrifugal force)'이 합쳐져 결정되는데, 이 힘의 방향은 스키어의 '무게 중심(COG: center of gravity)'으로부터 스키와 설면의 접촉 부위로 진행한다(그림 4-17). 이 힘과 스키의 바닥이 이루는 각을 '한계 엣지 각'이라 하고, 이 각이 90도 이상이 되어야 스키가 설면에서 미끄러지지 않는다. 스키어는 속도가 증가할수록 엣지 각을 크게 만들어야 하고, 이를 위해서 여러 가지 동작을 이용한다(그림 4-18).

가장 기본적인 방법이 몸 전체를 이용한 '기울이기(inclination)'다. 하지만 실제 스킹 중 순수한 기울이기만으로 날을 세워 회전을 하기는 사실상 어렵다. 몸을 많이 기울일수록 무게 중심이 회전 축 쪽으로 멀어져서 스키에 가해지는 힘의 방향도 기울기 때문이다. 결과적으로 '한계 엣지 각'이 줄어들어 미끄러지기 쉬워진다. 기울이기만 이용한 익스트림 카빙 테크닉이 어려운 이유이다(그림 4-19).

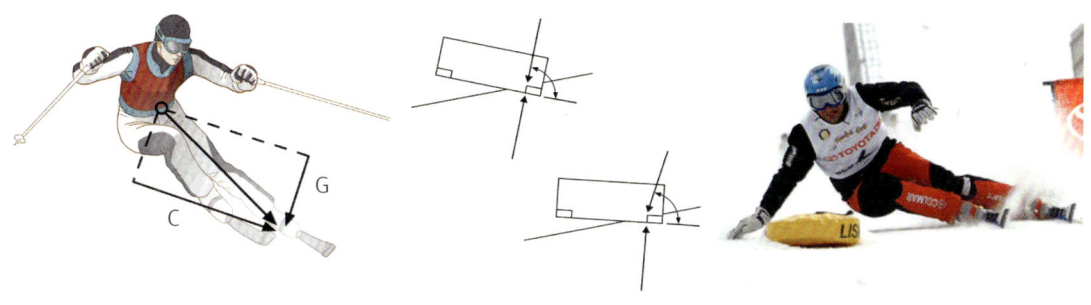

그림 4-17. 스키 회전 중 발생하는 힘　　그림 4-18. Critical edge angle　　그림 4-19. Extreme carving technique

무게 중심을 스키와 가까이 유지하면서 엣지 각을 크게 만드는 방법은, 연결된 운동 사슬 구조 중 각 관절에서 각도를 만드는 소위 '꺾기(angulation)' 기술이다. 과거 발목이 유연한 가죽 스키화를 신던 시절에는 꺾기 중에서도 족관절 꺾기를 많이 이용할 수밖에 없었다. 가장 아래 쪽 족관절을 많이 사용하여 불안정하니 균형을 유지하기 위해 상체를 많이 움직일 수밖에 없었다. 이후 플라스틱 스키화가 등장하여 족관절을 움직일 수 없게 되자, 족관절보다 상위 관절을 이용하는 기술로 바뀐 것이다.

그래서 현재의 스키어들은 기울이기 이외에 몇 가지 추가 동작으로 엣지 각을 세운다. 가장 중요한 동작이 '슬관절 꺾기(knee angulation)'인데, 이것은 앞서 설명한대로 관상면에서의 순수한 '외반(valgus)' 자세가 아니고, 슬관절 전체가 내측으로 돌아 들어가는 슬관절 '내추적(in-tracking, crank-in)' 현상이다. 다른 방법은 '고관절 꺾기(hip angulation)'와 상체의 '외향경(counter-rotation: 상체를 스키의 진행 방향과 반대로 비트는 동작)'이다. 이 자세는 고관절의 굴곡-회전 동작에 의해 일어나며, 척추의 굴곡-회전 동작이 합세하여 엣지 각을 증폭시킨다(그림 4-20).

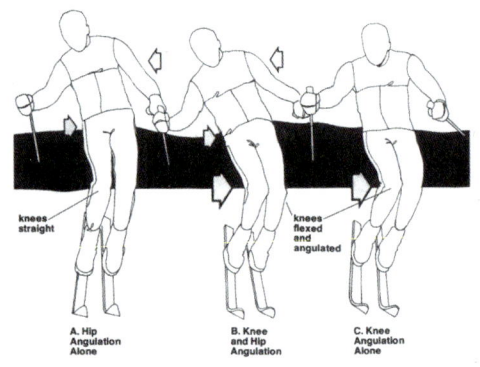

그림 4-20. Hip angluation and Counter-rotation

기울이기와 꺾기 모두 원심력에 저항하여 스키 날과 지면 사이의 각도를 만드는 동작이지만, 최근의 스키 기술은 가능한 꺾기를 최소화한 회전을 추구한다. 카빙 스키로 인해 스키 자체의 회전성이 월등히 좋아진 덕택에 과거보다 적은 엣지 각에서도 밀리지 않는 회전이 가능해졌고 같은 엣지 각으로는 더 작은 호의 회전이 가능해졌기 때문이다.

장비의 발달 덕택에 사람이 할 일이 줄어들고 있는 것이다(그림 4-21).

그림 4-21. Carving turn by Hermann Maier

4.5. 스키와 스케이트 회전의 비교

여기에서 한 가지 재미있는 비교를 해볼 수 있다. 날을 이용하여 회전을 한다는 점에서는 스키와 스케이트 두 종목 모두 비슷하지만, 분명히 차이점이 있다. 어떤 차이일까?

스케이트도 바닥을 자세히 보면 양 날을 가지고 있다. 두 기구의 차이점은 양 날 사이의 간격이다. 스케이트는 날이 족관절 중심의 바로 밑에 위치하기 때문에 가해지는 힘에 대한 '지면 반력(지면에서 반응하는 힘, ground reaction force, GRF)'이 족관절의 중심을 통해 올라간다(그림 4-22). 반면 스키는 양 날의 위치가 족관절 중심에서 상대적으로 멀기 때문에 날 부근에서 발생한 지면 반력은 지렛대 현상에 의하여 족관절에 회전력(torque)을 발생시키므로 스케이트에 비해 세운 엣지 각을 유지하기가 어렵다. 스킹 중 단단한 얼음을 만나면 쉽게 미끄러지는 이유이다. 양 날 사이의 간격이 넓어서 체중 이동을 위한 다리 '넘기기(cross over)' 동작도 스케이트 보다 시간이 걸려 정교하고 빠른 조종이 어렵다(그림 4-23).

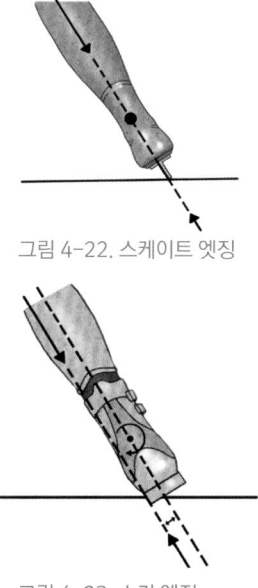

그림 4-22. 스케이트 엣징

그림 4-23. 스키 엣징

그런데 이런 현상을 역으로 해석하면 스킹 중 엣징을 강하게 구사하는 방법을 생각해볼 수 있다. 스킹 중 발생하는 지면 반력의 작용점과 족관절 중심과의 거리를 좁히는 것이다. 그러면 발목에 작용하는 회전력을 줄여 날 먹임을 유지하고 조종하기 쉽게 된다. 다음과 같은 방법으로 효과를 볼 수 있다.

- 날이 눈에 깊게 파고 들면 지면 반력의 작용점이 발의 중심 쪽으로 이동한다. 레이서들은 시합 전에 날을 날카롭게 갈아서 회전 시 엣지를 최대한 강하게 눈에 박아 넣으려고 애쓴다(그림 4-24).

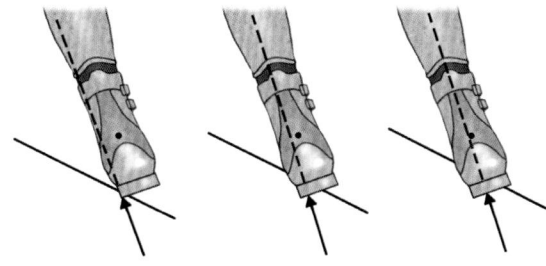

그림 4-24. 엣징에 따른 지면 반력 작용점의 이동

- 리프터(lifter)를 달아 족관절의 위치를 높이면 지면 반력 작용점과 족관절 중심점 간에 거리가 줄어든다(그림 4-25).
- 허리의 폭이 좁은 스키를 사용하면 엣지와 족관절 중심점 간에 거리가 줄어든다.
- 하체를 회전시켜 무릎을 내측으로 이동시키면 엣지와 족관절 중심점 간에 거리가 줄어든다.

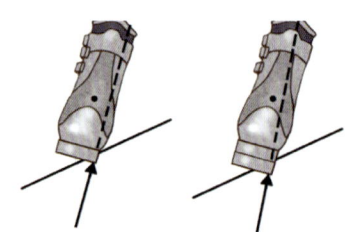

그림 4-25. 리프터 사용에 따른 지면 반력 작용선의 이동

이런 이유에서 날카로운 엣지를 지니고 허리의 폭이 좁고, 리프터로 발의 위치를 높인 카빙 스키와 함께 측면을 단단한 재질로 만들어서 힘의 전달이 잘되는 상급자용 스키화를 사용하면, 스케이트를 신은 것과 비슷하게 강한 엣징 효과를 얻을 수 있다. 그 결과 하체 관절에서 각을 많이 꺾을 필요없이 기울이기 기술 위주의 카빙이 가능해진다. 과거의 허리가 넓고 사이드 컷이 적은 스키와 발목이 유연한 재질의 스키화로는 어려운 기술이다.

4.6. 하지 정렬이 스킹에 미치는 영향

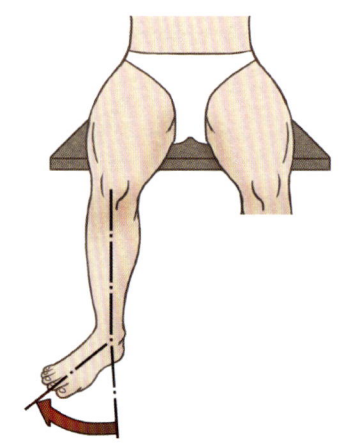

그림 4-26. Tibial torsion

'운동 사슬' 구조에서는 각 분절 사이에 각이 형성된다. 척추, 골반골, 대퇴골, 경골, 족근골, 족골 사이에 종적으로 또 각 뼈의 시작 부위와 말단 부위의 횡단면 사이에서 염전각이 생기는데 모두 스킹에 영향을 미친다. 그 중에서도 가장 큰 영향을 미치는 것은 '경골 염전각(tibial torsional angle)'이라고 불리는 경골의 꼬임 상태이다.

경골은 비대칭 구조이기 때문에 근위부와 원위부의 횡단면 상에 상대적인 위치가 발행하고 이를 측정할 수 있는데, 이것이 '경골 염전각'이다. 발이 외측으로 돌아가 있으면 '경골 외염전

(external torsion)' 상태, 내측으로 돌아가 있으면 '경골 내염전(internal torsion)' 상태라고 부른다. 사람마다 다양하며 육안적으로도 발이 돌아가 있는 정도를 보면 알 수 있어서, 일반적으로 '팔자 다리'와 '안짱 다리'라고 부르기도 한다(그림 4-26).

'경골 염전 현상'은 출생 후 변화를 겪다가 생후 5~6세 정도에 완성된다. 보통 외염전 상태로 정착되는데, 평균 경골 염전각은 오른쪽이 외염전 22도, 왼쪽이 외염전 18도 정도로서 우측이 약간 더 큰 것으로 알려져 있다. 즉 보통 사람들은 약간 '팔자 다리'이고 그것도 양측이 다르다는 것이다. 정상 기준은 없으며 '팔자 걸음' 혹은 '안짱 걸음'으로 걷더라도 기능상 문제는 없기 때문에 대부분 치료 대상이 되지는 않는다. 하지만 이 '경골 염전' 현상이 스키를 타는 데에는 상당히 복잡한 문제를 일으킨다. 그 이유는 다음과 같다.

외염전 현상이 있는 사람은 차려 자세에서 발의 앞 축이 뒤 축에 비해서 벌어진 상태가 자연스러운 정렬이다. 달리기, 보행, 일반 운동 중에는 이런 자세가 별로 문제될 것이 없다. 하지만 스킹은 발, 즉 스키를 평행으로 정렬시켜야 하는 운동이고, 이것은 팔자 다리를 억지로 11자로 돌려 놓는 셈이 된다. 그래서 경골 외염전 상태로 '팔자 걸음'을 걷는 사람이 스키를 신고 서면 다음과 같은 현상이 벌어진다.

연속된 '운동 사슬'의 한 쪽 말단 부위, 즉 발을 11자로 정렬시킨 결과 상위 분절의 연속된 재정렬이 일어나는데, 발에서는 회외전(supination), 경골과 대퇴골은 슬관절을 중심으로 전체가 내회전(internal rotation)을 일으킨다. 앞서 설명한 '내추적(intracking, crank-in)' 동작과 같은 현상이며, 이는 슬개골의 위치로 확인할 수 있다(그림 4-27).

슬관절의 내추적 상태에서는 굴곡/신전 운동면(motion plane)이 안 쪽을 향한다. 패러럴 스킹 시에는 직선 활주 중에도 무릎이 안 쪽으로 돌아가 있는 모습을 보인다. 이런 현상은 전경각이 큰 스키화를 신은 경우 더욱 심해진다. 앞서 설명한대로 이 것은 'X-다리'와는 다른 상황이다(그림 4-28).

이런 경골 외염전 상태의 스키어가 회전시 날을 세우기 위해서는 정상 정렬

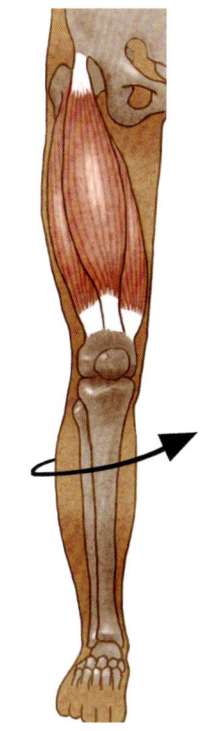

그림 4-27. In-tracking of the lower extremity

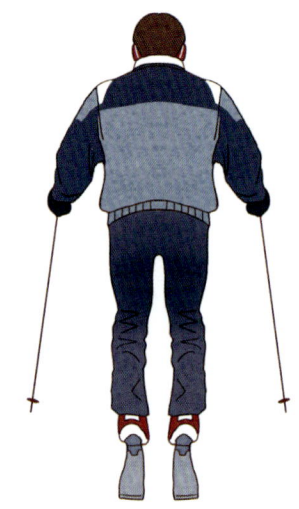

그림 4-28. 직선 활강 시 후면에서 관찰한 In-tracking   그림 4-29. 직선 활강 시 후면에서 관찰한 Out-tracking

인 사람 보다 슬관절을 반대편 슬관절 안쪽으로 과도하게 돌려 넣어야 한다. 그렇게 하지 않으면 엣지 각을 충분히 세우지 못해 미끄러져 버린다. 또 회전 후반부, 순간적으로 날을 더 세워 체중 이동을 시작해야 할 때 슬관절을 더 돌려 넣을 수가 없다. 그래서 회전 후반부 스키 꼬리 부분이 미끄러져 뒤가 벌어지는 현상이 자주 일어난다. 장기간 스킹 시에는 슬관절 및 족관절의 내측 구조물에 피로가 누적되어 부상의 원인이 되기도 한다.

한편 '경골 내염전' 상태, 즉 '안짱 다리'인 사람에게는 반대 현상이 발생한다. 스키를 신고 11자로 정렬하면 다리 전체에 외회전(external rotation)이 일어나 슬관절 굴신 운동면이 외측을 향하게 된다(out-tracking). 이 역시 'O-다리'와는 다른 상황이며, 엣지 각이 과도하게 서는 경향이 있어서 슬관절을 의도적으로 벌리지 않으면 내측 엣지가 걸리는 현상이 자주 발생한다(그림 4-29).

이런 스키어들의 다리 정렬을 정면 혹은 뒤에서 관찰하면 마치 휜 것처럼 보이기 때문에 각종 스키 서적, 심지어는 의학서적에서도 이를 '내반슬(genu varum, bow leg, O-다리)', '외반슬(genu valgum, ,knocked knee, X-다리)' 등의 용어로 설명하고 있지만, 이것은 '경골 염전 현상'에 의한 영향을 잘못 해석한 내용이다. 내/외반슬은 경골 염전 현상과 약간의 관련성은 있으나 스키화를 포함한 외부 기구에 의해서 교정이 불가능한 해부학적 구조이고, 이것이 스킹에 미치는 영향 역시 크지 않으며 직접적으로 교정하는 방법도 없다.

스킹시 '경골 염전 현상'으로 인해 발생하는 문제점을 다시 한번 정리하면 다음과 같다.

(1) 경골 외염전형 다리(external tibial torsion, 팔자 다리, undercanted skier)

- 엑스형 다리(knocked knee)처럼 보인다.
- 직선 활주 중에도 무릎이 안으로 돌아가 있고, 회전 중에는 무릎끼리 부딪히기도 한다.
- 엣징 타이밍이 늦다.
- 회전 중 과도한 하지 전체의 내회전과 고관절의 꺾기, 외향경 (counter-rotation) 자세가 나오기 쉽다. 그렇지 않으면 미끄러짐이 일어난다. 전반적으로 과도한 전경 자세를 취하게 된다
- 회전 후반에 꼬리 부분이 미끄러져 흐른다.
- 완전한 카빙 턴을 구사하기 어렵다.
- 무릎 안 쪽에 통증이 일어나기 쉽다.

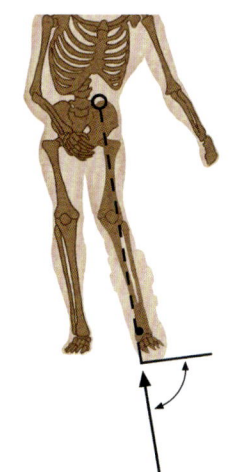

그림 4-30. 외염전 형 다리

(2) 경골 내염전형 다리(internal tibial torsion, 안짱 다리, overcanted skier) (그림 4-31)

- 오형 다리(bow leg)처럼 보인다.
- 직선 활주 중에도 무릎이 벌어져 있다.
- 엣징 타이밍이 너무 빠르다.
- 바깥 쪽 다리가 흔들린다.
- 무릎을 벌리지 않으면 날이 자꾸 걸린다.
- 양 다리의 엣징 전환 시점이 각각 달라 타이밍이 안 맞는다.
- 다리를 과도하게 붙이고 타는 버릇이 생긴다.
- 허벅지 전체에 근육통이 쉽게 일어난다.

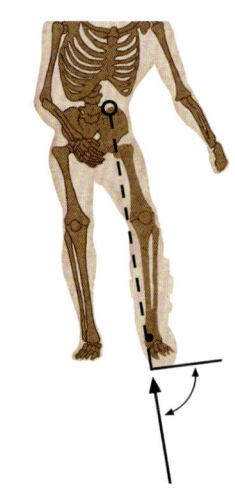

그림 4-31. 내염전 형 다리

4.7. 하지 정렬에 따른 스키 장비의 시대적 변화

하지 정렬이 스킹에 미치는 영향은 장비의 변천사에 따라 그 양상이 달라졌다. 60년대에 처음 등장한 짧은 플라스틱 스키화를 신었을 때와 70년대를 거치면서 변화한 하퇴부를 감싸는 플라스틱 스키화 안에서는 서로 다른 현상이 벌어진다. 이런 문제를 처음 지적하였던 워렌 위더렐의 전설적인 스키책, 'How the Racers Ski'(by Warren Witherell, 1972) 시절로 거슬러 올라가 보자(그림 4-32).

그림 4-32. 스키화 목 높이의 변화

앞서 설명한대로 '팔자 다리'인 사람이 스키를 탈 때처럼 11자로 서면 발에 '회외전 현상(supination)'이 일어나 발 전체가 바깥 쪽으로 약간 돌아가게 된다. 1970년대 초반까지는 다리의 정렬에 따라 목이 짧은 스키화의 배열이 맞추어지던 시절이었다. 그 결과 회외전이 일어난 쪽 스키의 내측 바닥이 들리며 외측 날에 하중이 몰려서, 안쪽 날 세우기가 어렵게 되거나 아니면 바깥쪽 날이 걸리는 상황을 유발하였다. 당시에는 이 각이 8~10도가 넘어가게 되면 패러럴 턴을 수행하기가 어렵다고 보았다. 그래서 당시의 장비 개발 업자들은 다리 정렬에 따라 스키화의 내/외측이 들리는 문제를 해결하기 위하여, 한 쪽이 높은 쐐기 형태의 판을 스키화 및 바인딩과 스키판 사이에 끼워 넣는 방법을 고안해내었고, 이것을 '캔트(cant)'라고 하였다. 70년대 초반에는 이런 쐐기 모양의 외장형 캔트가 유행하여 스키점마다 캔트 각을 측정하는 기구를 가지고 있을 정도였다. 선수들도 엣징 감각을 좋게 하기 위해 외장형 캔트를 많이 사용하였다(그림 4-33).

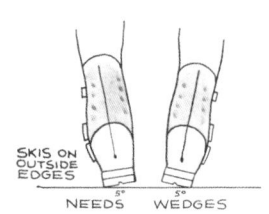 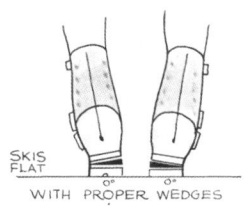

그림 4-33. 60년대 스키화와 캔트

그런데 당시 사용하던 캔트 측정 기구를 자세히 살펴보면, 그 방식이 스키화 바닥과 지면 사이의 각도를 측정하는 형태임을 알 수 있다. 즉 내반각(varus angle) 측정 방법이 아니었지만 워렌 위더렐은 이것을 하지 내반/외반 현상으로 설명하는 오류를 범하고 있다(그림 4-34).

어쨌든 이러한 방식의 외장형 캔트는 이내 시들해졌는데, 그 이유는 엣징이 과교정되어 오히려 문제가 악화되는 경우가 많았고, 70년대 후반부터는 커프의 좌우 기울기 조절이 가능한 스키화가 나왔기 때문이었다. 또 80년대에 들어와서 깔창 보장구(insole orthosis)를 사용하게 되자 외장형 캔트는 서서히 자취를 감추어 버렸다(그림 4-35).

그림 4-34. 60년대 캔트 측정 기구

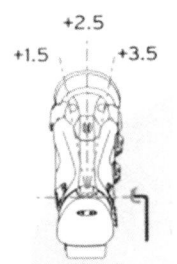

그림 4-35. 현재의 커프 조절형 캔트 기능

70년대를 거치며 스키화의 목이 높아져 현재와 같이 장딴지를 감싸게 되자 스키화는 다른 방식으로 다리에 영향을 미치게 된다. 스키화가 다리와 일체가 되어 마치 지렛대와 같은 형태로 발을 지배하면서 스키화의 모양에 맞추어 다리의 재정렬이 일어나게 된 것이다. 그 결과 '팔자 다리'인 사람이 현재와 같이 목이 높은 스키화를 신고 11자로 서면, 과거처럼 발과 스키화의 내측이 들리는 대신, 스키의 바닥은 모양대로 설면에 밀착되면서 커프가 다리를 밀게 된다. 이어 발과 연결된 '운동 사슬'이 차례로 내회전을 일으켜 슬관절의 '내추적(in-tracking, crank-in)' 현상이 일어나는 것이다. 그래서 현재의 스키화를 위한 외장형 바닥 캔트는 적용 방법이 완전히 달라졌다. 이를 워렌 위더렐도 1988년 재발간한 'How the racers ski'에서 "My thinking on this has changed dramatically"라고 언급하며 교정설명하고 있고, 1993년 발간한 'The Athletic Skier'라는 책에서 다시 정리하고 있다. 일부 스키 책에서는 아직도 과거 목이 낮고 전경각이 작은 스키화를 이용하던 시절 적용되던 캔팅 방법을 소개하고 있는데, 현재의 장비에는 해당되지 않는 잘못된 내용이다.

4.8. 악순환 (Vicious cycle)

중간 정리를 해 보자면 이렇다.

통나무 깎아 만든 스키에 새끼줄을 걸어 스키를 타던 시절에는 넘어져 부딪혀 다치는 문제가 주요 관심사였다. 그러다가 1930년대, 스키를 발에 붙여버리겠다는 인간의 무모한 욕망의 산물인 케이블 바인딩으로 인해 탄생한 것이 '스키어 골절'이었다. 뜻하지 않은 재앙에 마주쳐 인간은 이탈식 바인딩을 급조해 내었지만, 기계적 한계점을 지닌 엉성한 기계로 드러났다. 넘어질 때 바인딩이 이탈되지 않으면 긴 스키를 통해 발생한 외력은 가장 부실한 '약점(weak point)'에 집중되어 부상을 일으키는데, 이 약점이 1930년대부터 1980년대를 거치면서 족관절, 경골, 슬관절로 거슬러 올라왔음을 알 수 있다.

그리고 자세히 살펴보면 이 약점의 상승 시점은 스키화의 변천사와 일치한다. 발목이 부드러운 가죽 스키화를 신었을 때에는 약점이 족관절이었다. 그렇다 해도 족관절 손상 이외의 다른 문제는 없었다. 그러다가 1960년대 초반 랭이 플라스틱 스키화를 발명하여 족관절이 고정되자 경골로 약점이 상승하여 경골 골절이 늘어났다. 그리고 생각지도 않았던 하지 정렬 상태에 따른 장비 조절 문제가 새로 발생하였다. 이후 플라스틱 스키화의 목이 점점 올라가 장딴지를 감싸면서 결국 슬관절이 집중 공격을 당했고, 그 결과 전방 십자인대 손상이 증가했던 것이다.

운동하는 사람이 운동장에서 넘어지는 일은 항상 있는 일이고, 운동을 하자면 피할 수 없는 '원초적 위험(inherent risk)'이다. 피할 수 없는 위험은 감수하며 즐기면 된다. 문제는 사람이 개발한 장비들이었다. 사람이 발전이라는 명분으로 만든 새로운 장비들은 어김없이 또 다른 문제를 만들어 내곤 하였다. 그것을 해결하려 또 다른 장비를 만들려 애쓰고 있다. 악순환(vicious cycle) 구조 안에 깊숙이 빠져 들어와 있는 느낌이다.

제 5 장 하지 정렬과 스키화의 조정

5.1. 챔피언은 타고 난다?

흔히들 챔피언은 타고난다고 한다. 하지만 고생 끝에 오른 챔피언들의 단골 인터뷰 내용은 '99%의 노력과 1%의 재능'. 과연 챔피언 등극에 선천적 요소는 얼마나 작용하는 것일까?

운동을 잘 하기 위해서는 그 종목이 요구하는 체격 조건과 함께 체력, 정신력 그리고 이를 계발할 수 있는 환경 등이 필요하다. 이 중 키, 하지 정렬 등의 체격 조건은 선천적인 면이 강한 반면 근력, 지구력 등의 체력 요소는 후천적인 영향이 크다. 그리고 각 요소들의 중요성은 종목의 특성에 따라 달라진다.

결론적으로 스키는 선천적인 신체 조건이 크게 영향을 미치는 종목이다. 스키는 중력을 회전력으로 전환시키는 운동이다. 회전을 위해서는 스키를 기울여 날의 각을 세우는 '엣징(edging)'이 필요하고, 반복 회전을 위해서는 체중을 규칙적으로 좌우 이동시키는 '크로스오버(cross over, 넘기기)' 동작이 필요하다. 이렇게 회전의 두 가지 핵심 동작인 엣징과 크로스오버에 선천적인 하

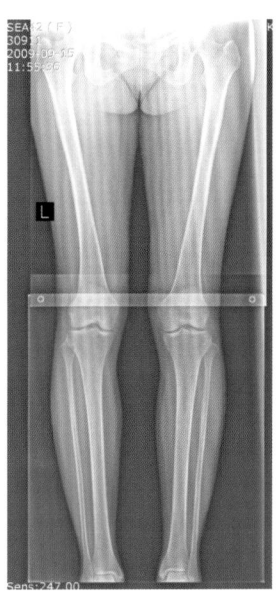

그림 5-1. 스키에 유리한 하지 정렬

지 정렬이 미치는 영향이 절대적이다.

일반적으로 밸런스 유지가 중요한 운동 종목에서 체중의 작용점은, 발의 종축에서 1~2도 정도 내측이 적당한 것으로 알려져 있다. 중립 자세로 섰을 때 체중이 이 위치를 향해야 좌우 체중 이동이 쉽게 이루어진다. 국가대표 스키 선수들이나 짧은 시간에 기술을 익히는 고수들의 하지 정렬을 측정해 보면 대부분 위와 같은 바른 정렬의 '곧은 다리'임을 관찰할 수 있다(그림 5-1).

그래서 과거부터 스키 이론가들은 하지 정렬과 스키 장비를 엮어서 스키를 좀 더 잘 타보려는 시도를 해왔다. 선택은 두 가지, 장비를 고치든가 아니면 다리를 고치든가. 다리를 장비에 맞추려면 잘라 붙이는 '교정 절골술'을 시행해야 하므로, 결국 장비를 다리에 맞추는 수밖에 없다. 자연스럽게 스키 장비를 하지 정렬에 맞추어 조정하는 방법이 발달하였다. 다른 종목에서는 찾아볼 수 없는 독특한 상황이었다. 이는 뒤에 설명할 전방십자인대 손상 기전의 설명에도 중요한 단서를 제공하므로 자세히 살펴볼 필요가 있다.

5.2. 맞춤형 깔창(Custom made insole)

스키 장비를 하지 정렬에 맞게 조정하는 작업의 첫 단계는 맞춤형 깔창을 깔아서 발바닥 및 뒤꿈치 정렬을 안정화시키는 과정이다(heel stabilization).

발바닥 중간의 움푹 파인 '족궁(foot arch)'은 현수교(suspension bridge)와 비슷한 구조이다. 딛고 설 때 이 족궁이 약간 내려 앉으면서 완충 역할을 하고, 이때 족관절 이하의 거골(talus), 종골(calcaneus), 주상골(navicular bone) 등이 내측으로 회전하는 '회내전(pronation)' 현상이 발생한다. 약간의 회내전은 정상적인 발에서 일어나는 생리적 현상이다.

족궁의 높이와 유연성, 체중을 실었을 때의 회내전 정도는 사람마다 얼굴이 다르듯이 모두 다른데, 편평족(평발, flat foot, pes planus)은 이 족궁을 지지하는 구조들이 지나치게 유연하여 발을 딛을 때 족궁이 내려 앉아 과도한 회내전이 일어나는 상태를 의미한다. 이때 거골, 주상골 등의 뼈들이 내측으로 밀려 나오는 현상을 후면에서 관찰할 수 있다. 원숭이 발바닥처럼 찍히는 발자국 모양으로도 판단할 수 있다.

족저근막, 근육, 건, 인대 등의 구조물들이 과도하게 긴장되지만 약간의 편평족은 일반적으로 운동을 하는 데 큰 문제가 되지 않는다(그림 5-2).

편평족에서 발생하는 과도한 회내전 현상이 문제를 일으키는 경우는 주로 스키, 스케이트, 골프 등과 같이 발바닥에 가해지는 압력에 민감하여 밸런스 능력이 많이 요구되는 종목들이다. 스키는 발의 내측으로 각을 만들어 압력을 가해야 하고 긴 스키가

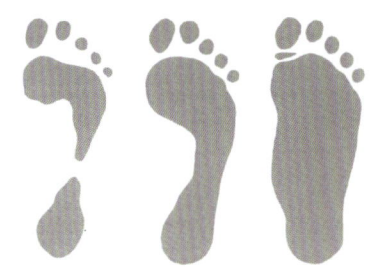

그림 5-2. 편평족의 발자국

발바닥에서 발생하는 미세한 차이를 증폭시키는 역할을 하므로 더 큰 문제가 발생한다.

정상적으로 발바닥에서 측정되는 압력은 앞 볼과 뒤꿈치를 중심으로 분포하는데, 편평족은 압력이 중앙에 많이 분산되어 엣지 감각이 떨어진다. 또 엣지 각을 최대로 만들기 위해서는 발의 회내전 동작이 동반되어야 하는데, 이미 과도한 회내전 위치에 있는 평발은 여분의 운동 범위가 없어서, 특히 엣지 각을 더 세워야 하는 회전 후반에 미끄러지는 경우가 많다. 편평족의 회내전 현상이 문제가 되는 또 한 가지는 스키화를 고를 때이다. 평발 스키어는 적절한 사이즈보다 큰 스키화를 신고 있는 경우가 많다. 서서 체중을 싣고 측정하면 발 길이가 약간 길어지는데, 평발은 그 정도가 심하기 때문이다. 그래서 스키화 사이즈는 반드시 앉아서 측정한 발 길이를 기준으로 삼아야 한다. 그 외에도 오랜 시간 동안 스킹을 하는 경우, 완충 역할이 부족한 족궁에 과긴장 상태가 오래 지속되면 조직에 미세한 염증이 반복되어 족저근막염 등을 일으키기도 한다.

그래서 스키계에서는 일찍부터 이런 족부 정렬 문제를 보정하기 위한 '깔창 보장구(insole orthosis)'가 발달하였다.

앞에서 언급한 편평족의 발바닥의 긴장 문제, 엣지 각 문제, 스키화 고르기 문제 등은 모두 편평한 바닥에 체중을 딛고 섰을 때 족궁이 내려 앉으면서 생기는 현상이다. 따라서 발바닥 및 뒤꿈치 모양대로 만든 깔창을 바닥에 깔아 구조물들을 지지해 주

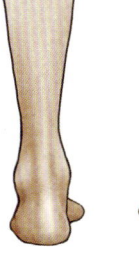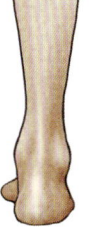

그림 5-3. 깔창에 의한 heel stabilization

제 5 장 하지 정렬과 스키화의 조정

면 발바닥의 긴장이 감소하고 힘을 효율적으로 전달하며, 뒤꿈치를 안정화시킴으로써 엣징에 필요한 회내전 운동 범위를 얻을 수 있다. 중립 위치에서 안정화된 발목은 역학적으로도 가장 강한 힘을 발휘할 수 있다. 또 맞춤 깔창을 먼저 만들어 깔고 스키화를 고르면 필요 이상의 큰 스키화를 구입하는 실수를 피할 수 있다(그림 5-3).

깔창을 사용하면 그 외에도 몇 가지 추가적인 효과를 기대할 수 있다.

- 뒤꿈치의 위치를 올려서 'ramp angle(스키화 바닥에 대한 실제 발바닥면의 각도)'을 증가시킬 수 있다. 이로 인해 체중이 약간 앞으로 이동하면서 몸이 뒤로 빠지지 않게 해주는 역할을 한다. 뒤꿈치가 올라가서 족관절이 족저굴곡되면 회내전 운동 범위가 늘어나 엣지 각도 더 세울 수 있다.
- 뒤꿈치의 위치가 올라가면서 'heel pocket(내피 안에 뒤꿈치를 잡아주는 구조)'에 밀착되므로 스키화 안에서 뒤꿈치의 움직임이 줄어든다.
- 뒤꿈치의 위치 상승으로 인해 복숭아뼈가 눌려 발생하는 통증이 해결되는 경우도 있다.

이런 이유에서 깔창은 꼭 편평족이 아니어도 모든 레벨의 스키어에게 꼭 필요한 장비라고 할 수 있다. 그리고 이상적인 것은 역시 적절한 재료를 조합하여 자신의 발바닥 모양에 맞게 제작하는 맞춤 깔창이다. 상급자용 스키화일수록 질이 좋은 깔창이 제공되고, 쉽게 구할 수 있는 기성품 깔창도 있지만 지지력 및 충격 흡수력이 부족하다. 맞춤형을 표방하는 스키화 역시 발 볼, 발 등, 내/외과에 대한 내피의 맞춤 작업이지 맞춤형 깔창을 기본적으로 제공하지는 않는다(그림 5-4).

그림 5-4. 맞춤형 깔창 제작 과정

5.3. 하지 정렬의 측정

맞춤형 깔창을 깔아서 발을 안정화시켰다면, 다음 작업은 스키화를 신은 상태에서 다리의 정렬 상태를 평가하는 것이다. 그 결과에 따라 커프의 기울기 조절(cuff canting) 및 외장형 캔트의 필요성을 판단해야 한다.

일단 자신의 다리 모양대로 커프 기울기를 조절하는 방법은 다음과 같다. 내피(liner)를 제거한 바깥 외피 안에 미리 제작한 깔창을 깐다. 이어 발을 넣고, 커프 기울기 조절 나사를 풀어 커프가 내/외측으로 자유롭게 움직일 수 있도록 만든다. 커프의 플라스틱 외피 내/외측이 종아리와 동일한 거리에 위치한 지점에서 나사를 조여 고정한다(그림 5-5).

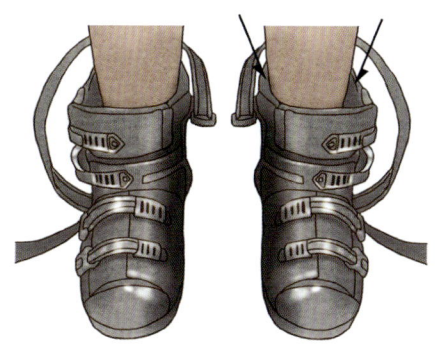

그림 5-5. Basic cuff canting

이어서 내피와 맞춤 깔창을 넣은 스키화를 신고 버클을 완전히 조인 상태에서 다리의 정렬 상태를 측정한다. 현재 스키 분야에서 사용되는 각종 다리 정렬 측정법은 정확히 이야기하자면, 무릎을 구부린 중경 스키 자세에서 '슬관절 운동면의 중심'과 '스키화의 중심' 간의 상대적 위치를 측정하는 방법이다. 일반적으로 스키 책에서는 이것을 다리의 내반/외반각을 측정하는 방법으로 설명하는 경우가 있는데 잘못된 내용이다.

측정 과정에서 오차가 발생할 소지가 큰 부분은 '슬관절 운동면의 중심'을 설정하는 일이다. 보통 슬개골의 중심(center of patella), 경골 조면(tibial tuberosity) 등을 이용하지만 모두 '슬관절 운동면의 중심'으로 정하기에는 적절한 지표가 아니다. 현재로서는 '캘리퍼(caliper)'를 사용하여 슬관절 굴신 운동을 관찰한 후, 굴곡 상태에서 중심을 표시하는 것이 가장 합리적인 방법으로 생각된다(그림 5-6).

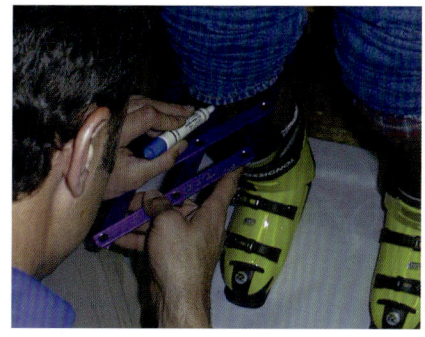

그림 5-6. 캘리퍼를 사용한 슬관절 중심 측정

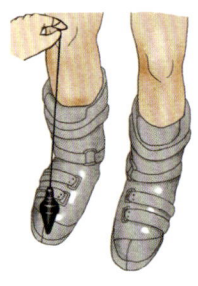 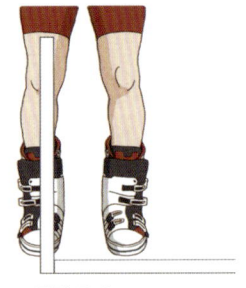 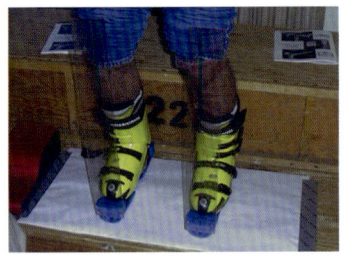

그림 5-7 　　　　　　　　그림 5-8 　　　　　　　　그림 5-9

(1) 추(plumb bob)를 이용한 하지 정렬 측정(그림 5-7)

　표시한 슬관절 중심점에서 추를 내려 스키화의 어느 위치에 떨어지는 지를 확인한다. 간편하지만 움직이는 추가 멈출 때까지 기다리는 과정에서 오차가 생기기 쉽다.

(2) 목공용 직각자를 이용한 하지 정렬 측정(그림 5-8)

　가장 간단하면서도 정확한 측정이 가능하다.

(3) 캔트 측정용 기구를 이용한 하지 정렬 측정(그림 5-9)

　좌우로 흔들리는 경사 기구(tilting device) 위에 올라서서 측정하는 방식이다. 편리하지만 하체가 흔들릴 때 오차가 생길 가능성이 있다.

(4) 컴퓨터를 이용한 하지 정렬 측정(그림 5-10)

　컴퓨터를 이용하여 스키어의 이미지에 표시된 지표 사이의 상관관계를 측정하는 방법이다. 정확한 각도 및 거리 산출이 가능하지만 지표를 정하는 부분에서는 여전히 오차의 가능성이 있다.

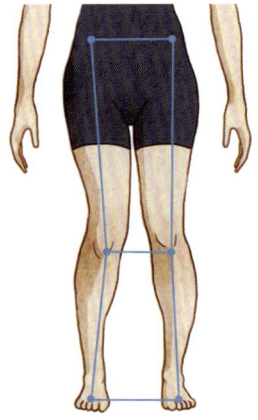 

그림 5-10

5.4. 하지 정렬에 따른 스키화의 조정(캔팅, Canting)

위의 방법으로 측정한 '슬관절 운동면 중심'의 위치에 따라 스키화를 조정하는데, 슬관절 운동면 중심이 스키화 중심보다 1~2도 안쪽에 위치하는 것이 이상적이다.

(1) 커프 기울기 조절(cuff realignment cant)

처음에 다리 모양 그대로 맞추었던 스키화 커프 정렬을 다시 풀어서 좌/우로 이동시키는데, 그 기준은 다음과 같다. 단 표기된 각도는 슬관절 중심점과 스키화 앞에 표시된 점 사이에서 이루어지는 각도이므로 다리 길이에 따라 달라질 수 있다(그림 5-11).

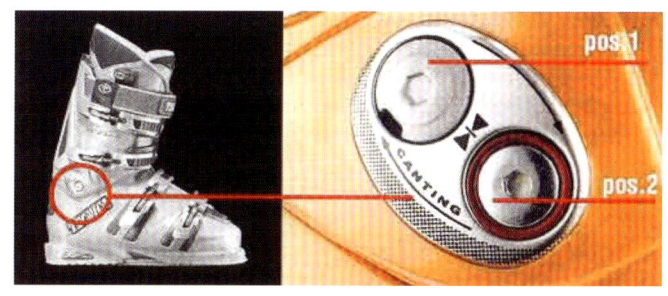

그림 5-11. 커프 캔팅 조절 나사

슬관절 운동면의 중심점에서 수직으로 내린 선이

1) 스키화 바닥의 안쪽 1~2도에 떨어지는 경우(정상 정렬 다리)
   - 처음 다리 모양에 따라 정렬한대로 놔둔다.
2) 스키화 바닥의 안쪽 1~2도 범위보다 더 안쪽으로 떨어지는 경우(경골 외염전 현상이 심한 다리, 팔자 다리에 해당)
   - 커프를 다리 바깥쪽으로 밀어서 고정한다.
3) 스키화 바닥의 중심보다 바깥쪽으로 떨어지는 경우(경골의 내염전 현상이 심한 다리, 안짱 다리에 해당)
   - 커프를 다리 안쪽으로 밀어서 고정한다.

이런 기준으로 조절하면 대부분의 사람들은(약간의 경골 외염전 현상이 있는 팔자 다리) 외측으로 1~3도 정도 기울어진 위치에서 커프의 정렬 위치가 설정된다. 하지만 염전 현상이 심한 경우 이와 같은 커프 기울기 조절만으로는 충분한 조정 효과를 얻을 수 없기 때문에 다음의 추가 조작이 필요하게 된다.

(2) 측면 캔트 보장물 삽입(side shim cant)

스키화 측면의 플라스틱 커프와 내피 사이에 보장물을 삽입하여, 커프 정렬 효과를 증진시키는 방법이다. 제작사에 따라 보강 구조물(side shim)을 제공하는 스키화도 있으나 딱딱한 종이를 여러 겹 접어서 넣는 방법 등으로도 충분히 효과를 볼 수 있다. 정렬 상태는 정상이나 스키화의 측면 구조가 너무 부드러워 힘의 전달이 부족하거나 슬관절의 이동이 심한 경우에도 사용할 수 있는, 간편하면서도 효과적인 방법이다(그림 5-12).

그림 5-12. 스키장 지도를 접어서 측면 보장물로 이용하는 모습

기본적인 원칙은 다음과 같다. 슬관절 운동면의 중심점에서 수직으로 내린 선이,

1) 스키화 바닥의 안쪽 1~2도 범위보다 더 쪽으로 떨어지는 경우(경골의 외염전 현상이 심한 다리, 즉 팔자다리에 해당)
    - 스키화의 안쪽에 보장물을 삽입
2) 스키화 바닥의 중심보다 바깥쪽으로 떨어지는 경우(경골의 내염전 현상이 심한 다리, 즉 안짱다리에 해당)
    - 스키화의 바깥쪽에 보장물을 삽입

(3) 외장형 바닥 캔트 삽입(external boot sole cant)

쐐기 형태의 플라스틱을 바인딩과 스키 사이에 삽입하는 방식. 이미 1970년대에 개발되어 사용해 온 오리지널 캔팅 기구이다. 바인딩의 이탈 기능에 영향을 줄 수 있다는 면에서 논란의 여지가 있으나, 여기에서

는 스킹 자체에 미치는 영향만 언급하도록 한다.

위의 방법에 의한 커프 정렬의 조절에도 불구하고, 슬관절 운동면의 중심이 이상적인 위치에서 벗어나 있는 경우에는 외장형 바닥 캔트를 사용할 수 있다. 여러 가지 재료의 기구들이 있지만 바인딩 이탈 기능에 미치는 영향을 최소화하기 위해서는 캔트 삽입 전용의 고정 나사가 제공되는 제품을 이용하는 것이 좋다(그림 5-13).

그림 5-13. Alignment system, Marker

기본적인 원칙은 다음과 같다(Warren Witherell의 방법). 슬관절 운동면의 중심점에서 수직으로 내린 선이,

1) 스키화 바닥의 안쪽 1~2도 범위보다 더 안쪽으로 떨어지는 경우(경골의 외염전 현상이 심한 다리, 즉 팔자다리에 해당)

   - 안쪽이 높은 캔트를 삽입

2) 스키화 바닥의 중심보다 바깥쪽으로 떨어지는 경우(경골의 내염전 현상이 심한 다리, 즉 안짱다리에 해당)

   - 바깥쪽이 높은 캔트를 삽입

     * 심한 경골 내염전이 있어 3도 이상 안쪽으로 옮겨야 하는 경우에는 50%는 커프를 안쪽으로 옮겨 해결하고, 나머지는 안쪽이 높은 캔트 웨지로 보상해 준다.

     * 과 교정은 절대 금물이다.

     * 삽입하는 캔트의 높이는 다음 표를 참고로 한다 (그림 5-14).

외장형 바닥 캔트 기구가 현재 잘 사용되지 않는 데에는 여러 가지 이유가 있지만, 역시 바인딩의 이탈 기능에 영

CANTING CONVERSION CHART
(Distance Measure to Degrees)

DEGREES OF CANT	1°	2°	3°	4°
Knee Displacement for knee height 16"	7 mm 1/4"	14 mm 9/16"	21 mm 13/16"	28 mm 1 1/8"
Knee Displacement for knee height 18"	8 mm 5/16"	16 mm 5/8"	24 mm 15/16"	32 mm 1 1/4"
Knee Displacement for knee height 20"	9 mm 11/32"	18 mm 11/16"	27 mm 1 1/16"	36 mm 1 3/8"
Knee Displacement for knee height 22"	10 mm 3/8"	20 mm 3/4"	30 mm 1 3/16"	40 mm 1 1/2"
Thickness of a wedge for bootsole 69 mm wide	1.2 mm	2.4 mm	3.6 mm	4.8 mm
Thickness of a wedge for binding 58 mm wide	1.0 mm	2.0 mm	3.0 mm	4.0 mm

WE RECOMMEND THE KNEES BE FROM 1" to 2.5" INSIDE FOR MOST SKIERS.
*Measure from floor to knee with boots on.

그림 5-14. Canting conversion chart

향을 미칠 수 있다는 점이 가장 부정적인 요소로 작용한다. 또 바인딩을 떼고 다시 박아야 하는 부담과 과교정의 위험도 단점 중에 하나이다. 정렬을 과교정시키는 것은 교정하지 않은 것보다 훨씬 못한 결과를 가져온다.

(4) 바닥 캔팅 기능 내장형 스키화

00/01 시즌 시판된 Dalbello 사의 SGS(Stance Geometry System)는 스키화의 바닥을 기울여 외장형 바닥 캔트 삽입과 비슷한 효과를 볼 수 있는 기능을 구비하였다. 스키화 바닥 캔팅 조정이 언제든지 가능하므로 자신의 다리 정렬 문제와 적절한 조합을 이루면 좋은 효과를 볼 수 있는 아이디어이다(그림 5-15).

그림 5-15.
SGS boots,
Dalbello

5.5. 하지 정렬에 따른 장비 선택

스키어와 장비 사이에도 궁합이 있다. 장비를 구입할 때부터 자신의 하지 정렬 상태에 맞는 선택을 해야 정렬 이상으로 인한 영향을 최소화할 수 있다.

1. 하지 정렬에 따른 스키화의 선택

하지 정렬 문제의 관점에서 스키화를 고르는데 있어 고려해야 할 점은, 스키화의 외측 유연성(lateral stiffness), 전경각(forward lean angle), ramp angle(스키화를 신었을 때 지면에 대한 발바닥면의 각도) 등이다. 이런 요소들이 잘 맞아 떨어져야 효율적 회전이 이루어진다.

(1) 스키화의 재질

스키화는 재질에 따라 힘을 스키에 전달하는 능력이 달라진다. 이런 면에서 다리 정렬 상태에 따라 필요한 스키화의 기능에 차이를 두어, lateral/rotary boots로 구분할 수 있다.

1) Lateral boots
   - 측면의 유연성이 적은 딱딱한 스키화를 의미한다. 외피 중 딱딱한 재질로 구성된 부분이 기저부에서 위쪽으로 커프 끝까지 연장되어 있는 구조를 지닌다.
   - 전경각이 적고, 전방 유연성도 적어서 앞으로 쉽게 구부러지지 않는다.
   - 크로스오버 동작시 다리의 회전 동작을 줄여주어 힘이 스키에 직접 전달된다.
   - '경골 외염전', '팔자다리' 형에 적합한 스키화. 레이서, 상급자, 카빙 스키에도 적합하다.
2) Rotary boots
   - 측면이 유연한 스키화를 의미한다.
   - 굴곡 부분의 외피가 비어 있는 구조로 되어 있고 리벳의 위치가 낮다.
   - 크로스오버 동작시 힘의 전달이 늦다. 대신 스키를 조작하기가 편하다.
   - '경골 내염전', '안짱다리' 형의 스키어가 엣지를 조종하기 쉬운 구조이다. '팔자다리' 형의 스키어가 신으면 무릎이 심하게 안쪽으로 돌아가 엣징이 더 어려워진다.

(2) 전경각(inclination angle)(그림 5-16).

바람직한 스키화 전경각에 대해서는 논란의 여지가 많지만 일반적으로 12~16도 정도, 상급자의 경우 16~18도 정도가 적당한 것으로 알려져 있다. 전경각이 너무 큰 스키화를 선택하여 회전시 슬관절의 과도한 굴곡 및 내측 이동이 일어나면, 회전 후반 꼬리 부분의 엣징이 부족하여 꼬리 부분이 미끄러지는 현상이 일어날 수 있다. 따라서 슬관절을 굴곡시키면 내추적 현상이 많이 발생하는 '경골 외염전', '팔자다리' 정렬의 스키어는 전경각이 작은 스키화를 선택할 필요가 있다.

그림 5-16. Inclination angle

(3) Ramp angle(그림 5-17).

평균 2~7도 정도로 조절되는 ramp angle의 경우 하지 분절의 길이, 족관절의 운동 범위, 남녀의 차이 등 영향을 미치는 요소가 다양하여 일률적으로 권장 각도를 정할 수 없다. 대퇴부가 하퇴부에 비해 길거나 족관절의 운

그림 5-17. Ramp angle

제 5 장 하지 정렬과 스키화의 조정

동 범위가 적은 스키어는 중심이 뒤로 빠지기가 쉬우므로 ramp angle을 증가시킬 필요가 있다. 여성 스키어의 경우도 마찬가지이다.

뒤꿈치가 올라가서 족관절이 족저굴곡되면 회내전 운동 범위가 늘어나 엣지 각을 더 세울 수 있다. 따라서 '경골 외염전', '팔자다리' 형의 정렬을 지닌 스키어는 ramp angle이 큰 스키화를 선택할 필요가 있다.

2. 하지 정렬에 따른 스키의 선택

하지 정렬에 맞는 스키 선택이라는 관점에서 중요한 것은 스키 허리 부분의 넓이이다. 스키화의 바닥 넓이는 '70mm±2mm'로 표준화되어 있는 반면, 마주 닿는 스키의 허리 폭은 천차만별이다.

예를 들어 표준 바닥을 지닌 스키화에 62mm의 가는 허리 폭을 가진 스키를 신으면 단면의 모습이 역 피라미드와 같은 모양이 된다. 이런 상태에서는 앞서 설명했듯이 엣지의 위치가 발목 관절에 가까워져서 관절이 안정되고 엣징 전환이 빨라진다. 만일 '경골 내염전' 형의 정렬로서 슬관절의 위치가 과도하게 바깥쪽을 향하고 있는 이유에 크로스오버 동작을 통한 체중 이동이 늦은 스키어라면 이렇게 허리가 좁은 형의 스키를 고르는 것이 도움이 된다. 이런 스키어가 어쩔 수 없이 폭이 넓은 스키를 타려면 리프터를 달아 레버리지를 늘이는 방법을 쓸 수 있다.

반대로 슬관절의 위치가 과도하게 안쪽을 향하고 있는 '경골 외염전' 형의 '팔자다리' 스키어에게는 스키화의 폭에 육박하는 허리가 굵은 스키가 유리하다. 엣지에서 족관절 중심까지의 레버리지가 길어지고, 스키 안쪽에 위치하던 슬관절이 스키 위쪽으로 이동하여 엣지에 더 정확히 하중을 가할 수 있다. 이런 정렬의 스키어는 발바닥을 지면에 가깝게 가져가는 것이 유리하므로 리프터 사용을 피하는 것이 좋다.

스키화 정렬 조정에 대한 스키어들의 반응은 차이가 많다. 오래 동안 고민하던 기술적 문제가 단번에 해결되었다는 경우도 있는 반면, 별로 달라진 느낌이 없다는 스키어들도 있다. 3차원적인 하지 정렬이 스키에 미치는 복합적인 영향을 달랑 몇 가지 기계적 조작으로 해결하려는 것이 어쩌면 얄체 같은 생각일 수도 있다. 장비 선택부터 여러 가지 조정 기능까지, 실제 시험 주행을 하여 시행착오를 겪으면서 다양한 시도를 해보려는 노력이 필요하다.

5.6. 스키 챔피언은 만들어진다.

챔피언은 타고 난다는 말은 맞는 것 같다. 후천적인 노력에 의해서 경기력을 일정 수준까지는 향상시킬 수 있겠지만, 그 중에서도 최고여야 하는 챔피언은 역시 타고난 신체적 능력이 중요하다. 양측의 경골 외염전각, 관상면에서의 내/외반각이 비슷하고, 체중의 작용점이 2번째 발가락을 향하는 복 받은 스키어는 그렇지 않은 스키어보다 쉽게 스키를 배우고 선수로서도 두각을 나타낼 가능성이 크다. 이런 현상을 스키라는 운동이 바른 하지 정렬을 유도하는 것으로 해석하여서, 예쁜 다리 만들려면 어렸을 때부터 스키를 태우라는 이야기도 나오지만, 실제 상황은 애초에 유리한 신체 조건을 지닌 스키어가 경쟁에서 살아 남은 결과라고 보아야 한다.

그런데 첨단 스포츠 과학의 발달은 과거에는 선천적 요소라고 생각했던 것들을 하나 둘씩 후천적 요소로 바꾸어 나가고 있다. 스포츠 생역학, 생리학, 영양학을 이용한 경기력 향상 훈련 프로그램을 통해 과거에는 불가능하다고 여겼던 기록들이 깨지고 있는 것이 대표적인 예이다. 한편 장비가 많이 사용되는 종목

그림 5-18. 1950년대 스키 스타 Stein Erikson

그림 5-19. 2000년대 스키 스타 Herman Meier

에서는 스포츠 공학기술을 적용하여 신체적 단점을 보완하고 경기력을 향상시키려는 노력이 시도되고 있는데, 과거에는 스키어가 힘과 기술을 통해 장비를 지배하고 조종하였다면, 요즘은 첨단 장비 위에 스키어는 가만히 얹혀 실려 가는 느낌이다. 그 결과 신체 조건, 체력적, 기술적 분별력이 없어져버려 스키 경기는 불과 100분의 1초에서 순위가 결정되곤 한다. 크로스 컨트리 경기는 장비 관리 및 왁스 싸움이라는 이야기까지 나온다.

1950년대 스키어의 사진을 보자. 스키어는 회전력이 좋지 않은 나무 스키 위에 짧은 가죽 스키화를 신고서, 온 몸을 이용하여 균형을 잡으려 애쓰는 모습이다. 반면 요즘 스키어의 모습은 저절로 돌아가는 카빙 스키 위에 발목은 물론 무릎, 엉덩이까지도 움직일 필요가 없는 단단한 플라스틱 스키화를 신고 있다. 온 몸의 운동 신경을 동원하여 흔들어 대던 상체는 커피 잔을 들고 타도 될 정도로 조용한 모습이다. 하지만 누가 더 스키를 잘 타는 것일까?(그림 5-18, 5-19)

물론 이미 첨단 문명에 깊이 중독되어 있는 스키어들이 장비와 기술을 100년 전으로 돌려 놓을 가능성은 없다. 하지만 최소한 스포츠가 변하고 있다고는 할 수 있을 망정, 좋아지고 있다고는 섣불리 이야기 할 수 없을 것 같다. 50년, 100년 후에 사람들은 어떤 모습으로 스키를 타고 있을지 궁금해진다(그림 5-20).

그림 5-20. Carl Ettlinger의 그림

제 6 장 스키 생리학

6.1. 스포츠 의학의 부전공 분야(Subspecialties of sports medicine)

스포츠 의학은 스포츠 과학(sports science)과 의과학(medical science)이 융합되어 발달한 '융합 학문(convergence science)'이자 일종의 '응용 과학(applied science)'으로서 두 학문에서 축적된 다양한 지식들이 스포츠 현장에서 적용되는데, 추구하는 목적에 따라 몇 가지 분야로 소분류되었다.

(1) Therapeutic sports medicine (치료 분야)
  - 운동 부상의 진단, 치료, 재활, 예방
  - 만성 질환의 진단, 치료, 재활, 예방
  - 응급 구조 시스템 : EMS(Emergency Medical Service)
  - 스포츠 경기 의료 지원 : SMSS(Sports Medicine Service System)

(2) Fitness sports medicine (건강 증진 분야)
  - General fitness(일반적인 건강증진)
  - Anti-aging(노화 방지)
  - Prevention of disease(질병 예방)

- Body shaping(몸매 관리)
- Body building(보디 빌딩)

(3) Performance sports medicine(경기력 향상 분야)
- Physical conditioning(컨디셔닝, 체력 훈련)
- Technical development(기술 개발)
- Hardware development(장비 개발)

각 종목마다 스포츠 의학의 여러 분야가 모두 적용된다. 축구를 예로 들자면 축구를 통해 건강 증진, 몸매 관리 등의 fitness sports medicine을 구현할 수도 있고, 축구 부상의 치료, 예방 및 스키 경기의 의료 지원 등의 스포츠 의학 서비스를 이용할 수도 있다. 또 축구 선수들을 위한 체력 훈련, 기술 발전, 축구화 등의 장비 개발 등을 통해 경기력 향상을 도모할 수 있다.

스키는 부상을 일으키는 여러 가지 위험 인자가 복잡하게 적용되고, 변화 무쌍한 자연에서 행해지며 장비가 많이 사용되기 때문에, 예로부터 스포츠 의학적 연구가 활발히 진행되어 온 종목이다.

6.2. 경기력 향상 스포츠 의학(Performance sports medicine)

스포츠 의학은 기본적으로 사람들이 먹고살만해져야 발달하는 선진국형 학문이다. 없어도 당장 생사가 달린 문제는 아니기 때문이다. 시대 상황에 따라 필요한 분야가 번갈아 부각되는데, 경기력 향상 분야는 과거에는 전쟁을 치러 살아남기 위해서, 현재는 현재대로 프로 선수들의 트레이닝을 목적으로 꾸준히 발달해왔다.

현대 스포츠 의학은 먼저 치료 분야에서 시작되었다. 1, 2차 대전 후 쏟아지는 부상 환자들의 사회 복귀를 촉진시키려는 목적의 연구에서 재활의 개념이 싹트기 시작했다. 1945년 미국 육군 정형외과 군의관이던 드롬(Thomas L. Delorme MD)이 부상 환자의 근력 회복에 웨이트 트레이닝 기법을 적용한 이래, 운동이 재활 치료 도구로 융합되었다.

그림 6-1. Dr. Kenneth Cooper(좌)
그림 6-2. Cooper Aerobics Center, Dallas, Texas(중)
그림 6-3. Jimmy Carter, former president of the U.S.(우)

　전쟁이 끝나고 사회가 안정되자 사람들은 건강히 오래 사는 방법에 관심을 갖기 시작하였고, 그 결과 건강 증진 목적의 스포츠 의학이 발달한다. 1950~60년대를 거치며 미국에서는 풍요해진 식생활로 인해 고지혈증에 의한 심장병, 고혈압 사망률이 나날이 늘어갔다. 이에 대한 대처로 미국 정부는 지방을 덜 먹고 많이 소비하는 것이 최선이라는 생각에서 저지방 식단과 지방을 줄일 수 있는 운동을 권장하고자 하였다. 비슷한 시기에 때맞춰 미국 군인들의 체력을 조사하던 공군 군의관 케네스 쿠퍼 박사(Kenneth H. Cooper MD)는 오래 달리기를 근육량이 많은 사람보다 오히려 마른 사람들이 잘하는 현상을 발견하였다. 그 이유를 밝혀보니 운동을 천천히 오래 지속하는데 필요한 지구력은 근력과는 다른 형태의 훈련이 필요하다는 것을 알게 되었고, 이런 형태의 운동 즉 산소 소모를 통해 에너지를 꾸준히 생산하는 형태의 저강도 운동을 '유산소 운동(aerobic excise)'이라고 이름 붙였다(그림 6-1, 6-2). 이 유산소 운동의 효과 중에 지방 연소 효과가 있다는 것이 알려지면서 미국 정부는 유산소 운동을 대대적으로 홍보하였고, 그 여파로 전 세계에 조깅 열풍이 불었던 것이다. 1979년 방한했던 미국의 지미 카터 대통령이 다음 날 아침 반바지 차림으로 조깅하는 사진이 신문에 대문짝만하게 실렸던 기억이 난다(그림 6-3).

　동서구권이 대립하던 1960~70년대의 냉전 시대는 performance sports medicine을 발달시켰다. 스포츠 경기를 전쟁 대신 치르던 분위기에서 각국은 경기력 향상을 위해 전폭적인 투자를 하였고, 그 결과 운동 생리학, 생역학, 운동기능학, 영양학 등 기초 스포츠 과학이 급속도로 성장하였다. 심지어 동구권 국가에서

제 6 장 스키 생리학

는 비윤리적인 방법까지도 무차별로 동원하여 생체 실험장을 방불케 하였다. 스테로이드 등의 약물이 스포츠 쪽으로 흘러 들어온 것도 이 시기의 일이다. 냉전이 끝난 이후에도 프로화된 스포츠 세계에서는 경기력 향상을 위해서라면 수단과 방법을 안 가리는 분위기가 이어졌다. 현재도 스포츠 과학의 힘은 인간으로서는 불가능하다고 생각하던 기록들을 계속 갱신해 나가고 있다. 끊임없이 한계를 시험하고 넘고자 몸부림치는 인간의 본성이 드러나는 분야이다.

6.3. 컨디셔닝(Conditioning)

훈련을 통해 원하는 목표에 맞도록 신체의 기능을 최적화시켜 몸을 만들어가는 과정을 '컨디셔닝(conditioning)'이라고 부르며, performance sports medicine의 핵심 분야이다. 일반적으로 선수들이 경기에 임해 시행하는 비시즌/시즌 체력 훈련을 이야기하는데, 경쟁을 통한 승부에서의 승리를 목표로 하는 엘리트 선수들은 강한 체력을 만들기 위해 할 수 있는 최대 강도의 극단적인 훈련을 선택한다.

컨디셔닝의 대표적 성공 예로 2002년 월드컵 당시의 한국 축구 국가대표팀을 들 수 있다. 거스 히딩크 감독은 변변한 스타플레이어 하나 없던 태극전사들을 거의 '사육'에 가까운 훈련을 시킴으로써 모든 선수들이 90분 동안 지칠 줄 모르고 그라운드를 휘저을 수 있는 막강한 체력을 구축하였다. 당시 히딩크는 국가와 국민의 전폭적인 지원 하에 팀을 만들어 나갔다. 국내에서는 처음으로 체력 훈련 코치, 비디오 분석 코치, 팀 주치의 등이 따로 선임되어 훈련을 시켰다. 컨디셔닝 담당 트레이너였던 베르하이엔은 고강도의 '

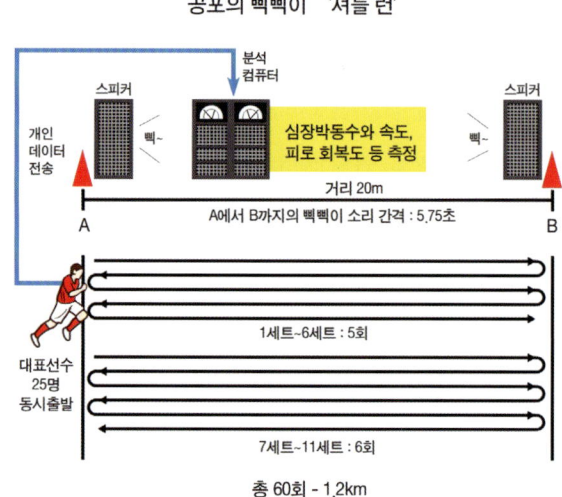

그림 6-4. Shuttle run trainig

인터벌 트레이닝(interval training)'을 최대한 활용하였다. 코치가 부는 호각에 맞추어 시행하는 왕복달리기로 무산소 지구력을 측정하여 목표에 이를 때까지 밀어 부쳤다. 아무리 지명도가 높은 선수도 체력적으로 처지면 가차없이 탈락시키던 이 훈련 방법을 선수들은 '공포의 삑삑이'라고 불렀다(그림 6-4).

히딩크 이후를 포함하여 역대 어느 팀도, 이렇게 오랜 기간 동안 선수들을 소집하여 눈치 안 보고 마음껏 훈련시킬 수 있었던 적은 없었다. 이런 과정에서 선수들은 오로지 월드컵 본선에만 초점을 맞추어 컨디셔닝되어 갔고, 그 결과는 이태리와의 연장전에서 터진 안정환의 결승골로 드러났다. 선수 개개인을 비교해서는 상대가 되지 않는 강 팀이었던 이태리의 공격을 집요한 체력전으로 막아 낸 다음, 모두가 지칠 대로 지친 연장전에서 한발 더 뛰어 승부를 결정지었다. 안정환은 히딩크 사단에 들어올 때만 하더라도 '게으른 천재' 스타일의 선수였지만, 컨디셔닝 과정을 겪으면서 기술에 체력을 겸비한 투사로 다시 태어났던 것이다(그림 6-5).

그림 6-5. 안정환의 골든 골

컨디셔닝이 선수들만의 전유물은 아니다. 운동 선수들의 고강도 체력 훈련 방식을 따르는 일반인이 늘고 있고, 경기력 향상을 위해서 많은 투자와 노력을 하기도 한다. performance sports medicine은 건강을 추구하는 과정에서도 '질병이 없는 상태'의 정적인 건강을 의미하는 '헬스(health)' 그리고 운동을 통해 건강을 증진시키는 동적인 건강을 의미하는 '피트니스(fitness)'를 넘어선 개념을 요구하고 있는 것이다.

6.4. 체력의 구성(The elements of fitness)

컨디셔닝의 핵심은 결국 신체의 물리적 능력인 '체력'을 키우는 것인데, 다음과 같은 여러 가지 세부적인 체력 요소들이 합쳐져서 '종합 체력'을 구성한다. 각 종목의 운동학적 특성에 따라 필요한 체력 요소가 달라지고 그에 따라 체형도 달라진다.

(1) 근력(muscular strength)

근육이 한번에 발휘할 수 있는 힘을 의미한다. 체력을 구성하는 가장 중요한 기본 요소이다. 보통 특정 동작으로 들 수 있는 최대 중량(1-RM: 1-Repetition Maximum)으로 표시한다. (예) 벤치프레스로 밀 수 있는 최대 중량. 역도, 투포환 등의 동작에 필요하다. 파워는 근력에 스피드를 포함시킨 조금 다른 개념이다. 예를 들어 중량을 천천히 미는 형태의 벤치 프레스 능력이 순간적으로 멀리 던져야 하는 투포환 능력과 꼭 비례하지는 않는다.

(2) 근지구력(muscular endurance)

근육이 힘을 반복적으로 발휘할 수 있는 능력을 의미한다. 특정 동작을 반복할 수 있는 회수로 표시하는데, 부하에 따라 같은 동작도 운동 효과가 달라질 수 있다. 예를 들어 한 사람이 팔굽혀 펴기를 최대 3회 할 수 있다면 그것은 근력 운동이 되는 반면, 30회 반복이 가능하다면 근지구력 운동이 된다. 100미터 달리기, 레슬링 등의 종목에서 중요 체력 요소가 된다.

(3) 심폐지구력(cardiovascular endurance)

심혈관계와 호흡기가 운동에 필요한 산소를 지속적으로 공급하는 능력을 의미한다. 최대 산소 섭취량(VO2max)을 측정하여 척도로 삼는다. 마라톤 등 저강도로 장시간에 걸쳐 행해지는 운동 행위에 필요하다.

(4) 유연성(flexibility)

관절의 운동 범위를 의미한다. 근육, 건, 인대 등의 조직의 성질이 복합적으로 관여한다. 스트레칭에 의해 유연성을 늘일 수 있다.

(5) 기타: 민첩성(agility), 순발력(quickness), 협응력(coordination) 등

6.5. 운동 생리학(Exercise physiology)

운동 생리학은 다양한 형태의 운동으로 인한 자극이 생리학적으로 신체에 일어나는 변화를 연구하는 학문이다. 컨디셔닝 작업을 수행하려면 각 종목에 필요한 최적의 신체 조건이 무엇인지를 알아야 하고, 그것

을 만들기 위한 훈련 방법을 결정해야 한다. 이를 추구하는 과정에서 운동 생리학이 발달하였다. 여기서 얻어진 자료를 근거로 경기력 향상을 위한 트레이닝 방법을 개발한다. 예를 들어 장거리 달리기를 위해서는 근육의 피로에 대한 적응력, 즉 지구력을 늘여야 하고 운동 중 근육 내에 축적되는 젖산이 피로도에 미치는 연관성이 알려지면서 젖산 축적을 최소화하는 트레이닝 및 영양섭취 방법이 개발되는 식이다. 이런 분야를 '스포츠 생리학(sports physiology)'이라고 구분해서 부르기도 한다.

Performance sports medicine의 발달은 사실상 운동 생리학의 발달 과정과 같다. 20세기 중반 모터가 장착된 트레드밀(treadmill)이 개발된 이래 근력, 파워, 근지구력, 심폐지구력, 유연성, 민첩성, 순발력, 협응력 등으로 대변되는 체력 구성 요소들의 실험실 측정이 가능해졌다. 이어 냉전 시대를 거치며 연구 결과들을 선수들의 경기력 향상에 적극 활용하면서 스포츠 의학이 발달했던 것이다.

운동 생리학은 그 동안 경험적으로 행해 오던 트레이닝 방법에 많은 변화를 가져왔는데, 가장 극적이었던 것은 웨이트 트레이닝에 대한 재평가였다. 근육에 부하를 준 상태에서 수축시켜 근력 향상을 도모하는 훈련 방법, 즉 '저항 운동(resistance training)'은 저항으로 무거운 중량을 많이 사용하기 때문에 '중량 운동(weight training)'이라고 불리는데, 70년대까지만 하더라도 껄렁한 남자들이 몸매를 과시하기 위해서나 하는 운동으로나 생각했지 컨디셔닝 프로그램으로는 대우받지 못하였다. 야구, 골프 같은 종목에서는 '웨이트 트레이닝을 하면 근육만 커지고 유연성이 떨어져 나쁜 영향을 끼친다.'며 금기시 할 정도였다. 참고로 현재의 운동 선수들은 종목을 막론하고 체력 훈련에 웨이트 트레이닝을 빼먹는 경우는 없다. 심지어 투수, 골퍼들까지도 비시즌은 물론, 시즌 중에도 웨이트 트레이닝을 거르지 않는다. 이런 과학적인 컨디셔닝으로 인해 선수들의 경기력은 날로 향상되고, 선수 생명 역시 대폭 연장되는 결과를 가져왔던 것이다(그림 6-6).

그림 6-6. Nolan Ryan, 44세에 미국 메이저리그에서 노히트 게임을 기록

이렇게 운동 생리학적 지식을 토대로 필요한 체력 요소들을 집중적으로 컨디셔닝시킨 결과, 최근 선수들의 신체는 극단적으로 전문화되어 가고 있다. 해당 종목이 요구하는 체력 조건에 따라 체형이 완전히 구

분되며, 심지어는 한 종목 내에서도 역할이 다르기 때문에 체형만 보아도 어떤 포지션인지 알 수 있을 정도이다. 비슷한 투기 종목이지만 유도, 레슬링, 씨름 등은 각각 다른 체형과 체력 조건을 지닌다. 투수의 경우 선발, 중간 계투, 마무리 선수들의 훈련 방법이 각각 다르다. 그 결과 과거처럼 단거리에서 장거리까지 모두 잘하는 만능 선수는 점점 찾아볼 수가 없고, 한 가지에만 집중하지 않고는 두각을 낼 수 없게 되었다. 박태환 선수가 1,500m를 포기하고 400m와 200m에 집중하는 이유이다. 200m 차이인 두 종목 사이에서도 성적이 다르게 나온다.

스키 역시 동계 종목의 대명사로서 일찍부터 운동 생리학의 관심 대상이었기 때문에 많은 자료들이 축적되어 있다. 이렇게 생리학적 이해에 기초한 과학적 트레이닝을 통해 과거 80년대 초반 미국 국가대표 스키 선수들이 괄목할 경기력 향상을 이뤘던 예가 있었다(그림 6-7, 6-8).

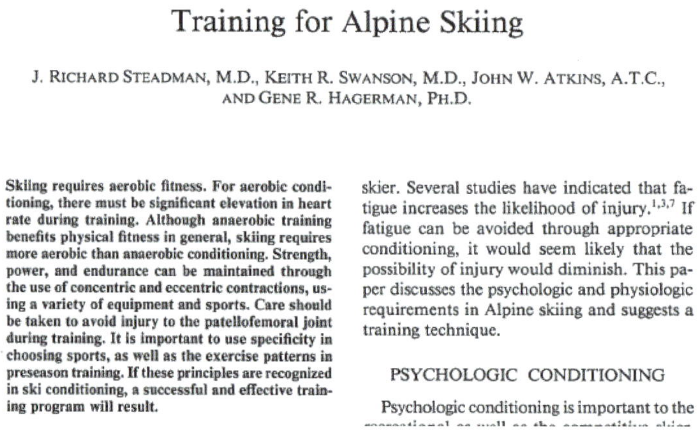

Training for Alpine Skiing

J. RICHARD STEADMAN, M.D., KEITH R. SWANSON, M.D., JOHN W. ATKINS, A.T.C., AND GENE R. HAGERMAN, PH.D.

Skiing requires aerobic fitness. For aerobic conditioning, there must be significant elevation in heart rate during training. Although anaerobic training benefits physical fitness in general, skiing requires more aerobic than anaerobic conditioning. Strength, power, and endurance can be maintained through the use of concentric and eccentric contractions, using a variety of equipment and sports. Care should be taken to avoid injury to the patellofemoral joint during training. It is important to use specificity in choosing sports, as well as the exercise patterns in preseason training. If these principles are recognized in ski conditioning, a successful and effective training program will result.

skier. Several studies have indicated that fatigue increases the likelihood of injury.[1,3,7] If fatigue can be avoided through appropriate conditioning, it would seem likely that the possibility of injury would diminish. This paper discusses the psychologic and physiologic requirements in Alpine skiing and suggests a training technique.

PSYCHOLOGIC CONDITIONING

Psychologic conditioning is important to the

그림 6-7. 스테드만-호킨스 병원에서 발표한 스키 선수를 위한 트레이닝과 관련된 연구 자료

그림 6-8. Phil Mahre, 1984년 유고 사라예보 동계올림픽 스키 금메달리스트

6.6 동계 올림픽 경기 종목

2014년 러시아 소치(Sochi, Russia) 동계 올림픽에는 7개 종목의 경기가 열리는데, 이 중 스키는 6개의 세부 종목에 49개의 금메달이 걸려 있다. 각 세부 종목의 경기 특성은 다음과 같다.

- 동계 올림픽 종목과 금메달 숫자
    1. Skiing : 49
    2. Biathlon : 10
    3. Skating : 24
    4. Bobsleigh : 5
    5. Luge : 3
    6. Curling : 2
    7. Ice Hockey : 2
- 동계 올림픽 스키 세부 종목과 금메달 숫자
    1. Alpine Skiing : 10
    2. Freestyle Skiing : 10
    3. Snowboard : 10
    4. Cross Country Skiing : 12
    5. Ski Jumping : 4
    6. Nordic Combined : 3

1) 알파인 스키

- 남녀 각각 5개 올림픽 종목.
- 활강, 회전이 1936년 독일의 가미쉬(Garmisch)에서 열린 제4회 동계 올림픽에서 최초로 채택됨. 대회전은 1952년 오슬로(Oslo) 올림픽부터 수퍼-G, 알파인복합는 1988년 캘거리(Calgary) 올림픽부터 시작되었다.

(1) 속도 종목 (그림 6-9)

  1. 활강(Downhill)

    : 경기 시간은 약 2분. 평균 시속이 100km를 넘고 최대 140km까지 도달한다. 선수는 경기 전 열리는 3일 간의 예행 연습 중 한번에 의무적으로 참여해야 한다. 고속 구간에는 안전 네트 및 에어백을 이용한 담장이 설치된다. 스키어는 최대 경사선(fall line)에 가깝게 주행하기 위해 노력하며, 저항을 줄이기 위해 웅크리기 자세(crouching position)를 취한다. 헬멧 착용 의무.

  2. 수퍼-G(Super-G)

    : 활강 경기의 속도와 대회전 경기의 기술을 혼합한 경기. 활강과 동일한 코스에서 열리지만 수백 미터 아래 지점에서 시작한다. 주행 중 2차례의 점프 구간이 있다.

(2) 기술 종목 (그림 6-10)

  1. 대회전(Giant slalom)

    : 카빙을 이용한 큰 호의 회전을 반복하는 형태의 주행을 한다.

  2. 회전(Slalom)

    : 기문이 가장 촘촘히 꽂혀 있으며 선수는 최대 경사선을 가로질러 회전을 한다. 가장 작은 호를 그리며 낮은 속도로 주행한다.

(3) 알파인 복합(Alpine combined) : 활강과 회전 점수를 합산하여 시상.

● 알파인 경기 규정

    : 기문을 번갈아 통과하며 가장 빠른 시간 내에 결승점을 통과하는 순서대로 순위가 결정된다.

그림 6-9. Downhill skiing   그림 6-10. Slalom skiing

● 알파인 경기 코스 규정

경기 종목		남자	여자
회전			
	표고차	180~220m	140~220m
	기문 수	표고차의 30~35%	표고차의 30~35%
대회전			
	표고차	250~450m	250~400m
	기문 수	표고차의 11~15%	표고차의 11~15%
수퍼 G			
	표고차	400~650m	400~600m
	기문 수(최소)	표고차의 7%	표고차의 7%
활강			
	표고차	800~1100m	450~800m

2) 프리스타일 스키

- 남녀 각각 5개 올림픽 종목.
- 1992년 제16회 대회에서 모굴스키가 1994년 제17회 대회에서 에어리얼스키가 각각 정식 종목으로 채택. 스키크로스는 2010년 제21회 캐나다 밴쿠버대회부터 시작. 2014년 러시아 소치 올림픽부터 하프파이프와 슬로프스타일이 추가됨.
- 경기 특성상 역주행 동작이 많기 때문에 스키 앞뒤가 모두 들린 형태의 스키(twin tip ski)를 사용한다.

   (1) 에어리얼(aerials)

   도약대에서 뛰어 올라 다양한 형태의 공중 기술을 구사하는 경기로서, 연기 점수에 난이도 비례 점이 가산된다. 총점의 20%가 공중 기술, 50%가 자세, 30%가 착지 기술에 배정되어 있다. 선 자세, 공중제비 기술, 공중제비가 없는 기술, 뒤집기의 형태 등의 기술이 있다.

(2) 모글(moguls)

울퉁불퉁한 눈 더미가 인공적으로 설치된 급사면을 내리 달리며, 사면의 변화에 대응한 기술을 구사하는 경기이다. 속도와 공중 묘기 그리고 회전 기술 등이 평가의 기준이 된다.

(3) 스키크로스(ski cross)

4~5명이 집단으로 출발하여 변화가 많은 코스를 활주하며 속도를 겨루는 경기이다. 숏트랙 스케이트에 비유할 수 있다.

(4) 슬로프 스타일(slope style)

인공적으로 만든 도약대(kicker), 레일(rail), 박스(box) 등의 장애물들로 구성된 테레인파크(terrain park)에서 돌리기(spin), 붙잡기(grab), 갈아내듯 타기(grind), 재주넘기(flip) 등의 묘기를 겨루는 종목.

(5) 하프파이프(half-pipe)

파이프를 절반으로 자른 모양의 원통형 슬로프를 내려오는 동안 양쪽 벽을 오가며 점프와 공중 회전 등 고난도의 기술을 펼치는 경기.

3) 스노보드

1998년 일본 나가노에서 열린 제18회 대회부터 평행 대회전과 하프파이프가 정식 종목으로 채택되었다. 스노보드 크로스는 2006년 이탈리아 토리노 올림픽부터 시작. 2014년 러시아 소치 올림픽부터 평행 회전과 슬로프 스타일이 추가되어 남녀 각각 5개의 올림픽 종목이 열린다.

(1) 평행 대회전(giant parallel slalom)

2명의 선수가 2개의 코스에서 동시에 출발. 40~50개의 기문을 먼저 통과하여 결승점에 이르는 선수가 다음 라운드에 진출하는 방식의 경기.

(2) 평행 회전(parallel slalom)

대회전보다 작은 호를 그리며 주행하는 기술 경기.

(3) 하프파이프(half-pipe)

파이프를 절반으로 자른 모양의 원통형 슬로프를 내려오는 동안 양쪽 벽을 오가며 점프와 공중 회전 등 고난도의 기술을 펼치는 경기. 기본 동작, 회전, 기술 난이도, 착지, 테크닉의 5부문을 각각 10점 만점으로 평가한 뒤 합산하여 순위를 가린다.

(4) 스노보드 크로스(snowboard cross)

4명의 선수가 동시에 출발하여 회전 코스와 점프대, 모글 등의 여러 가지 장애물을 통과하면서 일정한 거리를 주행하여 순위를 가르는 경기.

(5) 슬로프 스타일(slope style)

인공적으로 만든 도약대(kicker), 레일(rail), 박스(box) 등의 장애물들로 구성된 테레인파크(terrain park)에서 돌리기(spin), 붙잡기(grab), 갈아내듯 타기(grind), 재주넘기(flip) 등의 묘기를 겨루는 종목

6.7. 알파인 스키의 생리학적 특성

스킹 중에는 다양한 형태의 활주가 이루어지기 때문에 스키라는 운동의 생리학적 특성을 일률적으로 표현하는 것은 사실상 불가능하다. 때문에 스키에 대한 생리학적 연구는 비교적 표준화된 활주 행위인 알파인 경기의 특성을 규명하는 쪽으로 진행되었다. 그 동안 스킹 중 필요한 에너지 수준, 스키 선수들의 신체적 특성, 여러 가지 생리학적 인자와 경기력과의 관계 등이 규명되었다.

일반 스키어들은 각자의 취향에 따라 활강 경기 성향의 활주를 즐기는 사람, 회전 경기 성향의 숏턴을 즐기는 사람 등 각양각색이지만 위의 자료에 근거하여 알파인 스키의 공통적인 특성을 정리하자면 다음과 같다.

- 약 40초~2분 정도 쉬는 시간 없이 연속 동작으로 주행한다.
- 원심력 및 중력에 저항하는 과정에서 하지의 근육이 지속적인 수축을 유지한다. 특히 둔근과 허벅지의 대퇴 사두근 및 슬와근 등이 번갈아 가며 수축한다.
- 안정된 자세 유지와 체중 이동을 위한 예비동작(anticipation), 폴 사용 등을 위해서는 하지의 근육뿐 아

니라 상지 및 몸통의 근육들이 고루 사용된다.
- 다양하게 설면에 대응하기 위해서 균형력(balance), 민첩성(agility) 및 협응력(coordination)이 요구된다.
- 온도가 낮고, 산소가 희박한 고산지역에서 행해지기 때문에 유산소 능력(aerobic power)이 요구된다.

운동 지속 시간만으로 볼 때, 알파인 스키는 근육내 젖산(lactic acid) 축적을 유발하는 무산소 에너지 시스템(anaerobic energy system)을 주로 이용하는 400m, 800m 육상 경기와 비슷한 특성을 지니는 것으로 보인다. 하지만 규격화된 경기장을 이용하는 육상 경기와는 달리 다양한 환경에서 벌어지는 스키는 더 다양한 신체 능력이 요구되는데, 예를 들어 달리기 동작에서는 짧은 시간 동안 원심적 근수축(concentric contraction : 근육의 길이가 짧아지는 근육 수축의 형태)이 주로 일어나는 반면, 스킹 동작에서는 비교적 긴 시간에 걸쳐 천천히 이심적 근수축(eccentric contraction : 근육의 길이가 길어지는 근육 수축의 형태)과 등척성 근수축(isometric contraction : 근육의 길이가 변하지 않는 근육 수축의 형태)이 많이 사용된다. 기문 사이의 간격이 크고 경기 시간이 긴 활강 경기로 갈수록 웅크린 자세(crouching position)로 인한 등척성 수축이 많이 일어나고, 회전 경기로 갈수록 폭발적인 근육의 원심적, 이심적 수축이 자주 반복해서 일어나는 것이 특징이다. 결국 알파인 스키는 근력, 파워, 근지구력, 심폐지구력, 협응력, 균형, 유연성 등의 종합 체력이 요구되는 운동이라고 할 수 있다.

6.8. 스키를 위한 컨디셔닝

위에 열거한 스키의 생리학적 특성을 근거로 스키를 위해서 해야 할 신체적 준비 과정을 정리하자면 다음과 같다.
1. 근력 운동
   : 웨이트 트레이닝(고중량/저반복)

2. 파워 운동

   : 플라이오메트릭 운동(장애물 높이 뛰기 등), 100~200m 단거리 스프린트 등

3. 무산소 근지구력 운동

   : 웨이트 트레이닝(저중량/고반복)

4. 유산소 심폐지구력 운동

   : 속보, 장거리 달리기, 장거리 자전거 타기, 장거리 수영, 노젓기, 크로스컨트리 스키, 로울러 스키, 인라인 스케이트, 하키/스피드 스케이트 등

4. 유연성 운동

   : 스트레칭

6. 민첩성, 순발력 운동

   : 8자로 달리기, 왕복 달리기 등

7. 스킹 동작과 유사한 응용 운동(크로스 트레이닝)

   : 인라인 하키, 아이스 하키 등

8. 스키에 도움이 되는 각종 레져 운동

   : 축구, 테니스, 농구, 골프, 산악 자전거 등의 모든 스포츠

9. 스키

   : 스키를 잘 타려면 역시 스키를 많이 타야 한다.

이런 운동들을 잘 조합한 트레이닝 프로그램과 적절한 영양, 이론 습득 등으로 시즌을 준비할 때 비로소 스키를 위한 최적의 컨디셔닝이 이루어진다고 할 수 있다. 이 과정은 일반 스키어들에게도 동일하게 적용된다.

6.9. 스키를 위한 영양학

컨디셔닝 작업에서 훈련과 맞물려 생각해야 할 또 한 가지 중요한 부분이 영양 섭취 문제이다. 영양 섭취는 경기력에 많은 영향을 미칠 뿐 아니라 근육의 피로와 연관되어 부상의 원인을 제공하기도 한다.

40초~2분에 걸쳐 행해지는 스키 경기의 지속 시간은 스킹 행위가 강력한 무산소 에너지를 요구한다는 것을 의미한다. 한편 하루 종일 스키를 타는 상황을 고려한다면 여기에 유산소 에너지까지도 필요한 점을 고려해야 한다. 무산소, 유산소 에너지 시스템에 기본적으로 가장 필요한 영양소는 탄수화물이다. 회전 중에는 대부분 근육에 저장되어 있는 글리코겐(glycogen) 형태의 탄수화물을 사용한다. 따라서 스킹을 위해서는 근육의 글리코겐 저장량을 늘리는 목적으로 영양 섭취가 이루어져야 한다. 근육의 글리코겐 저장량의 고갈이 하루 중 늦은 시간대의 부상을 유발하는 원인으로 작용한다는 연구 결과가 보여주듯이, 일반 스키어에게도 중요한 부분이다.

근육을 탄수화물로 최대한 충전시키기 위해서는 평소에 적당한 영양소 비율의 식사를 유지해야 한다. 칼로리 구성이 탄수화물 65%, 단백질 15%, 지방 30% 이하 정도인 식사를 의미한다. 여기서 현실적으로 가장 신경써야 할 부분은 '양질의 탄수화물을 고르는 일'과 '적당한 단백질을 섭취하는 일'이다.

탄수화물이 주성분인 음식은 밥, 빵, 국수, 파스타, 과일 등과 과자, 사탕, 쵸코렛 등이다. 이중 단당류와 지방이 많이 포함되어 있는 과자, 사탕, 쵸콜렛 대신 고탄수화물 음식으로 알려져 많이 먹는 밥, 빵, 국수 등이 권장된다.

하지만 고탄수화물 음식도 구성하는 탄수화물의 종류에 따라 차이가 난다. 탄수화물은 그 소화, 흡수 속도에 따라 '저 글라이세믹 수치(low glycemic index)'의 탄수화물과 '고 글라이세믹 수치(high glycemic index)'의 탄수화물로 나뉜다. 저 글라이세믹 수치의 탄수화물은 위장관에서 천천히 흡수된 후, 근육 및 간에 저장되어 천천히 에너지원으로써 쓰이는 경로를 밟는다. 반면 고 글라이세믹 수치의 탄수화물은 흡수 속도가 빨라 바로 에너지로 사용이 가능하지만 소모된 나머지는 지방으로 저장되어 버린다. 예를 들어 같은 밥이라도 가공 방식에 따라 달라져서, 도정하여 만든 흰 쌀로 지은 밥은 고 글라이세믹 수치의 음식이고 도정하지 않은 현미와 잡곡을 섞어서 지은 밥은 저 글라이세믹 수치의 음식에 해당된다. 이를 눈으로 간단히 구분하는 방법은, 저 글라이세믹 수치' 탄수화물 음식의 특징은 가공이 적기 때문에 일반적으로 어두운 색깔에 거친 식감을 지닌 반면, 고 글라이세믹 수치 탄수화물은 밝은 색에 부드럽다는 점이다. '흰쌀밥과 잡곡밥', '부드러운 흰빵과 거친 잡곡빵' 등에서 그 차이를 볼 수 있다. 스키어는 평소에 주로 저 글라이세믹 수치의 탄수화물이 풍부하고 적당한 단백질을 포함한 식사를 지속하여 스킹에 필요한 연료를 근육에 비축하여야 한다. 식사에 양질의 탄수화물과 단백질을 늘이는 방법은 다음과 같다.

- 식사 때마다 잡곡밥, 잡곡빵, 파스타, 시리얼 등을 섭취한다.
- 신선한 야채와 과일을 자주 곁들여 섭취한다.
- 양질의 소고기, 돼지고기, 닭고기 등의 육류를 섭취한다.
- 계란, 우유, 치즈, 요구르트 등의 유제품을 섭취한다.

스킹 당일 아침이나 직전에는 고 글라이세믹 수치 탄수화물 위주의 간식으로 에너지를 보충해 주는 것이 적합하다. 스킹 1~2 시간 전에 섭취하는 음식은 바로 에너지로 쓰이지는 않지만 일단 배고픔이 일어나지 않게 할 수 있고, 장시간 운동이 계속되는 경우 지속적으로 에너지를 공급해 주는 역할을 한다. 하지만 이때는 음식 양을 잘 조절해야 한다. 특히 운동 시작하기 1시간 전부터는 너무 많이 먹지 않는 것이 좋겠는데, 음식이 위장관을 통과하기 전에 격렬한 운동을 시작하면 소화기계통으로 가야 할 혈액이 근육으로 몰려서 구토, 복통 등이 일어날 수 있기 때문이다. 이런 의미에서 운동 직전 섭취에 적합한 음식은 쌀밥, 국수, 잼이나 젤리를 바른 빵, 저지방 요구르트, 저지방 우유, 과일 쥬스 등이다. 이때 저지방을 강조하는 것은, 지방은 위장관 통과 시간이 늦고 즉각적인 에너지원으로도 쓰이기가 힘들기 때문이다. 또 섬유질이 너무 많은 과일이나 야채 등도 복통, 설사 등을 일으킬 수 있으므로 과도한 섭취는 피하는 것이 좋겠다. 경기 전후 영양소 및 수분 섭취 목적에서 개발된 '스포츠 음료'나 '에너지 바'를 이용하는 것도 좋은 방법이다. 적당한 탄수화물, 단백질 등의 영양소와 미네랄 농도를 지닌 스포츠 음료나 에너지 바를 섭취해 주면 오랜 시간 동안 지속되는 스킹 중 혈중에 에너지원을 보충해 주며 탈수 현상을 방지해 주는데 도움이 될 것이다.

스킹 후의 음식 섭취도 중요하다. 에너지가 고갈된 근육을 다시 충전시키려면 24시간 이상이 걸린다. 여러 날 이어서 스키를 타는 상황에서는 근육의 글리코겐 저장량이 서서히 감소할 수밖에 없다. 근육은 운동 직후 약 30분~1시간 동안 에너지 흡수율이 최고에 이르며, 이를 '기회의 창(window period)'이라고 부른다. 이런 시간을 놓치지 않고 영양소가 골고루 포함된 충분한 양의 음식을 섭취한다면 다음 날의 스킹은 물론 근육 발달에 도움을 줄 것이다.

6.10. 컨디셔닝과 부상의 예방

체력 훈련과 영양 섭취를 통한 컨디셔닝 작업은 경기력 향상뿐 아니라 부상의 예방에도 중요한 영향을 미친다. 운동 부상을 일으키는 위험 인자 중 하나가 체력 조건이기 때문이다. 부상이 일어나려는 순간 신체를 버텨줄 수 있는 근력, 전 경기 동안 근육 활동의 일관성을 유지하여 실수를 방지하는 근지구력, 강직 현상으로 인한 부상을 예방할 수 있는 유연성, 심혈관계의 꾸준한 활동을 보장하는 심폐지구력 등뿐만 아니라, 종합 체력에 기초를 둔 '고유수용체 감각(proprioception)' 등이 부상 예방을 위한 목표 체력 요소로 관심을 받고 있으며, 최근 이런 체력 요소들을 포함한 기술적인 훈련을 통해 부상을 예방하려는 시도가 스키를 포함한 각 종목에서 활발히 시행되고 있다.

제 7 장 진화와 혁명

7.1. 진화와 혁명(Evolution vs. Revolution)

잔인한 인간의 본성은 지루한 '진화(evolution)' 과정보다는 피를 부르는 '혁명(revolution)'을 원한다. 그리고 성공한 혁명은 한 순간에 모든 것을 뒤집어 엎는 짜릿한 승리를 안겨주지만, 반대의 경우 한동안 돌이킬 수 없는 치명적인 상처를 남긴다. 성공한 혁명 역시 시스템의 조화로운 발전을 무시한 결과, 장기적으로 보면 여러 곳에서 부작용을 가져오는 경우가 많다. 스키는 진화, 실패한 혁명 그리고 성공한 혁명이었지만 역사적인 평가는 부정적인 여러 가지 사건들이 뒤엉켜 발전해 온 스포츠이다.

19세기 말 알프스 지방 사람들은 점프, 크로스컨트리 등의 북구 스타일 스키(Nordic ski) 대신 산을 내려오는 활강 기술 위주의 알파인 스키를 만들어내었다. 당시 스키의 원조였던 노르웨이 사람들에게는 충격이었지만 험한 알프스 지형을 내려오기 위해서는 어쩔 수 없는 스키의 진화 과정이었다. 대세는 거를 수가 없었고 보다시피 현재 스키의 주류는 알파인 스키이다.

하지만 1930년대 말 알파인 스키 붐을 타고 등장한 'cable binding'은 준비되지 않은 무모한 혁명이었다. 안전을 고려치 않은 채 기술만 생각한 나머지 발을 스키에 완전히 고정시키는 결정적인 오류를 범하였고, 그 결과 수많은 스키어 골절(족관절 골절)을 만들어 내는 재앙을 불러왔다. 이는 이후 50년이 지나 표준화

그림 7-1. Liftcable binding by Salomon

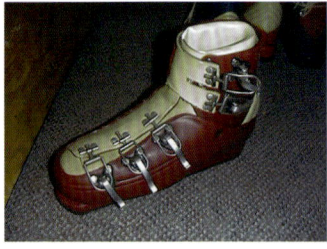
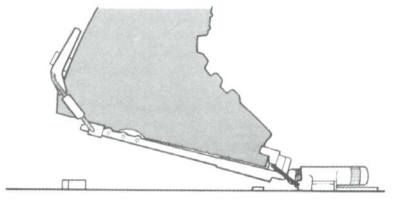

그림 7-2. Early fiberglass skis(좌)
그림 7-3. Early plastic boots by Lange (중)
그림 7-4. Burt plate binding(우)

된 이탈식 바인딩이 대중화되고 나서야 수습이 되었다(그림 7-1).

스키판은 대체적으로 천천히 진화하였다. 내구성을 늘이고 뒤틀림을 줄이기 위해 여러 판을 붙여 만드는 샌드위치 제조 기법이 개발되었고, 바닥에는 마찰이 적은 플라스틱이 깔렸다. 각종 합금, 파이버글래스 등의 신소재들이 내부에 사용되고 옆에는 금속 엣지가 부착되어, 스키어들은 기능이 향상된 장비로 더 재미있게 스키를 즐길 수 있게 되었다(그림 7-2).

스키 부츠 역시 소재를 좀 더 단단하게 개선하고 신발끈 대신 버클을 도입하는 등의 진화 과정이 있었다. 하지만 이내 스포츠 장비 역사상 가장 큰 혁명을 겪게 되는데, 바로 1964년 로버트 랭(Robert Range)이 발명한 플라스틱 스키화였다(그림 7-3). 가죽 스키화를 순식간에 딱딱한 플라스틱으로 뒤덮어버린 랭의 아이디어는 불과 수년 사이에 올림픽 금메달을 휩쓸 정도로 막대한 영향을 미쳤다. 하지만 그 영향이 너무 컸던 나머지 주변 장비들과 불협화음을 일으키기 시작했는데, 가죽 스키화와 보조를 맞추어 진화해 나가던 '플레이트 바인딩(plate binding)'이 아쉽게 사라져버린 것이 한 예이다. 스키화와 바인딩 사이에 플레이트라는 인터페이스가 하나 더 끼어 작동하는 부츠-바인딩 시스템은 사실 안전면에서는 지금보다 오히려 나았다고 할 수 있었지만, 표준화된 플라스틱 부츠가 플레이트의 역할까지 대신해버리자 점차 도태되고 말았다. 이후 바인딩의 작동 메커니즘에는 경기력적인 면에서나 안전면에서나 지금까지도 특별한 진전이 없다(그림 7-4).

정강이까지 감싸게 된 플라스틱 스키화는 넘어질 때 작용하는 회전력의 작용점을 슬관절로 상승시켜 결과적으로 전방십자인대 손상을 증가시킨 결정적인 빌미를 제공하였다. 플라스틱 스키화의 등장 후 세배나 증가한 전방십자인대 손상은 아직까지도 뚜렷한 해결 방법을 못 찾고 있다. 혁명이 초래한 시스템의 부조화를 감당하지 못하고 있는 것이다. 플라스틱 스키화는 로버트 랭이란 한 명의 천재가 일으킨, 시대를 너무 앞서간 혁명이었다고 할 수 있다.

지금도 해마다 스키장에는 새로운 아이디어들이 등장한다. 뉴스에 재미 거리로 소개되었다가 한 두해 지나면 조용히 사라지는 유행이 대부분이지만, 스노보드처럼 당당히 주류로 자리잡은 성공한 예도 있다. 그것이 결국 시대의 흐름을 송두리채 바꾸어버린 아이폰이 될지, 아니면 흐름에 적응을 못하고 도태된 코닥 필름이 될지, 아니면 성공은 하였지만 인류를 재앙으로 몰고간 원자폭탄이 될지는 아무도 모르는 일이다.

우리는 매 순간마다 진화와 혁명 간에 선택의 기로에 선다. 끓어오르지만 참고 조금씩 고쳐 갈 것인가? 아니면 시원하게 뒤집어 엎을 것인가? 오래 된 가죽 스키화를 고쳐서 쓸 것인가? 아니면 위험을 감수하고서라도 천재가 발명한 플라스틱 스키화를 신을 것인가?

7.2. 스노보드(Snowboard) : 성공한 혁명

눈이 내리는 동네마다 널빤지를 타고 노는 애들은 항상 있었지만 보드 형태의 제품이 처음 등장한 것은 1960년대 중반이었다. 여름에 서핑을 즐기던 젊은 친구들이 눈 위에서도 서핑 형태의 활주를 해보려는 시도에서 탄생하였다. 사람들은 이런 기구를 처음에는 'snow surfing'이란 의미에서 'Snurfer'라고 불렀다(그림 7-5).

초창기 보더들은 워낙 악동 이미지가 강하였고, 눈을 쓸고 지나가는 활주 형태 때문에 스키장에서는 애물단지 취급을 받았다. 그렇게 한 시절 유행으로 지나갈 뻔했던 보드가 본격적으로 살아난 것은 미국 버몬트 출신의 제이크 버튼(Jake Burton)과 스케이트보드 챔피언이었던 톰 심스(Tom Sims)의 역할이 컸다. 지

그림 7-5. Snurfer

금은 이 업계의 전설이 된 두 젊은이는 거의 비슷한 시기에 성능을 개선한 보드를 개발하여 보급함으로써 스노보드 붐을 일으킨 주역이 된다(그림 7-6, 7-7). 미국 통계를 보자면, 1988/89 시즌 스키장에 입장한 사람 중에 4.2%가 보더였는데, 1994/95 시즌엔 36.7%로 늘어났다. 심지어 캘리포니아쪽에는 스키를 금지하는 보드 전용 스키장(?)까지 생겼다. 최근 외국에서는 붐이 한풀 꺾여 인구가 약간 줄어드는 추세이지만, 우리 나라는 아직 열기가 가시지 않아서, 특히 학생층에서는 압도적으로 보더가 많은 형국이다.

그림 7-6. Burton Backhill, 1975(좌)
그림 7-7. Tom Sims(우)

스노보드와 스키를 비교할 때면 항상 등장하는 논쟁거리가 '어느 것이 더 위험하냐?'는 질문인데, 이는 단순 비교가 어렵다. 장비 및 주행 성향이 워낙 다르고, 즐기는 연령층도 차이가 나기 때문이다. 그동안 자유분방한 젊은층이 주류인 보더들의 외모와 행동 그리고 아무래도 점프 등의 프리스타일 기술을 더 많이 사용하는 이유에서, 보드가 스키보다 위험하다는 식으로 일방적으로 매도되는 경우가 많았다. 실제 스노보드의 부상률은 스키에 비해 1.5배 정도 높은 것으로 조사되고 있다. 하지만 부상의 질적인 내용을 살펴보면 무조건 보드가 더 위험하다고 할 수는 없다. 스키와는 달리 '비이탈식 바인딩'으로 양 다리가 하나의 보드에 고정된 구조가 부상 양상에 차이를 만든다(그림 7-8).

보드는 넘어지면서 손을 짚기 쉬우므로 주관절 골절, 견관절 탈구 등의 상지 부상률이 스키보다 훨씬 높아서 37%를 차지한다. 반면 하지 부상, 그 중에서도 슬관절 부상이 17% 정도로서 26%인 스키에 비해 낮고 특히 스키 부상의 대명사인 전방십자인대 손상이 보더에게는 드물다. 비접촉성 전방십자인대 손상은 한쪽 발만 지면에 고정되어 돌아갈 때 발생하므로, 양 발이 동시에 고정되어 체중이 분산되는 보드는 전방십자인대 손상 기전이 발생하기 어려운 구조이기 때문이다. 생산자들이 구태여 보

그림 7-8. Snowboard binding

드용 이탈식 바인딩을 개발하지 않는 이유이기도 하다. 만일 보드에 이탈식 바인딩을 장착하여 넘어질 때 한쪽 바인딩만 풀리는 상황이 발생한다면 스키보다 더 큰 토크가 발생하여 심각한 다발성 슬관절 인대 손상이 발생할 것이다. 실제 고속 활강을 하는 알파인 보드 경기 중 넘어지면서 바인딩이 망가져 한 쪽만 이탈되는 경우 비슷한 사례들이 발생한다.

한편 종종 언쟁이 벌어지는, '누가 더 피해를 주느냐?'하는 문제에 대해서는 더욱 오해의 소지가 많다. '나는 아무 잘못도 없이 가만히 있었는데, 갑자기 보더가 덮쳐서 다쳤다'고 표현하는 스키어들의 이야기를 많이 듣게 되는데, 따져보면 상황이 다르다.

조사에 의하면, 사람끼리 충돌하여 다친 '충돌 부상(collision injury)'의 비율은 스키가 더 많은 것으로 드러나며, 고정물(리프트 타워, 펜스, 바위)에 충돌한 경우도 보더의 비율이 적다. 그 이유를 넘어질 때 풀리지 않는 보드가 눈에 걸리기 때문에 스키보다 미끄러지는 거리가 짧아서 그렇다고 해석한다. 뿐만 아니라 실제 슬로프에서 측정한 평균 속도는 스키어가 보더보다 더 빠르게 주행하는 것으로 드러났다. 이런 증거들로 볼 때, 최소한 보드가 스키보다 위험하며 피해를 많이 준다고 일방적으로 이야기 할수는 없는 것이다.

스노보드는 젊은층을 중심으로 꾸준한 발전을 지속해 왔고, 1998년 나가노 올림픽부터는 정식 종목으로 채택되어 현재 남녀 각각 5개의 금메달이 걸린 제도권 스포츠로 완전히 자리잡았다.

완벽하게 성공한 혁명이었다.

7.3. 모노스키(Monoski) : 실패한 혁명

요즘은 하반신 마비 장애인을 위하여 제작된, 앉아서 타는 'sit ski'를 의미하는 용어로 더 많이 쓰이지만, 스노보드와 비슷한 시기에 등장했던 '모노스키(monoski)'라는 장비가 있었다(그림 7-9). 스키 두 짝을 합쳐 놓은 형태에 일반 스키용 이탈식 바인딩을 그대로 얹어서 사용하였다. 마치 수상 스키를 타는 것처럼 양 다리를 완전히 붙인 형태의 활주가 가능했다(그림 7-10). 당시 유행하던 발을 붙이고 타는 스타일의 스킹을 극단적으로 재현한 터라 인기를 끌었지만, 얼마 가지 않아 시들해져 버렸다. 왜 그랬을까?

가장 큰 이유는 재미였다. 스키와는 완전히 다른, 다양한 활주와 묘기가 가능한 스노보드와는 달리, 모노스키의 기술은 기존 스키의 영역에서 크게 벗어날 수 없었기 때문에 이내 사람들은 흥미를 잃고 스키로 다시 돌아왔다.

안전성도 문제였다. 모노스키에는 일반 스키에서 사용하는 이탈식 바인딩을 장착하였는데, 스키 두 짝을 합쳐 놓은 모노스키를 타다가 넘어져 바인딩이 한쪽만 이탈된 경우 일반 스키보다 두배 이상의 회전력이 걸려 더 심각한 골절과 인대 부상을 일으켰다.

결과적으로 모노스키는 일시적인 유행으로 그친 실패한 혁명이었다.

그림 7-9. Monoski

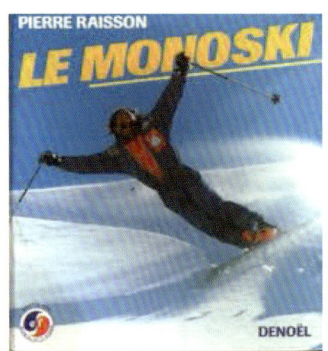

그림 7-10. Monoskiing

7.4. 카빙 스키(Carving ski) : 스키의 진화

21세기로 진입하며 스키계에 벌어진 가장 큰 사건은 역시 카빙 스키의 등장이다.

일찍이 1800년대 중반, 노르웨이의 스키 선각자 손드레 노르하임(Sondre Norheim)은 스키의 회전력을 향상시키기 위해서 양 옆을 잘록하게 깎아 '사이드 컷'을 만들었다(그림 7-11). 이후 세월이 흐르면서 스키의 재질과 내부 구조는 많은 변화를 겪었음에도 불구하고, 기본적인 외형은 노르하임 시절과 큰 차이가 없었다(그림 7-12). 그렇던 스키의 모양에 근 150년 만에 큰 변화가 일어난 것인데, 사이드 컷 구조를 극대화시켜 회전성을 늘임으로써 미끄러짐 없이 마치 조각도로 설면을 도려내는(carving) 것과 같은 자국을 만들 수 있는 스키를 '카빙 스키'라고 부른다. 허리가 잘록한 새로운 모양의 스키를 사람들은 Parabolic ski, Shaped ski, Superside-cut ski 라고도 불렀다(그림 7-13).

그림 7-11. Norhem's ski

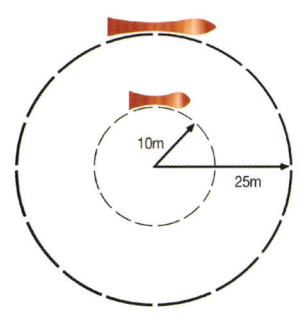

그림 7-12. Conventional ski in early 80s(좌)
그림 7-13. Turn radius(중)
그림 7-14. Elan SCX, 1993(우)

카빙 스키의 등장은 1993년 Elan 사가 제작한 SCX(SideCut Extreme) 모델을 시작으로 본다(그림 7-14). 7mm 정도였던 기존 스키의 사이드 컷을 22mm 수준으로 대폭 늘인 스키였다. 카빙 스키의 혁신적인 기능이 스키장에서 증명되자 각 회사들은 앞 다투어 카빙 스키를 생산하게 되었고, 불과 수년 만에 스키계의 판도를 완전히 바꾸어 버린다. 조사에 따르면 95~96 시즌 6 종류에 불과하였던 카빙 스키가 96~97 시즌 40 종류의 모델이 시판되었고, 98~99 시즌 이후에는 대부분의 생산업체들이 conventional ski의 모델 개발을 중단하였다. 그리고 현재는 모든 스키가 카빙 스키 형태로 생산되므로 따로 카빙 스키라고 부를 이유가 없어져 버렸다. 마치 알파인 스키가 나오기 전에는 노르딕 스키를 그냥 '스키'라고 불렀는데, 알파인 스키가 1900년대 초반 유행하여 주류로 자리잡은 다음에는 알파인 스타일을 '스키'라고 부르고, 노르딕 스타일을 따로 '노르딕 스키'라고 부르는 것과 비슷하다.

카빙 스키가 빠른 속도로 기존 스키를 대체한 이유는 바로 쉽게 회전이 가능했기 때문이었다. 조금만 에지 각을 세워도 스키가 돌아가고 같은 에지 각에서는 작은 호의 회전이 이루어지기 때문에, 과거와 같이 스키를 비틀거나(steering) 무릎을 꺾고(angulation) 몸을 돌리는(rotation) 기술을 많이 사용할 필요가 없어졌다. 대신 몸을 기울이는 'inclination' 기술 위주로 변화하여, 그 결과 선수들의 레이싱 기술은 교과서를 새로 써야 할 정도로 달라져 버렸다. 일반 스키어들도 과거처럼 A자로 다리 뒤를 벌리는 'snow plow' 기술을 오래 연습할 필요 없이 회전력이 좋아진 카빙 스키를 이용하여 조기에 패러럴 턴을 배워 초보자를 벗어날 수 있었다. 또 전통 스키로는 어렵던 상급자의 기술을 빨리 익힐 수 있었다. 카빙 스키 덕분에 스키가 더 쉽고 재미있어진 것이다(그림 7-15).

그림 7-15. Extreme carving turn

하지만 카빙 스키로 인해 배우는 과정(learning curve)이 짧아졌다고 해서 스키가 더 안전해진 것은 아니었다. 초창기 카빙 스키를 이용해 본 스키어들이 몇 가지 문제점을 경험적으로 제시하였는데, 다음과 같다.

1. 미끄러짐을 이용한 숏턴을 하기 어렵기 때문에 스피드를 제어하기가 힘들다.
2. 직활강을 할 때 불안정하다.
3. 점프 후 착지 할 때, 급 정지(hockey stop) 할 때 불안정하다.

1972년 이래 스키 부상의 동향을 관찰해 온 버몬트대 스키 부상 연구팀의 조사에 의하면, 카빙 스키를 사용하는 스키어가 전체 스키어의 18%로 증가한 것으로 조사된 96~97 시즌부터 윤곽이 드러나기 시작하였는데 다음과 같다.

1. 카빙 스키가 전체 손상률에는 영향을 미치지 않는다.
2. 카빙 스키가 충돌을 증가시키지 않는다.
3. 카빙 스키가 '이른 이탈(inadvertent release)'을 증가시키지 않는다.
4. 카빙 스키는 상급자 스키어들에게 전방십자인대 손상 위험을 증가시킨다.
   (초중급자에게는 영향이 없다)
5. 카빙 스키는 모든 레벨의 스키어에게 외측측부인대 손상 위험을 증가시킨다.
6. 카빙 스키는 초보자에게 발목 골절의 위험을 증가시킨다.
7. 카빙 스키를 이용하는 상태에서 강습과 스키 경험이 손상에 미치는 영향에 대해서는 더 오래 지켜보아야 한다.

아직 결론 내리기에는 이르지만, 이런 자료로 미루어 볼 때 최소한 카빙 스키가 더 위험하다고 단정적으로 이야기는 할 수는 없을 것 같다. 하지만 상급자가 카빙 스키를 이용하여 고속의 회전을 할 때는 슬관절 손상 확률이 커질 수는 있다는 결과이다.

어쨌든 현재로서는 스키의 모양이 과거 형태로 다시 돌아갈 가능성은 없다. 카빙 스키는 오랜 시간 동안 쌓여 온 장비 제작 기술이 집약되어 만들어 낸 스키의 진화 과정이라고 할 수 있다.

7.5. 스키보드(Skiboard) : 위험한 변종(變種)

스키의 길이가 스킹에 미치는 영향에는 양면성이 있어서, 길수록 고속에서의 안정성이 좋아지는 대신 조종력이 떨어지고 반대로 짧은 스키일수록 회전하기는 편하지만 고속에서 불안정하다. 때문에 활강, super-G 같은 속도 경기에서는 긴 스키를, 기술을 중요시하는 회전 경기(slalom)에서는 짧은 스키를 사용

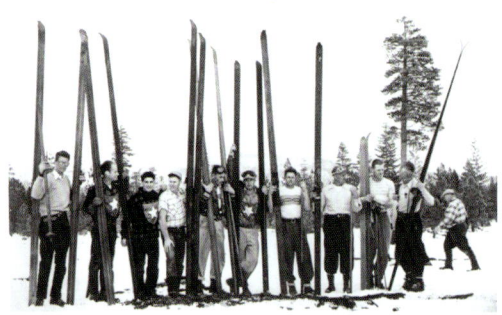

그림 7-16. Long skis, Sierra Nevada in early 1900')

사이즈 선택표

구분	모델	사이즈	성별	비고
노멀스키		키 더하기 10~20cm		
카빙스키	일반	키 빼기 0~10cm	남자:165~170cm	남자키 175cm 기준
			여자:155~160cm	여자키 165cm 기준
	대회전	키 더하기 0~10cm		
	회전	키 빼기 5~10cm		
	올라운드	키 빼기 0~5cm		

그림 7-17. 스키 사이즈 선택표

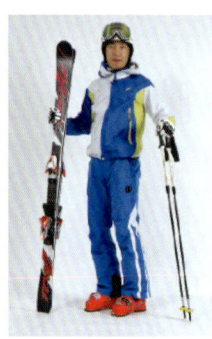

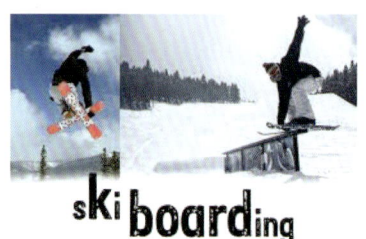

그림 7-18. 최근 스키 사이즈, 모델: 프로스키어 김창수(좌)
그림 7-19. Skiborading(우)

한다.

스키의 길이는 시대적으로 변해왔는데, 가장 극적인 변화는 '알파인 스키의 아버지'라 불리는 오스트리아의 짜르스키(Zdarsky)가 1800년대 후반, 길이를 2미터 이하로 대폭 줄인 것이었다. 당시 북구 지방에서는 3미터 이상의 긴 스키를 사용하고 있었는데, 짜르스키는 북구 지역과는 달리 가파른 경사의 알프스 산악 지역에 맞는 장비와 기술을 개발하던 터였다. 환경에 맞추어 장비가 적응한 진화 과정이었다고 볼 수 있다(그림 7-16). 근래에 주목할 만한 변화는 역시 길이가 짧아진 카빙 스키이다. 회전력과 안정성을 겸비한 카빙 스키의 등장으로, 과거에는 자신의 키보다 10~20센티미터 긴 스키를 신던 것이 요즘은 키보다 작은 스키를 고르는 것이 일반화되었다. 심지어 FIS(국제 스키 연맹)에서는 선수들의 스키 길이의 하한선을 규정하여 일정 길이 이하의 스키를 신고 경기하는 것을 금지할 정도이다(그림 7-17, 7-18).

스키 길이가 스킹에 미치는 또 한 가지 영향은 안전성이다. 일반적으로 길고 무거운 스키가 넘어질 때 스키어의 다리에 더 큰 회전력을 발생시키므로 더 위험하다고 할 수 있다. 하지만 짧다고 무조건 안전하다고 할 수는 없는데, 스키 보드가 이런 문제를 안고 있다.

'Short ski'라고도 불리는 스키보드는 일반적으로 1미터 미만의 짧은 스키를 의미한다. 짧은 만큼 조종이 쉽기 때문에 일반 스키로는 어려운 다양한 기술이 가능하다. 초보자도 비교적 쉽게 배울 수 있기 때문에 스키를 처음 접하는 청소년들에게 인기가 많다(그림 7-19).

그림 7-20. Big Foot, Kneissl

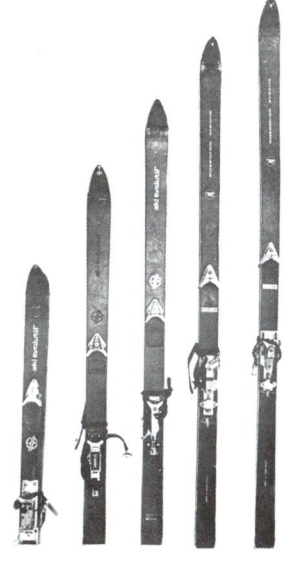
그림 7-21. GLM

그림 7-22. Skiboard with Bear-trap binding

'Short ski'에 해당되는 장비가 처음 등장한 것은 Kneissl 사의 'Big foot'이 나왔던 80년대 중반이지만, 실제로 따져보면 1948년으로 거슬러 올라간다. 당시 미국 스쿠어밸리 스키장(Squaw Valley, CA)에서 근무하던 클리프 테일러(Clif Taylor)라는 강사가 기존 스키의 뒤를 잘라 만든 150cm 정도의 짧은 스키를 이용한 교육법을 개발하였다. 짧은 스키로 처음부터 패러럴 턴을 연습시키고, 이어 점차 긴 스키로 바꾸는 방법을 GLM(Graduated Length Method)라고 이름붙였는데, 요즘의 스키보드와 비슷한 방법이었다(그림 7-20, 7-21).

스키보드는 90년대 말 Salomon 사에서 내 놓은 Snowblade가 선풍적인 인기를 끌면서 동호인 수가 급격히 늘어나게 된다. 그러면서 뜻하지 않은 안전 문제가 떠오르게 되는데, 스키보드에 장착된 비이탈식 바인딩과 관련된 것이었다.

눈 기구의 위험성을 연구하는 학자들은 스키보드에 사용되는 '비이탈식 바인딩'(non-releasable binding)을 'short ski'를 규정하는 특징으로 본다. 최근 스키의 길이가 많이 짧아진 상태에서 '짧다'는 정의를 내리기가 쉽지 않기 때문이다. 스프링 및 캠 구조를 수용하느라 'housing' 구조로 되어 있는 이탈식 바인딩에 비해, 'beartrap binding'이라고 불리는 비이탈식 바인딩은 앞뒤 간격을 짧게 만들 수 있다(그림 7-22).

스키는 체중이 실려 압력이 가해지면 '역 캠버(reverse camber)' 모양으로 휘면서 사이드 컷이 증폭되는데, 그 중 바인딩 앞뒤 사이 구간 즉 부츠와 바인딩 길이를 합친 구간은 체중이 실려도 스키가 휘지 않으므로 스키판 전체의 탄성을 떨어뜨리는 결과를 가져온다. 안 그래도 짧은 스키보드에 앞뒤 거리가 긴 이탈식 바인딩을 장착하면 회전성이 더 떨어지므로 제작사에서는 이탈식 바인딩을 도저히 수용할 수 없는 한계 길이 이하의 스키에 비이탈식 바인딩을 장착하였을 것이고, 이런 이유에서 비이탈식 바인딩을 'short ski'의 특징으로 볼 수 있는 것이다.

문제는 넘어져도 풀리지 않는 스키보드의 비이탈식 바인딩이 부상 양상을 30년 전으로 돌려 놓고 있다는 점이다. 역학 조사에 따르면 스키보드로 인한 경골 골절 빈도가 일반 스키에 비해 3배 이상 높은 것으로 드러나고 있다. 이탈 기능이 부실한 바인딩으로 인해 다리가 자주 부러지던 70년대 이전의 스키 부상 양상을 닮아가고 있는 것이다. 짧은 스키보드이지만 여전히 이탈 기능이 필요함을 시사하는 내용이다.

문제는 초창기 스키보드 개발, 판매 과정에서 생산자들이 이런 결과가 생기리라는 것을 이미 알고 있었다는 점이다.

스키의 생역학적 연구가 가장 활발했던 시기는 1960년대 말에서 1970년대 초였다. 당시 '스키어 골절'이라고 불리며 많은 스키어들을 괴롭혔던 '경골 골절'을 줄여보고자 의사, 엔지니어들이 협심하여 머리를 짜낸 결과 회전력과 골절과의 관계, 마찰이 바인딩의 이탈에 미치는 영향 등에 대한 이해가 깊어졌고, 그로 인해 바인딩의 기능 개선, 마찰을 줄이기 위한 AFD(Antifriction device)의 개발, 이탈 수치의 표준화 등이 이루어졌다. 이 덕분에 1970년대 말에 이르러서 스키어 골절이 90% 이상 감소하는 성과를 거둘 수 있었던 것이다.

그때 이미 스키 길이가 경골 골절에 미치는 영향에 대해서 알려질 만큼 알려졌는데, 당시 이 작업을 이끌었던 주역인 스키 메카닉스의 대가 칼 에트린져(Carl Ettlinger)는 '발 길이보다 2배 이상인 모든 장비에는 어떤 식으로든 이탈식 바인딩이 필요하고, 3.5배 이상 긴 장비에는 뒤축의 수직 이탈 기능이 필요하다'라고 이야기 한다. 100cm 이하의 짧은 스키보드이지만 날이 눈에 걸리면서 다리를 휘감는(windmilling) 현상이 벌어지면 경골 골절이 발생하기에 충분하다는 것이다. 하지만 스키보드는 꼬리 부분이 짧기 때문에 꼬리 부분의 날 걸림이 문제가 되는 전방십자인대 손상은 스키에 비해 훨씬 적다.

초창기 스키보드 제작사는 이미 30년 전에 다 알려진 이런 사실을 숨겼고, 심지어 한참 스키보드가 잘 팔리던 시기에 학자들이 이런 사실을 들고 나오자 급한 나머지 문제를 덮어버리려는 시도까지 하였다. 결국은 마지 못해 약간의 조처를 취하게 되는데, 한 스키보드 제작 회사가 딜러들에게 배포한 자료에는 공인 딜러가 취급한 스키보드로 인해 발생한 골절로 소비자와의 사이에 분쟁이 발생한 경우, 회사가 대신 나서서 해결하겠다는 것과 딜러가 그 책임을 면하려면 손님에게 스키보드를 팔 때 이런 점을 주지시켜야 한다는 내용이 들어있다.

1. 스키보드는 비이탈식 바인딩을 쓰고 있다.
2. 85cm 이상의 성인용 스키보드는 키가 150cm 이하인 사람은 사용하지 않는 것이 좋다. 특히 어린이는 사용하지 않는 것이 좋다.
3. 리쉬(발에 묶는 끈)를 항상 착용해야 한다.
4. 스키보드는 백 컨트리나 파우더에서는 위험성이 높아지는 장비이다.

사용자가 주의해야 할 스키보드의 문제점을 제작사가 인정하고 최소한의 내용을 밝힌 것이라고 할 수 있겠다. 스키보드는 스키에서 유래한 변종이며, 스키와 같이 이탈식 바인딩이 필요한 장비이다.

7.6. 역사는 흐른다(History continues…)

역사는 때로는 진화하고 때로는 혁명을 겪으면서 흘러간다. 우리도 모든 것을 바꾸어야 할 시기를 놓쳐 한 세기를 후진국으로 살아야 했던 아쉬운 기억들, 반면 무모한 혁명으로 돌이킬 수 없는 상처를 입고 고생했던 뼈아픈 기억들을 안고 산다. 결정적인 순간에 올바른 판단을 내린 집단이 살아남아 역사의 앞 장을 써나가지만, 어떤 세력도 영원할 수는 없음을 또 역사는 보여준다. 그렇게 많은 시행착오를 겪으면서도 세상만사를 모두 예측할 수는 없기에, 결국 진화와 혁명의 타이밍을 잘 조절할 수 있는 시스템을 보유한 국가, 종족, 사회, 회사, 집안이 그리고 그런 사람이 살아남는다.

지금 우리는 진화와 혁명 사이에서 어떤 선택을 해야 할 것인가? 역사가 보여 주는 한 가지 교훈은 분명하다. 혁명이 일어나는 것은 불행한 일이지만, 반대로 혁명을 생각조차 하지 못하게 만드는 시스템은 결국 도태된다는 사실이다.

제 8 장 헬멧 이야기

8.1. False sense of security

우리 주변에는 '이론'과 '실제 상황' 간에 서로 차이가 나는 경우가 많은데, 안전 기구의 사용에서 이런 일이 자주 발생한다. 그 이유를 설명하는데 있어서 'false sense of security'라는 용어를 사용한다. '위 안전감' 혹은 '안전 불감증' 정도로 해석할 수 있을 것 같다.

대표적인 예가 자동차 에어백이다. 누가 보아도 운전자의 안전에 중요한 역할을 하는 장비이지만, 실제로는 안전 장치를 구비한 차의 운전자들이 더 많이 다친다는 것이다. 이런 현상의 해석은 에어백 자체를 위험한 기구로 보는 것이 아니고, 안전 장치를 착용한 다음 생기는 '안도감' 때문에 사고가, 특히 대형 사고가 더 많이 나는 것이라고 해석한다. 이런 현상에 대해서 통계에서 드러나는 수치만 보고 성급히 결론을 내린 나머지, "에어백 달면 사고 더 많이 난다니까 그거 못 달게 해"라는 식으로 처리한다면, 아예 이야기 안꺼낸 것만 못하고 공부 괜히 한 샘이 된다.

헬멧은 대표적인 스포츠 안전 장비 중 하나이다. 알파인 스키, 점프, 아이스하키, 봅슬레이 등의 동계 종목뿐 아니라 자전거, 야구, 미식 축구 등 머리 부상의 위험이 있는 여러 종목에서 헬멧을 사용한다. 언뜻 생각해서는 '손 보호하려 장갑 끼고 눈 보호하려 안경 끼는데 머리 보호하려면 헬멧 쓰는 것이 당연한 것

그림 8-1. 스키 헬멧

아니냐?' 할지 모르겠지만, 실제로는 차분하게 앉아서 여러 각도로 생각해 보아야 할 내용들이 수면 아래에 깔려 있다(그림 8-1).

결론은 안전 분야도 역시 '하드웨어(안전 장치)' 보다 '소프트웨어(마음 가짐)'가 더 중요하고, 기계는 사용하는 사람에 따라 역할이 달라진다는 것이다.

8.2. 두 스키어의 죽음

한참 성수기던 1997/1998년 스키 시즌, 미국의 스키장에서 일주일 간격으로 2건의 사망사고가 일어났다.

첫 번째 희생자는 전 미국 대통령인 존 에프 케네디(J. F. Kennedy)의 조카인 마이클 케네디(Michael Kennedy). 아버지인 정치가 로버트 케네디(Robert Kennedy) 역시 암살 당한 비극적인 케네디 가문의 가족이었고, 보모와의 성 추문으로 이미 잘 알려진 유명 인사였다. 1997년 12월 31일 미국 레이크 타호(Lake Tahoe)에 있는 헤븐리 벨리(Heavenly Valley) 스키장에서 '스키 축구' 놀이 중 나무와 충돌하여 뇌 손상으로 사망하였다.

그로부터 1주일 후에는 이태리 시실리 출신의 팝 스타였던 소니 보노(Sony Bono)가 역시 스키장에서 머리를 다쳐서 죽었다. 소니 앤 쉐어(Sony & Cher)라는 이름의 듀엣으로 70년대에 이름을 날렸던 스타 출신에, 정치가로 변신하여 상원의원으로서 활동하던 중이었다. 1998년 1월초 미국 콜로라도 아스펜(Aspen, Colorado) 스키장에서 나무와 충돌하여 사망하였다(그림 8-2).

그림 8-2. Sony Bono

두 희생자의 공통점은 유명 인사라는 것과, 모두 헬멧을 쓰지 않고 있었다는 점이었다.

8.3. 동상이몽

1. 언론/정치계

충분히 뉴스 거리가 될 만한 두 사람이, 1주일 간격으로 그것도 스키장에서 헬멧없이 스키를 타다가 비슷하게 머리를 다쳐서 죽자, 언론에서는 스키장 안전 문제에 대해서 집중 거론하기 시작하였다. 그리고 분위기는 자연스럽게 스키어들에게 헬멧을 씌워야 한다는 의견으로 흘러갔다. 그 정서는 야구, 미식 축구, 아이스하키, 자전거 등의 종목이 모두 헬멧을 착용하고 하는데 스키어 머리만 더 단단하냐는 것이었다. 두 희생자도 헬멧만 썼더라면 죽지 않았을 것이라는 논리를 펴며, 아까운 두 생명을 스키가 빼앗아간 것 같은 여론을 만들어갔다.

2. 스키장

분위기가 심각해지자 조금이라도 책임 소지가 있는 사람들은 불똥이 튈까 걱정하게 되었는데, 가장 민감한 반응을 보인 곳은 역시 스키장이었다.

이미 지난 70년대, 스키장에서 일어난 사고에 대해 관리소홀 책임을 물은 판결로 엄청난 배상을 한 경험이 있던 스키장에서는 또 무슨 일 생길까 조마조마 하고 있었는데, 이 두 사고가 헬멧을 착용하자는 여론으로 흘러가는 것은 다행이었다. 당시로서는 스키장측이 스키어에게 헬멧 사용을 강요할 규정이 없었고, 따라서 헬멧의 착용 여부는 스키어가 결정하는 행위인데, 착용 안해서 죽은 것이라면 스키장으로서는 책임이 없는 것이었기 때문이었다.

이에 스키장 협회에서는 한 술 더 떠서, 'Heads Up'이라는 제목으로 스키어의 모범적인 행동 방침을 대대적으로 홍보하는 캠페인을 벌였다. 읽어보면 너무나 당연하고 좋은 내용이지만, 그 이면에는 '우리는 할 만큼 했어. 네가 잘못한 거야.'라는 의미가 담겨 있는 것을 아는 사람은 많지 않았다.

3. 헬멧 회사

한편 헬멧 회사는?

당연히 이런 추세에 관심을 집중하고 있었다. 사실은 흥분을 감추고 있었다고 봐야 했다. 이미 마이클 케네디와 소니 보노가 스키장에서 죽은 다음 헬멧 판매량이 40% 이상 증가(연간 판매량이 560만불 증가)한 것도 감지덕지인데, 만일 분위기가 잘 풀려서 '스키장 안전 법령에 의한 헬멧 사용 의무 규정' 같은 횡재가 덜컥 의회에서 통과라도 된다면 그 순간 엄청난 수입이 자동으로 보장되는 상황이었다. 실제로 이듬해 뉴저지 주 의회에서는 유소년을 대상으로 헬멧을 의무 착용시키는 법안이 상정되기도 하였다.

두 스키어의 죽음이 가져온 교훈이 여론을 통해 확산되는 과정에서 상업적/정치적 자극에 의해 변질되어 가는 모습이었다.

8.4. 헬멧의 스포츠 의학

상황이 이렇게 되자 헬멧의 보호 효과에 대한 연구 자료들이 새삼 관심을 모으게 되었다.

스포츠 부상의 위험 인자를 규명하는 연구는 여러 가지 복잡한 요소들이 많이 관여하기 때문에 조사하기도 어렵고 시간이 오래 걸리는 작업이다. 그 결과를 해석하는데 있어서도 조심스럽게 접근해야 한다. 이미 발표되어 있는 자료도 자세히 보면 공명심에 급조된 내용들이 많다.

헬멧이 두부 손상에 미치는 영향에 관련된 연구들은 크게 헬멧 자체에 대한 생역학적 연구(예: 헬멧에 충격을 가했을 때 속에 있는 머리에 가해지는 힘)와 부상 빈도에 대한 역학적 연구(예: 헬멧을 쓴 집단과 안 쓴 집단의 뇌 손상 빈도의 차이) 등인데, 정리해 보면 다음과 같다.

미국의 경우 스키 인구를 1,000~1,500만 명 정도로 보는데, 연간 약 800건의 두부 손상이 일어나며, 그 중 20명 정도가 뇌 손상으로 죽는다. 이는 스키로 인한 사망사고의 60% 정도를 차지하는 숫자로서, 스키 타다 죽는 경우의 반 이상은 뇌 손상으로 사망한 셈이다.

헬멧의 긍정적인 효과는 머리에 가해지는 충격을 흡수하고 분산시키는 것이다. 하지만 이 완충 효과에는 한계가 있어서 현재 시판되는 헬멧으로는 20mph(32km/h) 정도까지의 저속의 충격에만 유효한 것으로 밝혀졌다.

문제는 대부분의 스키어들이 헬멧의 보호 효과를 초과하는 속도로 달린다는 점이다. 슬로프에서 측정되는 스키어/보더의 평균 속도는 시속 40km 이상이며, 심한 뇌 손상을 일으킨 희생자들의 속도는 훨씬 더 빠르다. 활강 선수들의 경기 중 속도는 최고 시속 140km에 육박한다. 다시 말해서 스키 타다 머리 다쳐 죽었던 사람들은 대부분 헬멧을 썼어도 죽었을 가능성이 높다는 것이다.

한편 두부 손상을 두개골이 깨지고 피가 고이는 국소적 손상 형태와 뇌진탕류의 광범위한 손상 형태로 구분할 때, 스킹 중에는 뇌진탕(전체의 2.5%)이 두개골 골절(전체의 0.1%) 형태보다 훨씬 많이 발생한다. 헬멧은 두개골 골절 형태의 손상을 줄이는 데는 상당한 효과가 있지만, 아쉽게도 뇌진탕 종류의 손상에는 예방 효과가 훨씬 덜하다. 이런 현상이 역학 조사에서도 드러나고 있는데, 예를 들어 역시 머리를 많이 다치는 사이클 종목의 경우 헬멧을 쓴 사이클리스트들이 두개골 골절, 안면부 열상 등은 줄었지만 뇌진탕, 안면부 골절, 목 부상 등은 상관없이 비슷하게 발생했다는 보고 등이 있다.

한편 헬멧이 오히려 문제가 되는 부분도 있는데, 헬멧은 귀 부분(ear flap)이 너무 크면 주변 시야를 가리고 청각을 방해하여 사고를 유발할 수 있다. 또 머리와 몸을 연결하고 있는 경추부에는 헬멧이 나쁜 영향을 미칠 수도 있다. 외부 직경이 큰 헬멧일수록 더 큰 토크를 경추부에 발생시킨다. '모여라 꿈동산' 같은 큰 헬멧을 썼다고 상상해 보면 되겠다. 그나마 수직 방향으로 정수리부터 힘이 가해졌을 경우 목에서의 충격을 흡수하는 효과를 기대해 볼 수가 있겠는데, 현재 스타일의 헬멧으로는 어림도 없다는 것이다.

안전 분야에서의 하드웨어의 한계를 보여주는 내용들이다. 스키 부상 연구의 대가인 버몬트 대학의 로버트 존슨(Robert Johnson) 박사는 스포츠 보호 장비의 효과에 대해서 이렇게 이야기한다. "바다에 오줌 누고 수면 상승을 관찰해 보는 셈이다."

8.5. 불편한 진실

헬멧의 물리적 한계를 보여주는 실험 결과보다도 더 중요한 사실은, 헬멧이 부상의 정도는 줄여줄 수 있다 하더라도 사고를 막을 수는 없다는 점이다.

헬멧 착용을 의무화 해야 한다는 분위기가 무르익던 1990년대 후반, 필자가 유학 중이던 미국 버몬트 대학 스키 부상 연구팀은 '헬멧이 스키로 인한 두부 손상에 미치는 영향'에 대한 자료를 발표 준비 중이었다. 하지만 그 내용은 난감하게도 헬멧을 쓴 스키어가 머리를 더 많이 다쳤다는 결과였다. 어찌 보면 헬멧을 착용하자는 쪽으로 잘 돌아가던 분위기에 찬물을 끼얹는 내용이어서, 실제 연구팀은 당시 '왜 하필 이 중요한 시점에 그런 결과를 발표해야 하느냐?'는 식의 비난을 감수해야 했다.

'머리 안 다친 사람들 보다 다친 사람들이 헬멧을 더 많이 썼더라'는 것인데, 이 역시 해석을 잘 해야 한다. 이런 결과가 나온 이유는 아무래도 활강 같은 알파인 속도 경기 선수나 프리스타일(모글, 에어리얼 등 고난이도 동작 위주의 스킹) 스키어 등 위험 상황에 많이 노출된 사람들이 헬멧을 많이 쓰기 때문이지만, 역으로 헬멧을 쓴 사람들이 위험한 짓을 많이 한다고 해석할 수도 있다. 헬멧이 유발하는 심리적 역효과, 즉 '위안전감(false sense of security)'의 전형적인 예인 것이다. 마치 총알이 빗발처럼 날아오는 전쟁터에서 겁이나 고개도 못 들던 병사가, 철모 하나 씌워주자 용감해져서 갑자기 혼자 '돌격 앞으로' 하는 상황과 비교할 수 있겠다.

이런 현상으로 인해 다른 종목에서도 이미 홍역을 치른 적이 있었다. 과거 1960년대, 미식 축구 도중 머리를 많이 다친다고 해서 현재와 같은 헬멧을 의무적으로 착용하기 시작하였다. 그랬더니 생각지도 않았던 결과가 벌어졌다. 딱딱한 헬멧을 수비수가 공격수를 들이 받는데 이용하기 시작하면서, 목이 꺾여 발생하는 경추부 손상으로 인해 사지 마비가 된 미식 축구 선수들이 많이 생기고 말았던 것이다. 부랴부랴 수비수가 머리를 직접 들이대지 못하도록 규칙을 고쳤고, 그제서야 경추부 손상이 줄어들었다.

비슷한 일이 스키장에서도 벌어지고 있었던 것이다. 맨 머리로는 조심조심 한 바퀴만 돌던 스키어들이 보호 장비를 착용하여 안전하다는 생각에 용감해져서 스피드를 늘여 두 바퀴, 세 바퀴를 겁없이 돌게 되었고, 그 결과 헬멧을 쓴 스키어가 머리를 더 많이 다치는 결과를 초래한 것이다. 얼핏 생각하기에는 헬멧을 무조건 쓰는 것이 좋을 것 같지만 섣불리 그 이야기를 할 수가 없는 것이, 이렇게 수학적으로 계산할 수 없는 내용이 배경에 깔려 있기 때문이다.

헬멧의 효과에 대한 논쟁 과정에서 불편한 진실 한 가지가 또 드러났다.

'U.S. Consumer Product Safety Commision'(CPSC)라는 연방 정부와 관련된 소비자단체에서 '두부 손상을 막기 위해서 모든 스키어의 헬멧 착용을 강력히 권장한다'고 발표한 것까지는 좋았는데, 그 근거라고 내세운 연구 자료가 너무 부실하였던 것이다.

미국이란 나라가 우습지 않은 이유 중 하나가 각 분야에 초 전문가들이 도사리고 있기 때문이다. 허튼 소리했다간 평생 그것만 생각해오던 사람들이 벌떼처럼 일어나곤 한다.

동계 스포츠 안전과 관련된 연구로 명성이 나 있는 버몬트 스키 부상 연구팀은 동일한 스키장을 대상으로 똑같은 멤버들이 무려 40년 이상 역학 조사를 시행해 온 사람들이다. 헬멧에 대한 연구를 진행 중이던 로체스터 공대 교수인 쟈스퍼 쉴리(Jasper Shealy)가 즉각 반응을 보였다. 냉철한 사람임에도 불구하고 'Skiing' 지 99년 11월호에 쓴 글에서 "I'm absolutely convinced that the study was politically motivated."(나는 그 연구가 정치적으로 변질된 것이라고 확신한다)라고 직설적으로 비난을 했다. CPSC의 조사는 시민단체에서 이권과 관련된 모종의 영향력을 받아 급조한 결과로 밝혀졌고, 가는 곳마다 이를 해명하느라 진땀을 빼곤 했다.

이것이 헬멧의 불편한 진실이다.

8.6. 헬멧 사용 가이드 라인

이 이야기를 '헬멧을 쓰지 말자'는 의도로 받아들인다면 큰 오해이다. 헬멧은 안전 스킹을 하겠다는 마음가짐 하에 착용한다면 예기치 않은 부상의 정도를 줄여줄 수 있는 훌륭한 기구이다. 하지만 안전에 관한 검증된 상식들을 익히고 그것을 지키려는 노력을 하지 않은 채, 헬멧이 마징가 제트처럼 몸을 날려 무모한 자신을 보호해 주리라는 '보디 가드'의 역할을 기대하고 착용한다면 더 위험해진다는 사실을 알아야 한다.

이런 자료를 바탕으로 스키장에서의 헬멧 착용에 대한 가이드 라인을 정리해 본다면 다음과 같은 내용이 될 것 같다.

1. 위험을 감수해야 하는 스키 선수들은 의무적으로 헬멧을 써야 한다.
2. 일반 스키어들 중에서도 속도나 공중 기술을 즐기는 경향의 스키어 및 스노보더들도 헬멧이 도움이 될 것이다. 단 헬멧을 착용하여 난이도를 높이겠다는 생각이면 머리를 다칠 확률이 안 쓰는 경우 보다도 높아진다는 것을 알아야 한다.
3. 외부 충격에 더 민감하고 결정권이 없는 어린이들은 헬멧을 의무적으로 착용하는 것도 괜찮을 것 같다. 단 공인된 제품의 꼭 맞는 사이즈를 착용하지 않으면 오히려 해가 될 수 있다는 것을 알아야 한다. 아무거나 뚜껑 덮듯이 씌워 놓고 할 일 했다고 뿌듯해 하면 안 된다.
4. 일반 스키어의 헬멧 착용 문제는 각자가 결정하도록 맡기면 되겠다. 따뜻한 햇살 아래에서 스웨터만 입고 경치 구경하며 천천히 봄 스킹을 즐기는 상황이라면 헬멧 쓰고 땀 뻘뻘 흘리고 싶지 않다는 것이 필자의 개인적인 생각이다.
5. 헬멧 구입 시에는 다음 사항을 유의한다.
   - 잘 맞아야 한다.
   - 환기가 잘 되어야 한다.
   - 시야를 가리지 않아야 한다.
   - 듣는데 방해되지 않아야 한다.
   - 특히 애들의 경우 머리 사이즈에 비해 헬멧의 바깥 직경이 너무 크면 안 된다.

8.7. 동계 올림픽

2018년 2월 평창에서 동계 올림픽이 열린다. 아마도 우리 세대에 열리는 마지막 대형 스포츠 행사가 아닐까 싶다. 행사를 주최하는데 여러 가지 할 일들이 많겠지만 일단 선수들이 사고 없이 안전하게 경기를 마치고 돌아가는 것이 중요하다.

동계 종목은 하계 종목보다 선수들의 안전 문제에 대해 생각해야 할 것들이 더 많다. 변화 무쌍한 자연에서 별다른 보호장비없이 빠른 스피드에 선수들이 노출되고, 도심 병원에서 멀리 떨어진 외지에서 경기가 벌어지기 때문이다. 경기장 환경 조성, 의료 시설 관리, 보호 장비 등의 하드웨어뿐만 아니라 안전 요원 교육, 안전 수칙 준수, 경기 규칙 점검 등의 소프트웨어를 잘 준비해야 한다.

하지만 헬멧의 예만 보더라도 스포츠 안전 분야는 생각하지 못한 변수들이 많이 등장하기 때문에 오랜 시간 동안 검증 과정을 거쳐야 한다. 모범적으로 시행된 예를 찾기가 어렵고, 이미 알려진 내용들도 자세히 보면 이권이 개입하거나 정치적으로 의도되어 짜맞추기식으로 진행된 경우가 많다. 따라서 앞으로 동계 올림픽 준비 과정에서 등장할 각종 안전 문제에 대해서도 역시, 그 동안 축적된 과학적 사실과 경험을 총 동원하여 시간을 두고 판단 내릴 수 있는 지혜가 필요할 것이다.

우리 나라의 경우 사회적 관심사가 되는 사건이 벌어졌을 때, 평생 그 문제를 공부해 온 전문가의 의견보다도 대중적 영향이 큰 인사나 단체의 의견이 더 부각되어 여론을 주도하는 경우를 종종 본다. 전문가를 존중하지 않는 왜곡된 사회 분위기 때문인지, 아니면 전문가들이 존중받지 못하게 행동을 해왔는지 진지하게 생각해 볼 문제이다.

제 9 장 전방십자인대 손상 기전
-그라운드 스포츠-

9.1. The ACL injury

    1999년 여름, 미국 헌트 밸리(Hunt Valley, MD)에서는 단 한 가지 부상만을 다룬 특이한 학술대회가 열렸다. 내노라 하는 정형외과 의사, 생체역학자, 트레이너, 물리치료사들이 참석한 이 모임의 주제는 전방십자인대 손상. 모임에 참석한 학자들은 그 동안 전방십자인대를 대상으로 시행된 연구들을 토대로 공감대와 쟁점을 정리하고 앞으로 나아가야 할 연구 방향을 설정하였다.

    스포츠를 즐기는 사람들이 늘어나면서 부상 건 수가 증가하는 것은 어쩔 수 없는 현상이지만 한 가지 부상이 특정 종목에 집중적으로 일어난다면 그냥 두고 볼 수 없는 일이며, 여기에 스포츠 의학이 개입한다. 통계에 의하면 미국의 경우 매 년 8만 건 정도의 전방십자인대 손상이 발생하고 5만 건의 수술이 행해진다고 한다. 그 중 70%는 15세에서 30세 사이의 젊은층에서 스포츠 행위 중 벌어진다. 한참 활동해야 할 나이의 수 많은 젊은이들이 전방십자인대 손상으로 고생하고 있는 것이다.

    이 중 스키로 인한 전방십자인대 손상만 연 2만 건에 달한다. 의료비가 비싸기로 소문난 미국에서 수술을 받는 경우 경비가 15,000~25,000$ 정도 소요되는데, 미국인들은 해마다 스키 장비를 구입하는 비용보다 스키 타다가 다친 무릎 치료하느라 돈을 더 많이 쓴다는 어이 없는 통계가 나온다. 이런 배경에서 전방십자인대 손상은 국가적인 연구 과제로 선정되어 많은 연구 기금이 조성되어 있다. 스포츠 부상 환자를 주로 다루는 스포츠의학 병원의 수준을 평가하려면 전방십자인대 치료 실적 및 그와 관련된 연구 업적과 거의 일치한다고 보면 된다. 한 마디로 전방십자인대 손상은 현재 스포츠의학이 무찔러야 할 '공공의 적', '악의 축'이며 'Darth Vader'이자 'Joker'인 셈이다(그림 9-1).

그림 9-1. Darth Vader

9.2. Mystery of the ACL injury

그런데 전방십자인대와 관련된 연구 자료들을 들여다 보면 어처구니 없는 사실을 발견하게 된다. 이렇게 많은 사람들을 괴롭히는 부상임에도 아직 원인 조차 모르고 있다는 것이다. 부상을 일으키는 '병인(etiology)'과 '병리적 기전(mechanism of injury)'이 밝혀지지 않았다는 것인데, 질환에 비유하자면 폐렴을 일으킨 원인이 감염성인지, 이물질에 의한 것인지 아니면 유전성인지 모르는 상황과 같다. 원인을 모르기 때문에 효과적인 예방책을 제시할 수도 없다.

이렇게 된 이유는 운동 부상에 관여하는 원인 요소들이 워낙 다양하게 복합적으로 작용하여, 그것을 실험적으로 재연하여 증명하기가 어렵기 때문인데, 그나마 그 동안 부상 현장과 치료 과정에서 얻어진 자료를 토대로 전방십자인대 손상에 영향을 줄 수 있는 병인 요소를 정리해 보면 다음과 같다. 스포츠 부상의 병인 요소를 총 집합해 놓은 것과 같다.

1. Intrinsic factor
   - Physical ability : strength, endurance, flexibility, proprioception etc.
   - Anatomical: malalignment, notch width, ligament size, laxity
   - Hormonal: Estrogen
   - Psychological stamina

2. Extrinsic factor
- Hardware: shoes, binding
- Environment: playing surface, weather
- Coaching: cutting, landing technique
- Training: overtraining

현재까지의 연구 작업에서 드러난 몇 가지 단서가 있는데, 분명한 것은 여자가 남자보다 부상률이 4~6배 높다는 것이다. 이를 근거로 근력, 하지 정렬, 호르몬 등 남녀 간 신체 조건의 차이를 병인으로서 증명하려는 노력이 계속되고 있다. 또 스키로 인한 전방십자인대 손상은 외측 반월상연골판 동반 손상 비율이 다른 그라운드 스포츠에 비해서 높다. 두 종류의 스포츠 간에 기전 차이가 있음을 시사하는 증거이다. 그리고 뒤에 설명하지만 방향 전환 및 착지 동작에서의 하지 정렬 상태가 부상의 시발점인 것으로 밝혀졌다. 이 정도 밖에는 규명된 것이 없다.

공공의 적인 전방십자인대 손상을 척결하기 위해서는 먼저 병인과 부상 기전을 밝혀내야 한다. 이를 위해 각국의 스포츠의학 연구진들이 총력을 기울여 현상금 없는 '현상금 사냥꾼'들의 전쟁을 벌이고 있다.

9.3. Non-contact ACL injury

전방십자인대 손상이 벌어지는 상황은 크게 '접촉성 손상(contact injury)'과 '비접촉성 손상(non-contact injury)'으로 나눌 수 있다. 접촉성 손상은 몸 싸움이 많은 레스링, 유도, 씨름 등의 투기 종목과 태클이 허용되는 미식 축구, 럭비 등의 종목에서 주로 발생한다. 불가항력적인면이 크고 그 발생 기전으로서 신체 접촉이라는 분명한 이유가 있으므로 이론의 여지가 별로 없다. 예방책도 고의성 태클 등의 신체 접촉에 대한 벌칙을 강화하면 줄일 수 있기 때문에 해법이 명확한 편이다(그림 9-2).

문제는 가해자에 의한 신체 접촉없이 발생하는 비접촉성 전방십자인대 손상이다. 전체 전방십자인대 손상의 70~80%를 차지하는데 방향 전환, 착지 동작이 많은 축구, 럭비, 농구, 핸드볼 등의 구기 종목과 각

그림 9-2. Contact injury

그림 9-3. Non-contact injury

종 투기 종목 그리고 스키가 대표적인 예이다. 이 '비접촉성 기전'에 의한 전방십자인대 손상 기전이 아직 밝혀지지 않았다는 것이다. 이런 이유에서 전방십자인대와 관련된 연구는 대부분 비접촉성 손상에 초점이 맞추어져 있다(그림 9-3).

9.4. Study of the mechanism of the ACL injury
- Methodological approach -

스포츠 부상의 예방은 4 단계 작업을 통해 이루어진다. 먼저 현장에서 벌어지는 일을 '역학 조사(epidemiologic study)'를 통해 파악하고 문제를 도출시킨다. 이어 그 부상을 일으키는 병인과 기전을 규명하는 일이 실험실에서 행해지고, 이에 근거하여 예방 수단을 제시한다. 마지막으로 예방책을 실제 현장에 적용하여 전향적으로 효과를 증명하는 과정이며, 여기에 각 분야의 전문가들이 개입하여 자료를 공유하며 협동 작업을 하게 된다

이 과정에서 부상 기전을 규명하는 일은 가장 중요한 핵심이라고 할 수 있는데, 연구진들은 다음과 같은 방법을 통해 연구를 진행한다.

- Interview
- Video analysis of actual injuries
- Clinical study
- Laboratory motion analysis : Marker study
- In vivo study
- Cadaver or mathematical simulation of injury

이중 부상 환자를 직접 만나 상황을 들어보는 인터뷰, 즉 설문 조사는 가장 먼저 해야 할 기본적인 작업이다. 설문지를 활용하여 비교적 쉽게 정보를 얻을 수 있기 때문에 고전적으로 많은 정보들을 제공해 왔다. 하지만 설문 조사에 사용하는 분류 항목은 그 정의를 정확히 내릴 수 없으므로 오류의 가능성을 내포하고 있기 때문에 연구 자료로서의 가치에는 근본적인 한계가 있다. 예를 들어 설문 조사를 통해 부상시 신체 접촉 여부를 가려내려는 경우, 진정한 전방십자인대의 접촉성 손상은 슬관절의 외측에서 직접 외력이 가해진 상황을 의미하지만, 이것을 명확히 정의하기는 어렵기 때문에 응답자는 등을 밀려 넘어지면서 다친 상황도 '접촉성 손상'이라고 대답하게 된다. 실제 접촉성/비접촉성 손상 비율에 대한 설문 조사 결과는 연구마다 많은 차이를 보인다. 하물며 10여 가지가 넘게 알려져 있는 전방십자인대 부상 기전을 설문지에 모두 올려 놓고 환자에게 다친 상황을 기억하여 고르라고 하는 것은 애초에 무리한 발상이다.

실험실에서는 신체에 '표식(marker)'을 부착하여 시행하는 동작 분석, 사체를 이용하여 부상 상황을 재연해 보는 생역학 실험 등을 이용하여 부상과 관련된 운동학적 정보들을 얻을 수 있다. 최근에는 고속 카메라를 이용한 동작 분석과 로봇을 이용한 사체 실험 기술이 등장하여 많은 발전을 이루었다. 하지만 이 역시 멀쩡한 사람의 전방십자인대를 파열시키는 생체 실험을 하기 전에는 실제 상황을 재연할 수 없다는 결정적인 한계가 있다(그림 9-4).

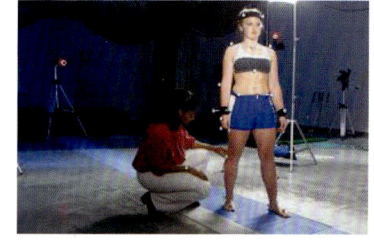

그림 9-4. Marker motion analysis

간혹 실험실에서 동작 분석 중 실제 부상이 발생하는 돌발 상황이 벌어져, 거기서 얻어진 자료가 증례로 올라오곤 한다. 연구자들의 마음 속 한 구석에는 악마가 웅크리고 있어서, 이런 상황이 자주 일어나 주었으면 하고 은근히 바라고 있는 지도 모르겠다.

9.5. Video analysis of the ACL injury

부상 상황이 촬영된 비디오를 관찰하는 방법은 윤리적 문제없이 실제 상황에 대한 정보를 얻을 수 있는 유일한 방법이다. 그래서 과거로부터 비디오 분석을 통해 부상 기전을 규명하려는 시도가 있었는데, 대표적인 예가 바로 1990년대 초반 미국 버몬트 그룹이 스키로 인한 전방십자인대 손상 비디오 분석을 통해 'phantom foot mechanism'을 손상 기전으로 기술한 것이었다. 이 내용은 교육 자료로 제작되어 2년 간의 전향적 연구 결과 62%의 전방십자인대 부상 예방 효과까지 증명해 보인 바 있다(그림 9-5). 그러나 비디오 분석 역시 한계점을 지니고 있는데, 보정되지 않은 비디오 장면만 가지고 운동학적 정보를 정량화시켜 산출하기는 여전히 어렵기 때문에, 그 동안 비디오 분석 자료는 부상시의 행동을 분석하는 쪽으로만 인정받아 왔을 뿐 이를 근거로 정확한 부상 기전을 정의할 수는 없었다.

하지만 실제 부상 상황을 관찰할 수 있는 유일한 방법으로써의 비디오 분석은, 여전히 중요한 연구 가치를 지니고 있는 가운데 최근 중계 방송의 활성화, 방송 장비의 발달과 개인 촬영 기기의 대중화에 따라 부상 장면이 수록된 고화질의 비디오를 구하기가 쉬워졌다. 또 여러 방향에서 동시에 촬영된 양질의 자료도 종종 입수되어 분석 여건이 훨씬 좋아짐에 따라 각국의 연구진들이 비디오 연구에 경쟁적으로 열을 올리고 있다(그림 9-6).

현재 전방십자인대 손상의 비디오 분석에 가장 활발한 활동을 보이는 곳은 Oslo Sports Trauma Research Center를 거점으로 한 유럽 연구진들이다. 노르웨이의 로날드 바(Ronald Bahr MD

그림 9-5. ACL awareness program

그림 9-6. Video analysis

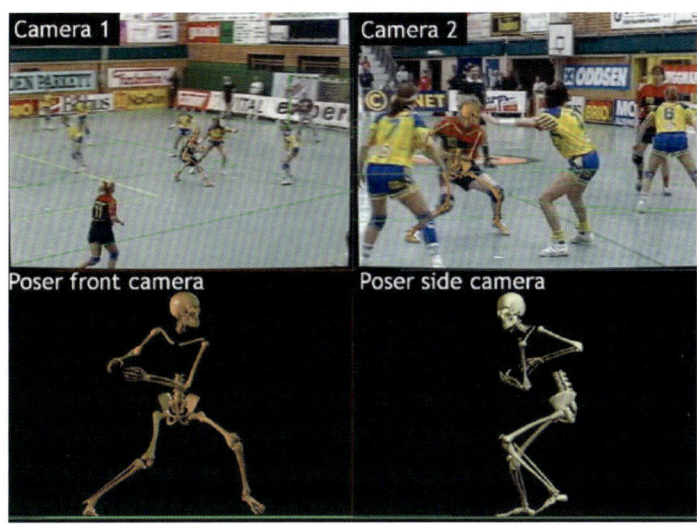

그림 9-7. MBIM technique by Krosshaug ※출처 : Koga, H., A. Nakamae, et al. (2010). "Mechanisms for noncontact anterior cruciate ligament injuries: knee joint kinematics in 10 injury situations from female team handball and basketball." Am J Sports Med 38(11): 2218-2225.

PhD)와 트론 크로스호그(Tron Krosshaug PhD) 등이 주도하여 미국 등지의 학자들과 공동 연구를 진행하고 있는데, 최근에는 MBIM 기술(Model Based Image Matching Technique)을 이용하여 일반 비디오를 가지고도 정량화된 운동학적 데이터를 산출할 수 있는 방법을 개발하여 관심을 모으고 있다(그림 9-7). 주목해야 할 것은 이들이 IOC(국제올림픽위원회), FIFA(국제축구연맹), FIS(국제스키연맹) 등 주요 동/하계 스포츠 단체 의무분과의 핵심 인물들로서 제도권 스포츠의 파워 그룹이라는 점이다. 국제 스포츠 단체에서 제공하는 의무/안전 규정은 대부분 이들의 손을 거치며 올림픽, 월드컵 등의 대형 행사의 의무지원 작업에서도 중요한 역할을 행사한다.

자크 로게(Jacques Rogge) IOC 위원장이 정형외과 의사임이 보여주듯이 유럽 제도권 스포츠에서 의사들의 역할은 그 뿌리가 깊다. 아마도 2018년 평창 동계 올림픽 때에도 역시 이들이 IOC의 멤버로서 내한할 것이고, 올림픽 조직위원회 의무분과의 활동에 관여하리라 본다. 세계 스포츠 의학계에서 국내 의사들의 활동은 학술적인 면에서는 괄목할 만한 발전이 있었지만, 정치/행정적인 면에서는 조직적인 활동이 아직 부족한 편이다. 일단 학술적인 면에서 대등하게 의견을 나눌 수 있는 성과가 있어야 할뿐더러, 유대 관계도 잘 유지하여야 대형 행사를 효과적으로 진행할 수 있을 것이다.

9.6. Miachael Owen's ACL injury

필자가 비디오 분석에 집착하게 된 것은 1996년 독일 월드컵에서 전방십자인대가 파열된 영국 축구 선수 마이클 오웬(Michael Owen)의 부상 장면을 입수한 것이 계기가 되었다. 당시 운동 부상에 대한 강의를 맡아 준비하는 과정에서 학생들에게 좀 더 생생한 자료를 보여주자는 생각으로, 알고 지내던 방송국 간부에게 부상 장면이 수록된 비디오들을 수집해달라고 부탁하였는데, 여기에 마이클 오웬의 부상 장면이 있었다(그림 9-8).

이전 1990년대 말 버몬트에서 연수 중에도 스키 부상 비디오를 여러 건 접하였지만, 이미 그들의 'phantom foot mechanism'이 주입식으로 머리에 자리 잡은 지라 다른 생각을 할 여유가 없었다. 스키 부상 비디오는 대부분 개인 장비로 우연히 촬영된 것들이기 때문에 구하기도 힘들고 화질이 좋지 않아 연구 자료로 사용하기가

그림 9-8. Miachael Owen's ACL injury

어렵다. 그나마 중계방송 중 잡힌 부상 장면은 화질은 좋지만 고속의 경기 중이라 분석이 더 어렵다. 국가대표 데몬스트레이터 감독인 양성철 프로의 부상 장면 같은 소중한 자료도 입수하게 되었지만, 이 역시 'phantom foot mechanism'에 의한 것이라 짜맞추어 해석하는 식으로 마무리해 버리고 말았다. 이후 비디오 연구 분야에는 별 다른 발전이 없었기 때문에 수 년의 시간이 흘렀다. 그 사이에 매일 관절경으로 끊어진 전방십자인대와 씨름하면서 지냈지만, 갈아 끼우는 데 집중하느라 왜 저 인대가 끊어졌는지에 대해서는 답을 회피하고 지나갔다.

그러던 중에 보게 된 마이클 오웬의 부상 장면은 정말 눈이 번쩍 뜨일 정도로 잘 잡힌, 충격적인 영상이었다. 화질도 좋았지만 방송국을 통한 덕택에 전/후방과 측면, 3 방향에서 촬영된 영상을 모두 얻을 수 있었다. 그 중에서도 압권은 전방십자인대가 끊어지는 순간이 클로즈업되어 촬영된 장면인데, 외측면에서 촬영된 이 영상은 전방십자인대가 끊어지면서 경골이 전방으로 빠지는 상황과, 파열이 발생한 후 대응 동

작에서 탈구된 경골 외과가 다시 제 위치로 정복되는 장면을 생생히 보여주고 있었다.

이 비디오를 정말 수도 없이 반복해서 보았다. 동시에 비디오 분석을 포함하여 각국에서 진행되고 있는 전방십자인대 손상 기전에 대한 연구 자료들을 리뷰하였는데, 아직 누구도 결론을 내지 못하고 있었을 뿐 아니라 이미 발표된 내용들의 곳곳에 오류가 많다는 것을 알게 되었다. 그 이유는 양질의 비디오를 입수하여 분석할 수 있는 환경이 조성된 것이 얼마되지 않았기 때문이었다. 이후 국내외에서 벌어진 스포츠 부상 장면들을 닥치는 대로 모으기 시작하였고, 수술로 진단이 확인된 상당량의 비디오를 입수할 수 있게 되었다. 그리고 수년 전부터는 몇몇 관심 있는 동료들과 입수한 비디오를 같이 보면서 분석 작업을 진행해 오고 있다. 비디오 분석은 지금이라도 방향만 잘 잡고 덤벼들면 세계 어느 연구 기관보다도 충분히 앞서갈 수 있는 결과를 낼 수 있는 분야이다.

9.7. Video analysis of the ACL injury : Ground sports

현재 비접촉성 전방십자인대 손상에 대한 비디오 연구는 축구, 농구, 핸드볼 등의 구기 종목(ground sports)과 스키 두 그룹으로 나뉘어 진행되고 있다. 그 이유는 두 종목이 예로부터 전혀 다른 기전에 의한 손상을 일으킨다고 알려져 왔기 때문이다.

앞서 언급한대로 스키로 인한 전방십자인대 손상 기전은 미국 버몬트 그룹의 독자적인 자료 수집과 노력으로 이루어졌는데, 필자는 1990년대 후반부터 이들과 교류하면서 진행 상황을 관심 있게 보았고, 미국 연수 중 1년 동안 이들의 작업에 참가했던 적이 있었다. 그라운드 스포츠에 대한 본격적인 비디오 분석이 이루어지기 훨씬 전의 일이었다(그림 9-9).

그림 9-9. Carl Ettlinger and me

버몬트 그룹의 비디오 연구는 정량적 운동학적 분석이 아닌 descriptive analysis라는 한계가 있었다. 그럼에도 불구하고 당시로서는 유사한 연구가 없는 독보적인 내용이었고, 40년 이상을 스키 부상 역학 조사에 헌신해 온 버몬트 대학 정형외과 의사 로버트 죤슨(Robert J Johnson MD)을 포함한 이들의 파워에 아무도 반론을 제시할 만한 분위기가 아니었던 이유에, 'phantom foot mechanism'은 스키로 인한 전방십자인대 비접촉성 부상 기전으로 자리잡게 된다.

반면 그라운드 스포츠에 의한 전방십자인대 손상의 비디오 분석은 2000년대에 들어와서야 활성화되었는데, 오슬로 그룹을 주축으로 한 유럽 연구진들이 운동 단체와의 협력 하에 비디오 입수가 비교적 쉬운 농구, 핸드볼 등의 실내 구기 종목을 대상으로 시작하였다. 여러 명의 의사, 운동학자들이 시청하고 설문지에 답하는 형식으로 시작된 연구 작업은 관찰이 반복되고 위험 인자에 대한 생역학 연구가 같이 진행되면서 몇 가지 공감대들이 정리되었는데 다음과 같다.

9.8. Consensus 1 : Player action

연구자들이 모두 동의하는 첫 번째 공통 분모는 비접촉성 전방십자인대 손상이 다음 두 가지 동작 중 발생한다는 것이다.

1. Plant & cutting(그림 9-10).

한 발을 딛고 순간적으로 신체의 진행 방향을 전환하는 동작을 말한다. 매 순간 상대방을 피해 나가야 하는 구기 종목에서는 자주 발생하는 동작이다. 질주 중 속도를 줄이는 감속 동작(deceleration)도 광범위하게는 cutting 동작에 포함된다고 할 수 있다. 스트로크와 동시에 방향을 전환하는 테니스 같은 라켓 종목에서도 변형된 cutting 동작에 의한 부상이 일어난다. 전방십자인대 손상을 가장 많이 유발하는 선행 동작이다.

2. One legged landing(그림 9-11).

중심을 잃고 한 발로 착지하는 과정에서 역시 전방십자인대 손상이 자주 발생한다. 농구, 배구, 체조 등의 종목에서 많이 발생한다.

그림 9-10. ACL injury in cutting motion ※출처: Hewett, T. E., J. S. Torg, et al. (2009). "Video analysis of trunk and knee motion during non-contact anterior cruciate ligament injury in female athletes: lateral trunk and knee abduction motion are combined components of the injury mechanism." Br J Sports Med 43(6): 417-422.(좌)

그림 9-11. ACL injury in landing motion(우)

9.9. Consensus 2 : Valgus collapse(Dynamic valgus)

위의 두 선행 동작으로 인해 전방십자인대 손상이 발생하기 직전 하지의 정렬 상태는 특징적인 모습을 보여주는데, 이를 '외반 붕괴(valgus collapse, dynamic valgus)' 현상이라고 부른다. 다리 전체가 내회전하는 역동적인 과정에서 순간적으로 슬관절이 외반 상태가 되기 때문에 붙은 이름이다. 이 장면이 거의 모든 예에서 관찰되며, 이는 전방십자인대 손상을 일으키는 의미있는 예측 인자로서 실험적 증명이 되어 있다(그림 9-12).

이와 같이 갑작스런 '방향 전환(cutting)' 혹은 한 발 '착지(landing)' 과정에서 슬관절이 안쪽으로 꺾이는 '외반 붕괴(valgus collapse, dynamic valgus)' 현상이 일어나서 전방십자인대 손상이 발생한다는 것은 모두가 인정하는 대목이다. 문제는 왜 슬관절이 버

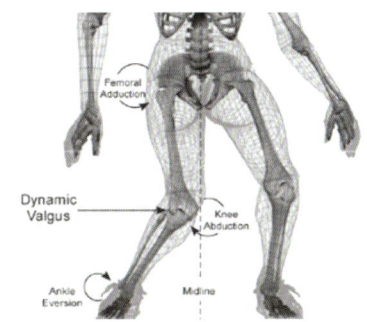

그림 9-12. Valgus Collapse or Dynamic Valgus ※출처: Hewett, T. E., G. D. Myer, et al. (2005). "Biomechanical measures of neuromuscular control and valgus loading of the knee predict anterior cruciate ligament injury risk in female athletes: a prospective study." Am J Sports Med 33(4): 492-501.

티지 못하고 안쪽으로 꺾였는가 하는 것과, 결정적으로 전방십자인대가 어떤 힘에 의해서 파열되었는가 하는 것이다. 이에 관련된 쟁점들에 대해서는 각 연구진마다 의견이 분분한데 다음과 같다.

9.10. Debate : What is the major force of injury?
- valgus vs. ant drawer force -

일단 궁금한 것은 전방십자인대를 파열시키는 '주력(major force)'이 무엇이냐는 것이다. 이에 대해서는 두 그룹이 대립된 의견을 제시하고 있으나 서로 상대방의 문제점만 지적할 뿐 명쾌하게 설명을 못하고 있다.

1. valgus force / notch impingement가 주요 원인이라는 주장(그림 9-13).

슬관절에 외반력이 가해진 상태에서 경골이 외회전될 때 전방십자인대가 절흔(notch)에 걸려 파열된다는 주장. 최근까지 신시내티 아동 병원의 휴잇(Timothy E Hewett PhD), 클리블랜드 클리닉의 맥린(Scott G McLean PhD), 오슬로 그룹 등에 의해 전통적으로 공감을 많이 받아 온 의견이다. 하지만 최근 비디오 분석에서는 경골이 내회전을 일으키는 것으로 의견이 모아지고 있으며, 경골 외회전 위치에서는 전방십자인대에 걸리는 장력은 오히려 감소하므로 앞뒤가 맞지 않는다. 외반력이 영향을 미친다고는 하지만, 그렇다면 내측측부인대 손상없이 발생하는 전방십자인대 단독 손상을 설명할 수 없다.

2. anterior drawer force가 주요 원인이라는 주장(그림 9-14).

순간적으로 대퇴사두근의 강력한 수축이 전방십자인대를 파열시킨다는 주장. 듀크 대학의 개럿(William Garrett MD PhD)이 주도하는 이론으로서, 20도 굴곡시킨 슬관절의 대퇴사두근에 4,500N의 힘을 가해 전방십자인대 파열이 발생하는 것을 사체 실험으로 증명한 바 있다. 하지만 실제 상황에서의 재연 여부는 논란의 여지가 많다. 대퇴사두근은 슬관절 50~70도 굴곡 위치에서 최대 근력을 발휘하지만 이 위치는 이미 대퇴사두근이 전방 전위력을 일으키지 않는 각도이므로, 보조 역할로는 몰라도 대퇴사두근의 수축을 주 손상 기전으로 보기는 어려울 것 같다.

그림 9-13. Valgus / notch impingement theory
※출처: Krosshaug, T., T. E. Andersen, et al. (2005). "Research approaches to describe the mechanisms of injuries in sport: limitations and possibilities." Br J Sports Med 39(6): 330-339.

그림 9-14. Anterior drawer force theory

9.11. Debate : Tibial rotation - IR vs. ER -

　실험 결과에 따르면 회전력만으로는 전방십자인대 손상을 일으킬 수 없다고 알려져 있기 때문에 회전력은 보조 역할로서만 인정받는 상황인데, 그 회전 방향 즉 경골이 내회전 상태냐 외회전 상태냐 조차 의견이 갈린다. 이는 표식을 이용한 비디오 분석(marker study)에서도 회전 운동에 대해서는 정량적 자료를 인정하지 않기 때문에 증명하기가 더 어렵다.

　하지만 최근 이루어진 고화질 비디오 분석에 따르면 전방십자인대 손상 당시의 경골은 '내회전' 위치인 것으로 반복해서 관찰되고 있다. 경골 내회전 위치에서는 전방십자인대에 걸리는 장력이 증가하므로 어떻게든 경골 내회전력이 상당한 역할을 하는 것으로 보고 있다.

　그런데 손상 비디오의 연속 장면을 자세히 보면 외반 붕괴(valgus collapse) 상태에서의 경골 회전은 실험실 상황과 달라서, 단순한 경골의 회전이 아니고 대퇴골과 경골로 이루어진 연결 축 전체가 내측으로 이동하는 과정에서 순간적으로 대퇴골과 경골이 반대 방향으로 회전하는 일종의 '역회전(counter-rotation)'임을 알 수 있다. 양 축이 동시에 반대 방향으로 회전하는 역회전 동작은 한쪽만 회전하는 동작보다 더 큰 외력을 발생시키므로 전방십자인대 파열에 기여하는 회전력의 역할에 대해 실험적인 재평가가 있어야 할 것이다.

9.12. Debate : Injury moment

비디오 분석의 한계 중 하나는 정확한 손상 시점을 정할 수 없다는 것이다. 멀쩡한 인대를 끊는 생체 실험을 하기 전에는 불가능하다. 때문에 연구진들은 연속 장면의 전개를 관찰하며 나름대로의 손상 시점을 정의하는데, 선행 연구 그룹들은 그라운드 스포츠에서는 발이 지면에 접지한 순간으로부터 17~50msec 정도에 전방십자인대가 파열되는 것으로 보고 있다. 한편 스키의 경우 버몬트 그룹은 손상 시점을 완전히 넘어서 슬관절 과굴곡이 일어난 이후로 보기 때문에, 그라운드 스포츠보다 훨씬 늦은 시점으로 본다.

오슬로 그룹이 지정한 손상 시점은 연속 장면 중 슬관절이 외반 위치로 관찰되는 최초 커트 즉 외반 붕괴(valgus collapse)가 일어나는 순간인데, 필자의 의견은 이들이 손상 시점을 너무 이른 시기로 잡지 않았나 하는 생각이 든다. 일반적으로 전방십자인대가 파열된 직후에는 탈골된 경골을 제위치 시키기 위한 반사 행동이 일어나는데, 상체를 뒤로 젖혀 고관절을 신전시킴으로써 대퇴골을 재정렬시키거나, 아니면 접지된 발을 들어 올려 경골을 재정렬시키는 동작을 취한다. 이를 감안하여 역추적 해보면 발의 접지 후 약 100msec 정도가 실제 전방십자인대가 파열되는 순간으로 보인다. 좀 더 세밀한 분석이 필요한 부분이다(그림 9-15).

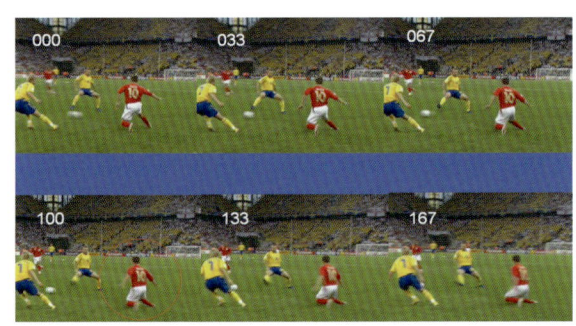

그림 9-15. Injury moment

9.13. Debate : Valgus collapse, true valgus?

한편 현재까지 전개되어 온 연구 자료에서 몇 가지 근본적인 오류들이 발견되고 있는데, 그 중 하나가 '외반 붕괴(valgus collapse)' 자세에서 '외반(valgus)'이라는 표현이다. 발표된 논문들의 상당 수는 발의 접지 후 슬관절이 내측으로 꺾이는 자세를 '외반' 위치라고 보고 '외반각(valgus angle)'을 측정하는 등, 외반

그림 9-16. 마이클 오웬의 전방십자인대 파열 순간(좌)
그림 9-17. 내추적 현상을 극대화한 스키어의 정상 회전 동작(중)
그림 9-18. 박지성 선수의 방향 전환 동작(우)

력(valgus loading)이 전방십자인대 파열에 미치는 영향을 증명하려 시도해 왔다(그림 9-16).

하지만 정지 화면 상에서, 특히 약간 사면에서 잡힌 슬관절의 위치를 근거로 외반각을 측정하는 것은 명백한 잘못이다. 이 동작은 고관절-슬관절-족관절로 이어지는 '운동 사슬(kinetic chain)'이 각 관절의 연쇄적인 굴곡을 일으키는 과정에서 중심 연결 고리인 슬관절 자체가 안쪽으로 회전하는 일종의 '내추적(intracking or crank-in)' 현상으로 보아야 한다. 체중 부하 상태에서 벌어지는 일종의 '폐쇄사슬형 운동 동작(closed kinetic chain movement)'이다. 외반력이 걸리는 상황이긴 하지만 정면에서 관찰해 보면 순수한 관상면에서의 외반 동작과는 차이가 있다는 것이다. 따라서 외반력 자체가 직접적으로 전방십자인대 손상을 일으키기는 어렵다고 보아야 한다. 듀크 대학의 개럿 박사(William Garrett MD PhD)는 이를 '외반'이라고 표현하는 것 자체가 잘못이라고 이야기하고 있다.

이와 같은 하지의 '내추적(intracking)' 동작은 체중 이동 및 방향 전환이 잦은 종목에서는 운동 중 수도 없이 반복되는데 대표적인 종목이 스키이다. 스킹 중 특히 급사면에서의 고속 스킹 중에 미끄러지지 않으려면 스키의 엣지각을 증가시켜야 하고 이를 위해 여러 가지 동작을 취하게 되는데, 대표적인 두 가지 방법이 신체 전체를 기울이는 '기울이기(inclination)'와 관절의 '꺾기(angulation)'이다. 앞서 언급한대로 스키 기술에서 등장하는 이 '꺾기'라는 용어 역시 '내추적' 현상을 잘못 표현한 것이다. 실제로 순수하게 외반각을 증가시켜 이 동작을 취한다면 당장 내측측부인대 파열이 일어날 것이기 때문이다(그림 9-17).

어쨌든 스키어들은 슬관절의 내추적 동작을 이용하여 발에서의 에지 각을 극대화시킴으로써 경사면에서의 고속 회전을 미끄러짐 없이 수행해 낸다. 스키뿐 아니라 그라운드 스포츠 종목에서도 갑작스런 방향 전환을 하려면 동일한 방식의 내추적 현상이 일어난다(그림 9-18).

9.14. Debate : Why collapsed?

여기서 짚고 넘어가야 할 중요한 의문점이 생긴다. 위의 그림과 같이 마이클 오웬, 스키어, 박지성 세 사람은 모두 방향 전환 과정에서 비슷한 하지의 내추적 현상이 발생하였다. 그런데 왜 마이클 오웬만 전방 십자인대가 끊어졌을까?

차이는 마이클 오웬의 경우 내추적 현상이 순간적으로 '붕괴(collapse)'되면서 일어났다는 점이다. 즉 슬관절 위 아래의 연결 고리인 고관절/족관절 및 상하 분절에 해당되는 체간(trunk)/발의 부드러운 연결 동작에 의해 점진적인 체중 이동이 이루어지는 'controlled intracking' 현상과, 제어되지 않은 상태에서 갑작스럽게 꺾이듯이 일어나는 'collapsed intracking' 현상의 차이로 볼 수 있다.

전방십자인대 파열시 하지는 발이 지면에 고정된 '폐쇄사슬형 운동(closed kinetic chain exercise)' 형태를 유지한다. 이런 형태의 동작에서는 체중이 실린 발에 반작용으로 '지면반발력(GRF: ground reaction force)'이 발생하는데, 신체 진행 방향의 수평 속도와 수직 속도 벡터의 합으로 결정되며, 발의 접지면에서부터 시작되어 올라간다(그림 9-19).

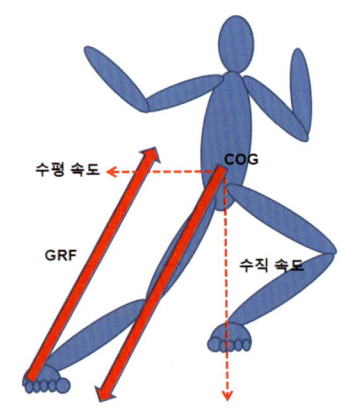

그림 9-19. Ground reaction force

'붕괴(collapse)' 현상이 발생한 이유를 폐쇄사슬형 운동의 역학적 특성으로 따져 보았을 때, 이 지면반발력과 중심 고리인 슬관절과의 위치적인 상관관계에서 답을 찾을 수 있다. 연결 사슬의 중심인 슬관절이 지면반발력의 동선상에 있거나 근처에 있는 경우, 근력으로 제어가 가능한 부드러운 내추적 동작이 일어나는 반면, 슬관절의 위치가 지면반발력의 동선으로부터 내측으로 멀리 떨어져서 버틸 수 있는 한계 이상의 토크가 걸리면 순간적으로 전체 연결 고리가 내측으로 무너져 버리는 것이다. 마치 높이 쌓아 놓은 적목의 중간 한 고리에라도 문제가 생기면 전체가 다 무너져 버리는 것에 비유할 수 있겠다(그림 9-20, 9-21).

방향 전환 동작 중 슬관절과 지면반발력의 위치적인 상관 관계를 결정하는 것은 수평 속도와 보폭 (stride)이다. 갑자기 수평 속도가 감소하면 벡터 방향이 세워져 상대적으로 지면반발력이 슬관절보다 외

그림 9-20, 9-21. Collapsed kinetic chain

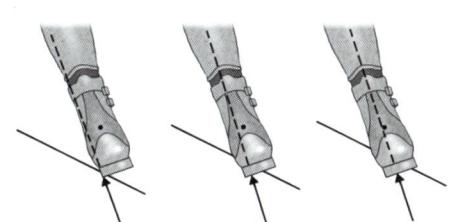 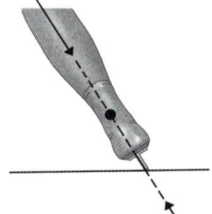

그림 9-22. Ski edge   그림 9-23. Skate edge

측으로 이동하게 되고, 보폭을 늘여 발을 크게 내딛으면 슬관절의 위치가 지면반발력보다 내측으로 이동한다. 방향 전환 중 내딛는 발바닥이 접지면과의 마찰에 의해서 갑자기 고정되어 외측 이동이 중단되는 '발걸림(foot catching)' 현상이 바로 수평 속도가 감소하는 경우이다. '넓게 내어 딛은 발이 바닥에 걸리는 (foot catching in wide stance)' 상황은, 종목을 막론하고 전방십자인대 손상을 일으키는 필수 선행 조건이라고 할 수 있다.

이런 현상은 운동 종목에 따라 달라져서 전방십자인대 손상율에 영향을 미치는데, 몇 가지 종목을 비교해보자.

양측 엣지 사이에 넓은 간격을 유지하는 스키의 경우 지면반발력이 눈과 접지한 엣지 근처에서 발생한다. 엣지를 눈에 깊이 박아 넣을수록 지면반발력의 발생점이 족관절의 중심쪽으로 이동하여 관절에 발생하는 토크가 줄어들기 때문에 더 안정적인 엣징을 유지할 수 있다. 특히 딱딱한 플라스틱 스키화 안에서는 족관절과 스키판의 바닥이 이루는 각도가 고정되어버리므로, 강력하게 체중을 실어서 엣지 그립을 깊게 가져가면 거의 눕는 스타일의 익스트림 카빙까지 가능해진다. 따라서 스키는 상당히 깊은 내추적 자세에서도 collapse 현상은 비교적 잘 일어나지 않는 종목이라고 할 수 있다(그림 9-22).

그러나 스킹 중에는 매 회전 때마다 슬관절의 내추적 자세를 취해야 하고, 스키는 발이 길어진 것과 같은 상황이므로 순간적으로 엣지가 눈에 걸리는 '발걸림' 현상이 자주 발행한다. 또 긴 스키의 지렛대 효과로 인

그림 9-24. Foot position on ACL injury
※출처 : Koga, H., A. Nakamae, et al. (2010). "Mechanisms for noncontact anterior cruciate ligament injuries: knee joint kinematics in 10 injury situations from female team handball and basketball." Am J Sports Med 38(11): 2218-2225.)

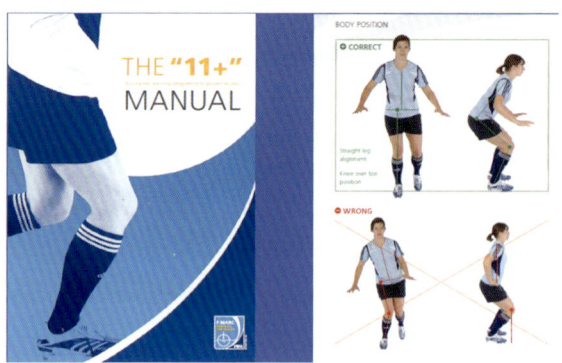

그림 9-25. 11+ Manual provided by FIFA

해 큰 회전력이 걸린다. 이런 이유에 스키는 전방십자인대 손상 빈도가 타 종목에 비해 높다.

반면 날카로운 블레이드 형태의 날을 사용하는 스케이트는 양 날이 있긴 하지만 간격이 좁아서 지면반발력이 거의 족관절 중심에서 발생한다. 딱딱한 얼음 위에서는 스키와 같이 날을 깊게 박아 넣는 것이 불가능하므로 어쩔 수 없는 선택이다. 스킹 중 얼음판이 나오면 미끄러지는 것처럼 만일 스케이트의 엣지 간격을 벌린 넓은 날의 스케이트를 신는다면 엣지와 족관절 사이에서 발생하는 토크로 인해 쉽게 미끄러져 버릴 것이다. 스키와 같이 딱딱하고 목이 종아리까지 감싸는 플라스틱 스케이트화를 신으면 밸런스 능력은 좀 나아지겠지만, 활주 능력 및 빠른 방향 전환과 다양한 동작을 소화해내야 하는 스케이트의 경우, 장비를 족관절을 적당히 고정하는 선에서 선택하게 된다(그림 9-23).

스케이트는 전방십자인대 손상률이 스키에 비해서 현저히 낮다. 스키와 같이 깊은 내추적 자세가 잘 안 나오고, 설령 하지에서 '붕괴' 현상이 발생하더라도 결정적인 순간 발바닥, 즉 스케이트 엣지가 얼음에서 미끄러져버리기 때문이다. 발이 지면에 고정되지 않은 '개방사슬형 운동' 형태에서는 비접촉성 전방십자인대 손상은 발생하지 않는다.

한편 축구, 농구, 핸드볼 등의 그라운드 스포츠 종목은 신발과 지면과의 마찰로 인해 '발걸림' 현상이 자주 발생하므로 '붕괴' 현상이 발생할 확률이 스키나 스케이트에 비해 높다. 축구 선수들은 이런 발걸림 현상을 '축구화가 잔디에 씹혔다.'는 표현을 쓰곤 한다. 또 신발에 날이 없기 때문에 스키, 스케이트처럼 체중이 실린 발 바닥에 각을 세우는 엣징 동작을 할 수 없다. 따라서 접지한 발 바닥 전체가 지면에 닿게 되고 이때 족관절은 불안정한 '내번(inversion)' 상태가 되어 '붕괴' 현상이 일어나기 쉬운 조건을 만든다. 이때 발을 내어 딛은 보폭이 클수록 족관절 내번 정도도 커진다(그림 9-24).

이처럼 전방십자인대 파열은 반드시 발이 지면에 고정된 하지의 '폐쇄사슬형 운동(closed kinetic chain exercise)' 형태에서 발생하므로 인접한 상하 관절, 즉 족관절과 고관절의 움직임이 슬관절의 붕괴(collapse)현상에 중요한 영향을 미친다. 그 중에서도 지면과 고정된 쪽이 발이므로 족관절의 안정성과 상체의 역회전 동작이 슬관절의 붕괴(collpase) 현상을 촉발할 수 있는 예측 인자로서 주목을 받고 있다.

현재 그라운드 스포츠를 대상으로 나와 있는 전방십자인대 부상 예방 프로그램들은 모두 이 하지의 '붕괴(collapse)' 현상을 막고자 하는 대응책들로 구성되어 있다. 그 핵심은 방향 전환이나 착지 시점에서 슬관절이 지면반발력의 동선 보다 외측에 위치하도록 기술적인 훈련을 하는 것이다. 또 붕괴 현상이 일어난 경우 빠른 시간 내에 반사 동작으로 하체를 재정렬할 수 있도록 근력 및 지구력 또 '신경근육계 조절(neuromuscular control)' 능력을 키우는 훈련을 반복하는 것이 주요 내용이다(그림 9-25).

9.15. Pivot shift phenomenon by Dr. Matsumoto

'pivot shift phenomenon'은 전방십자인대 파열된 슬관절에 외반력(valgus loading)을 가하면 경골 외과가 전내측 탈구되는 현상을 의미한다. 인대 파열로 인한 슬관절의 운동역학적 상황 변화로 인해 벌어지는 병태 현상의 일종으로 알려져, 만성 불안정성 환자의 진단 방법으로 자주 사용된다.

외반(valgus)이던 내추적(intracking)이던 간에 슬관절의 '붕괴' 현상을 손상의 시발점으로 인정한다 하더라도 여전히 전방십자인대를 파열시키는 결정적인 외력에 대해서는 납득할 만한 해석을 찾을 수 없는 상황인데, 마이클 오웬의 부상의 클로즈업 장면은 한 가지를 분명히 보여주고 있었다. 전방십자인대가 파열되는 순간 경골의 움직임은 내회전을 일으키고 있으며, 파열 순간과 이어지는 후속 동작에서의 움직임이 'pivot shift' 현상과 거의 같다는 것이었다(그림 9-26).

그래서 'pivot shift' 현상을 분석한 과거 연구 자료들을 검색하던 중 중요한 단서를 발견하게 되었다. 현 게이오 대학 정형외과 주임교수인 마쯔모토 박사(Hideo Matsumoto MD, PhD)가 1990년 'pivot shift phenomenon'이 발생하는 기전에 대해 설명한 사체 실험 연구인데, 이 논문에서 마쯔모토는 전방십자인대 파열 기전을 설명할 수도 있는 중요한 몇 가지 사실을 이미 언급하고 있었다(그림 9-27).

이 실험에 의하면 슬관절에 외반력을 가하면 회전 중심축이 중앙으로부터 내측측부인대쪽으로 이동하는 것으로 밝혀졌다. 그리고 이런 외반 상태에서는 내측측부인대에 장력이 걸려 내측 구조물들의 움직임이 제한되는 반면, 외측 구조물에는 더 큰 내회전력이 걸린다. 전방십자인대 손상을 유발하는 '외반 붕괴(valgus collapse)' 상황이 슬관절을 마치 'pivot shift test'를 시행하는 것과 같이 '외반 부하(valgus loading)' 상태로 만드는 자세라고 본다면, 내회전력이 전방십자인대 파열에 미치는 기여도가 알려진 것보다 훨씬 높을 수 있다는 추측이 가능하다. 한편 경골 외과의 고평부는 볼록면으로서 뒤쪽으로 약 15도 내리막 경사 형태인데, 체중이 실린 상태에서 이 경사 구조 역시 경골 외과에 걸리는 전방 전위

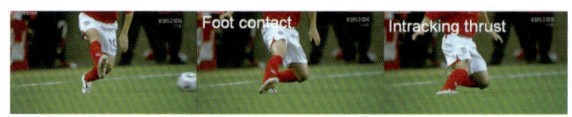

그림 9-26. Miachael Owen's ACL injury

MECHANISM OF THE PIVOT SHIFT

H. MATSUMOTO

From Keio University, Japan

The mechanism of the pivot shift was investigated by analysing movements under valgus torque in 29 fresh cadaveric knees. The movements were measured in three dimensions, using biplanar photography, when all the ligaments were intact, and then after the ligaments were sequentially divided.

When only the anterior cruciate ligament was sectioned, the pivot shift occurred in seven out of 20 knees examined. In the other 13, though the pivot shift was not observed, an abnormal internal rotation occurred at between 10° and 50° of flexion.

Division of the iliotibial tract in addition to division of the anterior cruciate ligament stopped the pivot shift, as the tibia remained internally rotated throughout the range of flexion.

The axis of rotation of the pivot shift was located at the medial collateral ligament, which was kept tight by the applied valgus torque.

The sudden movement in the pivot shift was caused by a complex interaction between the geometry of the knee and the valgus torque applied.

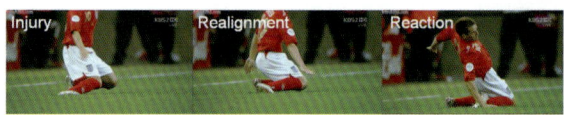

그림 9-27. Matsumoto, H. (1990). "Mechanism of the pivot shift." J Bone Joint Surg Br 72(5): 816-821)

Fig. 10

Effect of the valgus torque on the knee: A compressive force on the lateral tibial plateau and a tensile force in the MCL, result in an internal rotatory torque about the MCL. LFC = lateral femoral condyle.

Fig. 12

Figure 11 - Constraints on internal rotation of the tibia about the MCL: ACL at about 30° of flexion and ITT at flexion angles greater than 30°. Figure 12 - Mechanism of the pivot shift: the anteriorly subluxed lateral tibial plateau relocates suddenly, when a reducing force applied by the ITT becomes greater than the resistance exerted because of the geometry of the condyles.

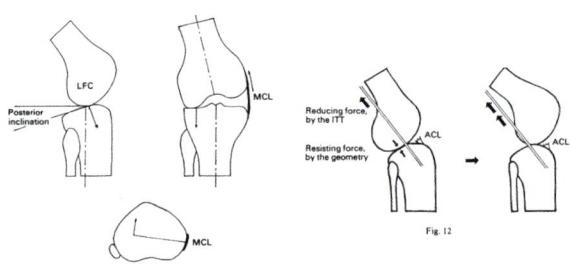

그림 9-28. Axis of rotation in valgus loaded knee(좌)
그림 9-29. Geometry of LTC(우)

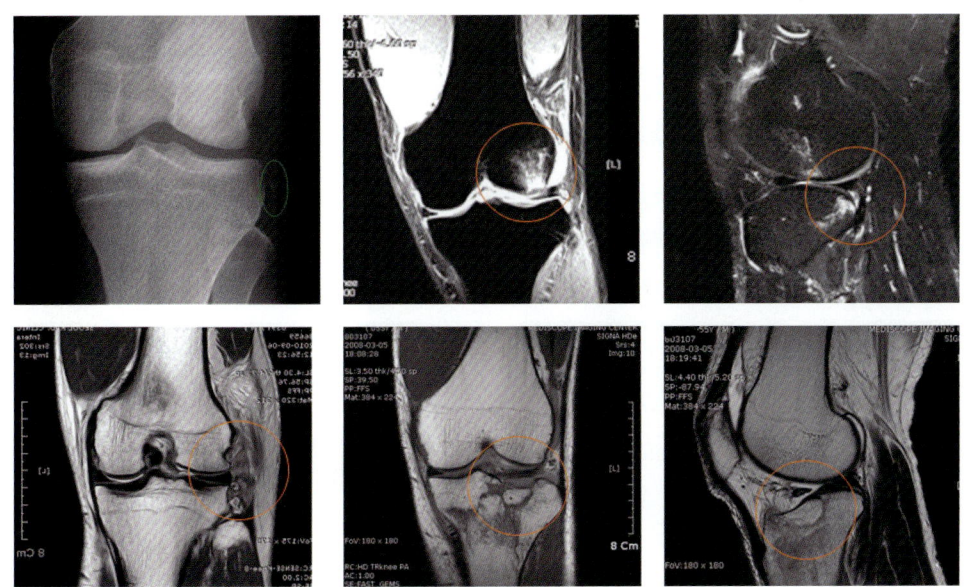

그림 9-30. Tibial IR injuries

력을 순간적으로 증가시키는 데 기여한다(그림 9-28, 9-29).

　현재까지의 사체 실험 결과는 회전력만으로는 전방십자인대 손상을 일으킬 수 없으며, 대퇴사두근 수축으로 인한 전방 전위력의 역할도 회의적이지만, 이 실험 결과는 슬관절에 순간적으로 외반력 및 강력한 체중 부하가 걸리면 훨씬 더 큰 내회전력과 전방 전위력이 복합적으로 작용할 수 있다는 것을 시사한다. 여기에 대퇴골이 순간적으로 반대 방향으로 회전하는 역회전력이 걸리면 더욱 가능성이 커진다. 현재 'pivot shift phenomenon'은 전방십자인대가 파열된 후 슬관절에서 발생하는 '병태(pathology)' 현상으로 알려져 있고 마쯔모토의 실험 역시 그 현상을 설명하려는 의도였지만, 비디오 분석과 연관하여 자료들을 종합해 보면 'pivot shift phenomenon' 자체가 부상 기전일 가능성이 매우 높다.

　pivot shift 현상에서 벌어지는 경골 외과의 전내측 아탈구는 대퇴골 외과가 경골 외과의 후면에 닿을 정도까지 밀려 나오는데, 이는 전방십자인대 파열 환자의 MRI에서 자주 관찰되는 'kissing lesion(대퇴골 외과 sulcus 부위와 경골 외과 rim 부위에 동시에 발생하는 골 좌상 소견)'과 일치한다. 전방십자인대 파열과 자주 동반되는 외측 반월상연골판 후각부의 'beak tear'와 'segond fracture(경골 외과의 견열 골절)' 그리고 중장년층에서 전방십자인대 손상 대신 벌어지는 경골 외과의 함몰 골절도 모두 비슷한 '경골 내회전 기전'으로 설명할 수 있다(그림 9-30).

　2011년 일본에서 열린 한일 축구협회 의무분과 교류 세미나에서 만난 마쯔모토 박사와 긴 이야기를 나

그림 9-31. Dr. Matsumoto and Me

누었다. 필자는 전방십자인대 손상 기전을 공부하는데 중요한 단서를 제공해 준 훌륭한 연구에 경의를 표하였고, 그는 필자의 의견에 전적으로 동의한다는 이야기를 하였다(그림 9-31).

여기까지는 그라운드 스포츠에서 발생하는 전방십자인대 손상 기전에 대한 이야기였다. 다음은 스키장에서 전방십자인대가 어떻게 파열되는지 관찰해 보자.

제 10 장 전방십자인대 손상 기전
-스키-

10.1. The ACL injury in skiing

앞서 설명한대로 스키로 인한 전방십자인대 손상은 1970년대 말, 바인딩 및 스키화 기능 개선으로 인한 경골 골절의 감소 시기와 맞물려 급속히 증가하였다. 80~90년대를 거치면서 3배까지 증가했다가 2000년대 이후 약간 감소 추세로 돌아섰는데, 현재 전체 스키 부상의 17% 정도를 차지한다. MDBI(mean days be-

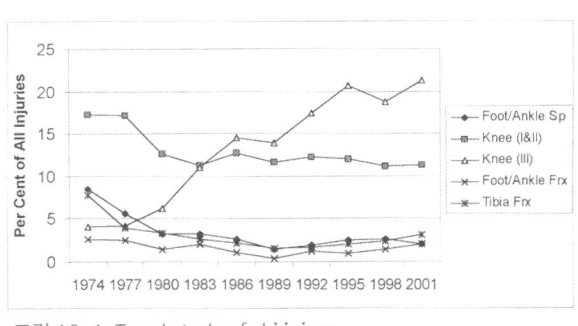

그림 10-1. Trend study of ski injury

tween injury)가 약 3000, 즉 3000일 정도 스키를 타면 누구나 한 번은 십자인대가 끊어진다는 이야기이다. 필자가 미국 연수 시절 인터뷰했던 경험에 의하면, 현역 레이싱 선수들의 20~30% 이상이 전방십자인대 손상을 경험한 환자였던 것으로 기억한다(그림 10-1).

그 동안 이를 줄여보고자 다양한 아이디어들이 출몰하였는데, 바인딩을 포함한 하드웨어의 개선을 통해 시도했던 노력들은 모두 수포로 돌아갔다. 현존하는 바인딩의 이탈 기능은 근본적으로 경골 골절의 부상 기전 및 임계력에 맞추어 개발되었기 때문이다. 미국 버몬트 연구팀이 90년대 초반 발표한 예방 교육 프로그램인 'ACL Awareness Program'도 실험상으로는 62%의 예방 효과를 증명하였지만 현장에서 실효를 거두기는 어려웠다. 결국 근 30년 이상을 스키 부상을 연구하고 있는 각국의 학자들도 대책을 세우지 못한 채 속수무책으로 지켜 보고 있는 상황이다.

'스키어의 골절'의 악명을 이어 받은 '스키어의 무릎', 즉 스키로 인한 전방십자인대 손상은 과연 스포츠 의학이 해결할 수 없는 '원초적 위험(inherent risk)'일까?

10.2. The mechanisms of the ACL injury in skiing

스키로 인한 전방십자인대 손상 예방의 실마리가 풀리지 않는 결정적인 이유 역시, 그라운드 스포츠와 마찬가지로 아직 손상 기전을 규명하지 못했기 때문이다. 버몬트 그룹이 주장한 'phantom foot mechanism'이 주요 부상 기전으로 인용되지만, 비디오 관찰을 통한 추정이지 실험적 검증을 거치지 않은 가설 중 하나이다.

부상 기전 연구에 중요한 단서를 제공하는 비디오 연구 분야에서도 스키는 뒤쳐져 있다. 축구, 농구, 핸드볼 등의 그라운드 종목은 방송사의 협조 하에 양질의 부상 비디오를 비교적 쉽게 구할 수 있는 반면, 스키의 경우 방송 중계 된 레이싱 경기 중에 발생한 부상은 움직임의 속도가 너무 빨라서 관찰하기가 어렵다. 그나마 일반인에 의해 우연히 촬영된 부상 비디오가 간혹 입수되는데, 연구용으로 사용하기에는 적합하지 않은 경우가 대부분이다. 버몬트 그룹이 80년대에 8년 간 비디오 연구용으로 모은 비디오가 불과 10예 정도였으니, 지금은 많이 여건이 좋아졌다 하여도 여전히 스키는 비디오 연구가 어려운 종목에 해당된다.

이런 이유에서 스키로 인한 전방십자인대 손상 기전은 부상 당한 환자의 인터뷰를 통해 기술한 내용을 토대로 추정하고 있는데, 요약하자면 다음 네 가지 정도의 부상 기전이 알려져 있다.

그림 10-2. Valgus-external rotation mechanism

그림 10-3. Hyperextension mechanism

그림 10-4. Boot induced mechanism

그림 10-5. Phantom foot mechanism

1. 외전-외회전 기전(그림 10-2)

한쪽 스키 팁의 내측 날이 눈에 걸려 앞으로 넘어지면서 경골에 외회전력이 걸려 발생하는 기전. 내측측부인대-전방십자인대 순서로 끊어진다. 기문이나 모글에 걸리는 경우가 해당된다.

2. 과신전 기전(그림 10-3)

양쪽 스키 팁이 겹쳐지면서 팁 근처의 외측 날이 눈에 걸리거나, 뒤로 미끄러져 내려오면서 꼬리의 내측 날이 눈에 걸리며 발생하는 기전. 주로 초보자들에게 발생한다. 슬관절 과신전 상태에서의 경골 내회전시에는 전방십자인대가 절흔(notch)에 걸리면서 적은 외력에도 끊어질 수 있다.

3. 스키화 기전(그림 10-4)

점프 후 중심을 뒤로 잃었을 때 스키의 꼬리 부분으로 착지하며 발생하는 기전. 슬관절 완전 신전 상태에서 스키화의 후면이 장딴지를 앞으로 밀어 전방 전위력이 발생하고, 동시에 대퇴사두근의 강력한 수축이 가세하여 전방십자인대가 끊어진다.

4. 유령발 기전(그림 10-5)

뒤로 중심을 잃고 뒤로 주저 앉는 상황에서 스키 꼬리 부분의 내측 날이 눈에 걸리고, 이때 과굴곡된 슬관절에 경골이 내회전을 일으켜 전방십자인대가 끊어지는 기전.

그런데 전체 스키 부상의 시대적 변화를 자세히 살펴보면, 근래에 내측측부인대의 부분 파열을 의미하는 1~2도의 슬관절인대 손상은 줄어든 대신 3도의 전방십자인대 완전 파열이 늘었음을 알 수 있다. 장비의 변화를 겪으면서 부상 기전이 달라졌음을 시사하는 소견이다.

이중 1, 2의 기전은 과거에도 꾸준히 발생해왔던 형태이다. 1980년대 이전에 보고된 연구 자료들에 의하면, 하지의 외회전을 슬관절인대 손상의 가장 중요한 외력으로 보았다. 'forward-twisted type fall' 즉, 스키 팁이 벌어지며 앞으로 넘어질 때 주로 발생하는데, 외전-외회전력에 의해 일단 내측측부인대 손상이 발생하고, 이어 외회전이 계속되면 전방십자인대가 파열된다. 그리고 이런 기전의 전방십자인대 손상은 바인딩 이탈 기능이 향상되고 표준화되면서 경골 골절과 함께 줄어들었다.

반면 'phantom foot mechanism'은 80년대에 들어오면서 늘어난 새로운 부상 형태로서, 이러한 신종 부상이 대두한 이유 역시 장비의 변화 때문이었다.

60년대 초반 플라스틱 스키화가 등장한 이래 70년대 초반까지는 여전히 스키화의 목(cuff)이 족관절 보다 조금 위로 올라온 정도였다. 이 상태에서는 넘어지면서 발생한 회전력이 장딴지에 집중되어 경골 골절이 주로 발생하였다. 하지만 이런 장비가 슬관절에는 오히려 더 안전했다고 볼 수 있는데, 목이 낮은 스키화 안에서는 족관절을 움직일 수 있고, 때문에 중심을 잃고 넘어지면 족관절이 꺾이면서 신체의 무게 중심이 스키로부터 멀어지기 때문이다. 그 결과 엣지 그립이 풀리며 스키가 미끄러져 내려가 버린다. 결과적으로 갑작스럽게 엣지가 걸리는 'catching' 현상에 이어 발생하는 슬관절 부상은 많지 않았던 것이다.

하지만 70년대 중반 이후 견고해진 스키화의 목이 장딴지를 감쌀 정도까지 높아지자 부상의 양상이 달라졌다. 스키화가 스키의 연장선처럼 작용하여 긴 지렛대처럼 무릎을 비트는 상황이 되어버린 것이다. 목이 낮은 스키화를 착용했을 때와는 달리 이 경우에는 균형을 잃고 뒤로 주저 앉더라도 플라스틱 스키화가 족관절을 잡아주기 때문에 무게 중심이 스키에서 크게 멀어지지 않는다. 그 결과 엉덩이가 무릎 이하로 내려가 중심을 벗어나는 시점부터 산 아래쪽 스키의 꼬리에 내측 엣지가 걸리고, 이후 스키는 몸의 주행 방향과는 다른 방향으로 진행하면서 슬관절에 내회전을 일으켜 전방십자인대가 끊어진다. 이것이 'phantom foot mechanism' 이론이다.

1970년대 초반부터 계속 스키 부상의 경향을 추적해 오던 미국 버몬트 그룹은 1980년대 이후 급격히 증가한 전방십자인대의 손상이 기존의 손상 기전과는 다른 형태라고 규정짓고, 8년간 수집한 비디오 자료를 토대로 전방십자인대의 새로운 손상 기전을 정리하여 1990년대 중반 이 내용을 발표하였다. 당시에는 비교할 만한 선행 연구가 없었고, 발표 당시 이미 전향적 간섭 연구에 의한 예방 효과까지 증명을 한 획기적인 내용이었기 때문에 아무도 반론을 제시할 여지가 없었다. 현재까지도 거의 모든 교과서 및 논문에는 'phantom foot mechanism'과 'boot induced mechanism'을 스키로 인한 전방십자인대 손상 기전의 정설로 인정하여 인용하고 있다.

이런 배경에는 존슨, 에트린져, 쉴리 등 3인방 연구팀이 똘똘 뭉쳐 40여 년을 한결같이 진행해 온 역학 조사에 대한 스포츠의학계의 경의 표시와 함께, 학문적인 논쟁이라면 결투도 마다하지 않을 이들의 공격적 성향도 한 몫을 하였다. 특히 'mad scientist'라고 불리는 칼 에트린져의 불 같은 성격은 사람들이 다른 의견을 이야기하기 조차 어렵게 만들었을 정도였다. 이런 연유에 버몬트 그룹은 스키 의학 분야의 마피아라 할 수 있을 정도의 절대적인 영향력을 행사해 왔다.

10.3. 양성철 프로 스키어의 전방십자인대 손상

1999년 존슨 박사와 교류 중, 내친 김에 아예 버몬트에 가서 원 없이 스키나 타다 오자는 계획을 세워 실행에 옮겼다. 하루는 스키 타고 하루는 칼 에트린져의 산골짜기 연구실에 가서 작업 중인 부상 비디오를 보며 놀던 시절이었다. 항상 그렇듯이 눈이 엄청 내려서 길이 없어진 어느 날, 캐나다에서 소포로 비디오

그림 10-6. 양성철 프로스키어의 전방십자인대 파열

가 하나 날라 왔다. 휘슬러 스키장에서 강사로 활동 중이던 양성철 프로가 보내 온 전방십자인대 손상 비디오였다(그림 10-6).

현재 국가대표 데몬스트레이터 감독인 양성철 프로는 당시 캐나다 휘슬러 스키장에서 한국인 최초의 Level 4 자격 강사로 활동 중이었다. Level 4는 엄격하기로 소문난 캐나다 강사 등급 중 최상위로서, 'God of Ski'라고 불릴 정도의 소수 정예 자격이다. 이런 양 프로가 자신의 첫 상업용 스키 비디오인 '양성철의 파워스키'를 뉴질랜드에서 촬영하던 중 전방십자인대가 파열되어 캐나다에서 수술을 받았고, 재활 과정에 어려움을 겪다가 필자가 스키 부상 및 재활 트레이닝에 대해 공부하고 있다는 것을 알고는 도움을 청하려 자신의 부상 자료를 첨부하여 연락을 해 온 것이었다.

양 프로의 부상 장면은 고속의 시합 중이나 홈 비디오로 우연히 촬영된 것이 아니고 고화질 장비를 이용한 계획된 촬영이었기 때문에, 스키 부상 장면으로서는 드물게 전 부상 과정을 생생히 보여주고 있었다. 파우더 설질에서 넘어져 미끄러지던 중 발생한 비교적 저속에서의 부상이었고, 더구나 하늘에서 내려다보는 각도로 촬영되어 운동학적 관찰을 하기에 더할 나위 없이 좋은 자료였다. 만일 아카데미상에 전방십자인대 손상 비디오 분야가 있다면, 그라운드 스포츠 쪽에서는 마이클 오웬의 부상 장면, 스키 쪽에서는 단연 양성철 프로의 부상 장면이 수상 대상일 것이다.

스키 타고 비디오 보며 시간 보내는 것이 일이었던 시절이었기 때문에 이 자료를 무한정 반복해서 보았다. 물론 존슨, 에트린져와도 같이 여러 번 보았는데, 이미 부상 기전에 대한 결론을 내린 이후여서인지 기존에 입수했던 비디오들보다 훨씬 좋은 자료였음에도 불구하고 생각보다 반응이 차분하다는 생각을 했었다. 존슨과 칼은 phantom foot mechanism을 일으키기 위한 6가지 조건 중에 슬관절의 굴곡 각도가 크지 않고 'hips below the knee' 항목에 맞지 않음을 언급하였으나, 변형된 기전의 일종으로 이해하고 지나가버렸다. 국내에 돌아와서도 수소문하여 스키로 인한 전방십자인대 부상 장면을 몇 개 더 입수했지만 쓸 만한 자료가 거의 없어서 비디오 연구를 더 진행할 수 없었다.

그리고 시간이 흘러갔다.

그림 10-7. Phantom foot mechanism에서 설명하는 부상 순간

그림 10-8. 스키와 그라운드 스포츠 간의 손상 순간 비교

그림 10-9. 1959년 미국 외과 학회지에 실린 스키 부상 기전 그림

10.4. 스키 / 그라운드 스포츠 간의 손상 기전 비교

스키 비디오에 다시 관심을 갖게 된 계기 역시 축구 선수 마이클 오웬의 전방십자인대 손상 비디오를 접한 이후였다. 다수의 그라운드 스포츠 부상 장면들을 관찰하면서 부상 기전에 대한 이해가 깊어졌고, 여기에 재정비된 비디오 분석 체계로 과거에 수집했던 스키 부상 장면들을 다시 꺼내 보기 시작하였던 것이다. 같은 비디오였지만 이전과는 다른 시각으로 관찰할 수 있었다.

버몬트 연수 시절, 그들이 모은 비디오들을 반복 시청하며 'phantom foot mechanism'을 이해하려고 노력하면서도 좀 석연치 않은 부분이 있었다. 그 동안 내 자신이 쇄골 분쇄 골절, 척추 골절, 내측측부인대 파열, 관절순 파열 등의 부상을 경험한 환자로서 스키장에서 수도 없이 넘어져 보았지만, 'phantom foot mechanism'과 같은 상황, 즉 '엉덩이로 주저 앉아 쪼그린 자세에서 스키 꼬리가 걸려 경골이 내회전을 일으키는 상황'이 현실적으로 감이 잘 오지 않았던 것이다. 하지만 당시에는 "정말 그 자세가 나왔다면 나도 전방십자인대가 파열되었겠지."는 식으로 생각하고는 넘어가 버렸다(그림 10-7).

머리를 비우고 새로운 관점에서 다시 비디오를 보면서 몇 가지 중요한 사실이 정리되었는데, 분명한 것은 스키도 그라운드 스포츠와 마찬가지로 모든 문제가 발이 지면에 순간적으로 고정되면서부터 시작된다는 것이었다(foot catching). 또 연속 사진을 추출하여 벌어지는 일련의 동작을 관찰해 본 결과, 놀랍게도 그라운드 스포츠 부상에서의 연속 동작과 크게 다르지 않았다. 특히 부상 순간으로 추정되는 장면을 비교해 보면 각 신체 분절의 운동학적 위치는 거의 동일하다는 것을 알 수 있다(그림 10-8).

내친 김에 스키 부상 기전에 대해 언급한 과거 논문들의 인터뷰 내용을 다시 복습해 본 결과, 여러 곳에서 그라운드 스포츠에서 손상 발생의 중요한 계기로 보는 '외반 붕괴(valgus collapse)' 현상과 유사한 표현들을 발견할 수 있었다(그림 10-9).

물론 두 종목 간에 약간의 차이는 있는데, 그라운드 스포츠에서는 발의 접지 순간 거의 바로 지면과 고정되지만(catching), 바닥이 경사면이면서 동시에 미끄러운 설면인 스키는 접지 이후에도 고정되기 전까지 상당 시간 동안 미끄러짐이 발생하기 때문에 상대적으로 넓은 보폭(wide stance)에서 부상이 발생하는 점이다. 보폭이 넓은 자세에서 '외반 붕괴 현상(valgus collapse)'이 발생하면 슬관절의 외측, 즉 외측 반월상연골판에 더 큰 압박력이 가해진다. 이는 스키로 인한 전방십자인대 파열의 외측 반월상연골판 동반 손상 비율이 그라운드 스포츠보다 높다는 사실을 설명할 근거가 된다(그림 10-10).

그림 10-10. Foot catching in wide stance

최근에는 동계 아시안게임 은메달리스트인 양우영 프로의 석사 논문을 도와서 전방십자인대가 파열된 현역 프로 스키어들의 인터뷰 스터디를 진행하였다. 마치 바둑 프로기사들이 대국의 전 과정을 줄줄이 암기하여 복기하듯이 프로 스키어들은 자신의 부상 순간을 정확하고 세밀하게 묘사해낸다. 그리고 이들 중 다수가 인대가 파열되기 전 "산 아래쪽 스키가 아웃 엣지를 먹고, 이어서 슬관절이 안쪽으로 꺾였다"는 표현을 하였다. 역시 그라운드 스포츠에서 벌어지는 외반 붕괴 현상과 유사한 상황이다.

신앙처럼 받들어 모시던 나의 사부, 버몬트 그룹의 'phantom foot mechanism' 이론에 대한 믿음에 금이 가기 시작하였다.

10.5. 오슬로 그룹의 비디오 연구와 버몬트 그룹의 오류

스키 부상 기전에 대해 그 동안 갖고 있던 생각이 근본적으로 흔들리던 2011년, 노르웨이 'Oslo Trauma Research Center' 팀이 스키로 인한 전방십자인대 손상의 비디오 연구 결과를 발표하였다. 이들은 IOC, FIFA, FIS 등 단체의 조직적인 지원 하에 다국적 연구진들로 팀을 구성하여 체계적인 비디오 분석과 역학 연구를 주도하고 있는 스포츠의학계의 떠오르는 주축 세력이다.

알파인 스키 경기 중 발생한 전방십자인대 손상 20예의 비디오를 분석한 연구에서 이들은 손상 기전을 3가지 유형으로 분류하였는데 다음과 같다(출처: Bere, T., T. W. Florenes, et al. (2013). "A systematic video analysis of 69 injury cases in World Cup alpine skiing." Scand J Med Sci Sports.).

1. Slip-catch(그림 10-11)

    20예 중 10예에 해당되어 가장 흔한 것으로 추정. 회전 후반 미끄러짐이 발생한 상태에서 산 아래 쪽 스키를 내어 미는 순간 갑작스런 엣징이 일어나고, 이어 슬관절이 외반 상태에서 경골의 내회전에 의해 전방십자인대가 파열되는 기전.

2. Dynamic snow plow(그림 10-12)

    20예 중 3예에 해당. 회전 초반 중심을 뒤로 잃은 상태에서 발생. slip and catch 기전과는 달리 엣지 그립을 잃은 산 아래쪽 스키가 아니고 체중이 실린 산 위쪽 스키의 슬관절이 외반 위치로 갑자기 전환

그림 10-11

그림 10-12

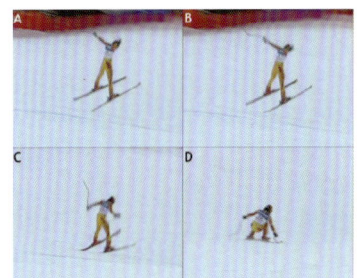

그림 10-13

되면서 경골 내회전에 의해 전방십자인대가 파열된다.

3. Landing back weighted(그림 10-13)

20예 중 4예에 해당. 점프-착지 과정에서 뒤로 중심을 잃은 경우 발생. 스키 꼬리 부분이 설면에 먼저 닿으면서 완전 신전된 슬관절에 스키화의 후면이 장딴지를 앞으로 밀어 순간적으로 강력한 전방 전위력이 걸리고, 여기에 강력한 사두근의 수축이 가세하여 전방십자인대가 끊어진다.

이 중 landing back weighted mechanism은 기존에 알려진 boot induced mechanism과 동일하게 보면 되지만 1, 2의 기전은 기존의 phantom foot mechanism과 경골 내회전이라는 것만 일치할 뿐 나머지 운동학적인 요소는 현저히 다르다. 특히 인대 파열의 시점이 넘어지기 전이거나 혹은 넘어지지 않고도 발생한다고 보아서, 엉덩방아를 찧듯이 넘어진 후(hips below the knee) 슬관절의 과굴곡 상태에서 인대 파열이 일어난다는 버몬트 그룹의 주장과는 큰 차이를 보이며, 오히려 그라운드 스포츠에서의 부상 기전과 비슷한 운동학적 패턴을 보이고 있다.

이 논문은 온라인을 통해 자료로 사용한 부상 비디오를 공개하였는데, 이 비디오를 추가로 시청하면서 나는 'phantom foot mechanism'의 오류에 대해 확신하게 되었다.

'부상 순간(injury moment)'을 잘 못 잡았던 것이다.

'Phantom foot mechanism' 이론은 전방십자인대 파열의 전제 조건으로 다음 6 가지 선행 동작이 충족되어야 하므로, 파열되기 직전에는 그림과 같은 자세가 나온다고 하였다(그림 10-14).

1. 산 위쪽 팔을 뒤로 짚고 넘어진다.
2. 균형이 뒤로 무너져 있다.
3. 엉덩이가 무릎 아래로 위치한다.
4. 산 위쪽 스키는 체중이 실려있지 않다.
5. 체중이 산 아래쪽 스키 꼬리 부분의 내측 날에 집중되어 있다.
6. 상체는 산 아래쪽을 향한다.

그림 10-14. Phantom foot mechanism

이는 오슬로 그룹이 'slip-catch mechanism'으로 본 것과 사실상 동일한 기전의 손상을, 인대 파열 시점을 너무 늦게 잡음으로 인해 잘못 해석한 것으로 보인다. 실제 버몬트 그룹이 'phantom foot mechanism'을 규명하는데 자료로 사용한 비디오를 다시 자세히 관찰해 본 결과, 넘어지기 전 이미 슬관절이 '외반 붕괴(valgus collapse)'에 해당하는 자세로 꺾이는 장면을 확인할 수 있었다. 그리고 전제 조건 중 '팔을 뒤로 짚는 동작'과 '엉덩이가 무릎 아래로 내려가는 자세'는 이미 전방십자인대가 파열된 후 부상자가 취하는 반사 행위로 보아야 한다.

전방십자인대 파열 후 부상자는 내회전에 의한 'pivot shift' 현상으로 탈구를 일으킨 경골 외과를 제자리로 돌려 놓기 위해 여러 가지 반사 동작을 취하는데, 크게 2 가지로 나뉜다.

1. 몸을 뒤로 젖혀 고관절을 신전시킴으로서 대퇴골을 내회전시켜 재정렬시키는 동작.

2. 접지된 발을 들어 올려 경골을 외회전시켜 재정렬 시키는 동작.

스키의 경우는 두 가지 반사 동작 중 대부분 1의 형태로 일어난다. 긴 스키에 체중이 실려 에지를 뺄 수 없기 때문이다. 결국 몸을 뒤로 젖히는 순간 스키가 앞으로 튀어 나가던지 다리 전체를 크로스오버시켜 아래 쪽으로 넘기는 동작을 취한다(그림 10-15).

그림 10-15. 스킹으로 인한 전방십자인대 파열 후 반사 동작

반면 그라운드 스포츠 중에는 2의 동작도 종종 볼 수 있는데, '외반 붕괴'에 이은 인대 파열 후 반대편 발에 체중이 남아있는 경우, 부상이 일어난 발을 들어 올려 재정렬시키는 반사 행위를 취한다. 테니스 등 사이드 스텝을 자주 사용하는 종목에서 이동 방향과 반대측 슬관절에 부상이 일어나는 변형된 기전에도 비슷한 경우를 관찰할 수 있다(그림 10-16).

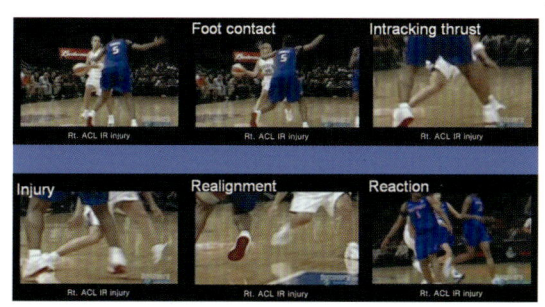

그림 10-16. 농구로 인한 전방십자인대 파열 후 반사 동작

'Phantom foot mechanism'과의 차이에 대해 오슬로 그룹은 논문 말미에서 자신들의 연구가 엘리트

스키어를 대상으로 했기 때문에 레저 스키어들의 부상을 대상으로 분석한 버몬트 그룹의 연구 결과와 차이가 생겼을 것이라고 부언 설명하였다. 하지만 프로와 아마추어의 기술적 차이가 전혀 다른 부상 기전을 일으킨다는 것은 설득력이 없다. 이는 버몬트 멤버들의 성향을 잘 아는 오슬로 그룹이 버몬트 그룹의 주장에 문제가 있다는 심증을 갖고 있지만, 아직 확실히 반박할 근거가 부족한 상태에서 당분간 정면 충돌을 피하기 위해 취한 꼼수일 가능성이 높다. 아직 직접적인 반론을 제시하지 않고 있는 오슬로 그룹도 그 동안 발표한 자료를 통해 유추해 보건데 이런 내용을 어느 정도는 파악하고 있으리라 예상이 되며, 조만간 증거를 더 수집하여 검증한 후 버몬트 그룹의 의견을 공식적으로 반박하리라 본다.

한편 오슬로 그룹의 이론도 아직 여러 곳에서 문제점을 내포하고 있는데, 이들 역시 스키와 그라운드 스포츠의 부상 기전이 기본적으로 다르다는 전제 하에 연구를 진행하고 있다. 하지만 3 가지 부상을 자세히 비교해 보면 'slip-catch mechanism'은 양성철 프로의 부상 장면과 동일한 기전이며, 결국 마이클 오웬의 부상 장면 즉 '외반 붕괴(valgus collapse)'에 이은 경골 내회전'에 의한 그라운드 스포츠에서의 전방십자인대 손상과 근본적으로 동일한 기전으로 봐야 할 것 같다.

'Dynamic snow plow mechanism' 역시 변형된 '외반 붕괴' 현상으로 볼 수 있는데, 방향 전환 중 상체의 '선행 동작(anticipation)'이 너무 일찍 행해져 내어 딛는 스키에 체중 이동이 이루어지지 않은 경우, 따라오던 안쪽 스키에 체중이 실리면서 '외반 붕괴' 현상이 발생하는 기전이라고 할 수 있다. 사이드 스텝에 이은 방향 전환이 반복되는 테니스 종목에서도 비슷한 기전의 전방십자인대 파열 예를 관찰할 수 있다(그림 10-17). 필자의 의견은 'landing back weighted mechanism' 까지도 시작 행위가 '회전', '착지' 등으로 약간 달라서 그렇지 직접적으로 전방십자인대 파열에 이르는 기전은 동일하게 '외반 붕괴에 이은 경골 내회전'에 의한 것이라는 생각이다. 더 나아가서는 스키, 그라운드 스포츠를 막론하고 심지어는 신체 접촉으로 시작된 전방십자인대 손상의 경우까지도 포함하여, 모든 전방십자인대 손상의 기본 메커니즘은 동일하다는 것이다. 앞으로 이에 대한 검증 작업이 이어져야 할 것이다.

그림 10-17. 테니스 스텝 중 발생한 전방십자인대 손상의 변형 기전

10.6. 나의 배신

버몬트 대학 정형외과 교수인 로버트 존슨은 내 '사부(master)'이시다. 같이 지낸 것은 2년 정도였지만 내 인생에 가장 큰 영향을 미친 분들 중 하나이다. 스키 부상 연구에 평생을 바친 그의 업적을 통해 스포츠 의학을 공부하고 실천하는 방법을 배웠다. 내가 가 본 곳 중 사람, 자연, 문화가 가장 잘 조화를 이룬 동네라고 생각하는 미국 동북부 버몬트에서 가족과 함께 생활하며 추억을 남길 수 있었던

그림 10-18. 닥터 존슨과 필자

것도 존슨 덕분이었다. 교수직을 그만 두고 온 개인 자격이었지만 미국 스포츠의학회(AOSSM) 회장을 지낸 존슨의 적극적인 추천 덕택에 여러 대가들을 찾아가 나름 환대를 받으며 수술과 이론을 배울 수 있었다. 귀국 후 여건 상 자주 찾아 뵐 수는 없었지만 항상 마음 속에 고마움을 간직하고 살아왔고, 기회가 되면 한국에 한 번 모시리라는 생각을 가지고 있다(그림 10-18).

그런 닥터 존슨에게 고민 끝에 배신을 고백하는 편지를 썼다.

70세의 노인이 된 존슨은 이제 수술 칼은 놓았지만 아직도 눈 덮인 버몬트 대학 연구실을 특유의 바쁜 걸음으로 한결같이 오가고 있고, 맨스필드 산 중턱 연구소에 파묻혀 사는 'mad scientist' 칼 에트린저도 괴팍한 성격 그대로라고 한다.

"장강후랑추전랑[長江後浪推前浪]". 장강의 뒷물결이 앞물결을 밀어내듯이 세상에 절대적인 것은 없으며, 변화와 함께 도도히 흘러갈 뿐이다.

※ 2013년 9월 필자는 버몬트 대학을 방문하여 Robert J Johnson, Bruce Beynnon 등의 연구진과 이 내용을 의논하였고, 전적인 동의 하에 phantom foot mechanism의 개정에 필요한 연구 작업을 같이 진행하기로 하였다. 이런 과정을 통해 수년 뒤에는 그라운드 스포츠와 스키를 모두 포함한 전방십자인대 손상 메커니즘이 규명되리라 믿고 있다.

제 11 장 스키 부상의 예방
-경골 골절-

11.1. 참여 스포츠와 관람 스포츠

많은 사람들이 스포츠에 열광하지만 직접 몸으로 스포츠를 즐기는 사람은 생각보다 많지 않다. 월드컵, 올림픽 국가대표 축구팀의 성공 이후에도 실제 운동장에 나가서 공을 차는 사람의 숫자는 크게 느는 것 같지 않다. 밤새워 TV 앞에서 선수들을 응원했다는 것만 가지고 진정한 스포츠맨이라고 할 수 있을까? 신체 활동이라는 본질을 즐기려는 자세 없이 스포츠를 접했을 때 그 승부에만 관심을 두게 되고, 때문에 승부에 실패한 선수나 감독에게 쉽게 등을 돌리는 것이 아닌가 싶다.

스포츠 행위를 '참여 스포츠(participation sports)'와 '관람 스포츠(spectator sports)'로 나눌 때, '참여 스포츠'야 말로 신체의 생리적 현상을 유발하는 진정한 의미의 운동이고, '관람 스포츠'는 참여 스포츠의 오락적 성격을 보조하는 수단일 뿐이다.

스키는 보는 사람보다 실제로 즐기는 사람이 훨씬 더 많은 전형적인 '참여 스포츠'이다. 관람 스포츠에서는 선수의 활약에 대리 만족을 얻고 선수의 부상에 안타까워하면 되지만, 참여 스포츠에서는 자신에게 직접 부상이 일어난다. 따라서 참여 스포츠를 진지하게 즐기기 위해서는 해당 종목의 부상 위험에 대해 알려진 내용을 익히고 대비하여야 하며, 그 과정에서 스포츠에 대한 애착도 깊어진다.

11.2. 스키 부상의 예방

치료 스포츠 의학의 궁극적인 목표는 다치기 전에 부상을 예방하는 것이다. 그런데 자세히 살펴보면 부상 예방과 관련되어 각 종목마다 여러 가지 내용들이 알려져 있음에도 불구하고, 과학적으로 그 효과가 검증된 것은 많지 않다.

예를 들어 스트레칭의 부상 예방 효과만 보더라도, 많은 사람들이 스트레칭의 중요성에 대해 언급하지만, 놀랍게도 스트레칭이 특정 부상을 줄였다는 전향적 연구 결과는 찾아보기 어렵다. 또 앞서 스키 헬멧의 '위안전감(false sense of security)' 효과에서 언급했다시피, 상식적으로는 인정되는 부분이 실제 상황에서는 원치 않은 역효과를 초래하는 경우도 많다. 그래서 부상 예방 작업은 스포츠 의학의 여러 전문 분야가 총 동원되어 오랜 시간에 걸쳐 접근해야 비로소 결과를 낼 수 있는, 스포츠 의학의 종합 예술이라고 할 수 있다.

스키는 부상에 해부학적, 생역학적, 생리학적, 장비, 환경적 요소 등 내외적인 다양한 원인 인자들이 복합적으로 관여하기 때문에 예로부터 스포츠 의학의 주요 관심 종목이었다. 그런 이유에서 부상을 줄여보고자 그 동안 여러 가지 아이디어들이 출몰하였다. 특히 장비를 많이 사용하는 종목이라 하드웨어적인 측면에서는 어느 종목보다도 다양한 시도가 이루어졌다고 볼 수 있다.

현재 스키 부상 중 타박상 등의 가벼운 부상을 제외하면 슬관절 부상, 수부 무지 부상, 견관절 부상, 경골 골절 등의 순서로 빈발한다. 그리고 부상 예방 작업은 이 중 가장 빈도가 높은 슬관절 전방 십자인대 부상과 경골 골절 두 가지에 초점이 맞

Table 2. Ranking of the 10 most common injuries. (1997/1998)

Downhill skiing injuries (n=548) 1997/1998

Injury	No.	% of all injuries
Knee sprain	167	21.5
Thumb sprain	93	12.0
Laceration	60	12.0
Shoulder soft tissue injury	47	6.1
Leg contusion	35	4.5
Trunk contusion	25	3.2
Upper extremity contusion	23	3.0
Tibia fracture	22	2.8
Ankle sprain	21	2.7
Knee contusion	19	2.5

그림 11-1. 부위 별 스키 부상 순위

추어져 있다. 전방십자인대 파열은 아직도 해결 방법이 오리무중이라서 그렇고, 반면 경골 골절은 그간의 노력 덕택에 예방할 수 있는 방법이 알려져 있는데도 지켜지지 않아서 빈발하기 때문이다(그림 11-1).

11.3. 스키어 골절의 예방과 바인딩

전방십자인대 손상을 막을 수 없는 태생적 한계를 지니고 있다고는 하지만 여전히 바인딩은 스키 안전의 핵심 장비이다. 바인딩의 기능 개선 및 표준화 작업 덕택에 90% 이상 줄었음에도 불구하고, 넘어질 때 바인딩이 풀리지 않아서 발생하는 경골 골절이 아직도 주요 스키 부상 중 하나이기 때문이다. 특히 뼈의 강도가 떨어져서 인대 부상보다 쉽게 골절이 발생하는 유소년의 경우 피해가 더 심해서 전체 부상의 약 5% 정도를 차지한다(그림 11-2).

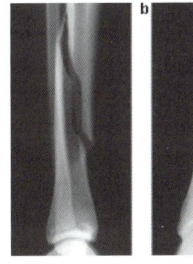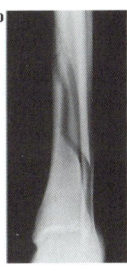

그림 11-2. Skier's fracture

따라서 적절한 바인딩 선택, 관리를 통한 경골 골절의 예방은 스키 부상 예방의 핵심 사업으로서 검증된 스키 기술자의 양성, 일반 스키어를 대상으로 한 홍보 등을 통해 꾸준히 노력하면 가시적인 효과를 거둘 수 있는 분야이다. 그 중에서도 가장 중요한 부분이 바인딩의 '이탈 강도 수치(binding release value, DIN)'를 표준에 맞게 조정하는 일인데, 주로 스키어들이 임의로 이탈 수치를 상향 조정한다는 점이 문제가 되고 있다(그림 11-3).

그림 11-3. Binding release value, DIN

특히 상급자 스키어들이 바인딩 이탈 수치를 무차별로 높여 조정하는 경우가 많다. 노르웨이의 스키 외상 전문가 안 에클란트(Arne Ekland MD)가 동계 올림픽에 참가한 스키 선수들을 대상으로 조사한 결과를 보면, 일반 레이서의 경우 약 45%, 모글 스키 등의 프리스타일 선수들은 92% 즉 대부분이 ISO 권장 이탈 수치보다 높게 조정하는 것으로 드러났다.

몰라서 다치거나 알면서도 지키지 않아서 다치는 '인재(人災)'가 아직도 스키장에서 없어지지 않고 있는 것이다.

11.4. 바인딩 이른 이탈의 원인

그렇다면 위험하다는데도 왜 스키어들은 바인딩 이탈 수치를 높여 조정하는 것일까?

레이서, 프리 스타일 스키어를 비롯한 상급자들이 바인딩 이탈 수치를 권장 수치보다 높게 조정하는 이유는 '이른 이탈(inadvertant release)' 즉 정상 스킹 중 바인딩이 풀려버리는 상황에 대한 우려 때문이다.

선수들은 경기 중 어떻게 해서라도 바인딩이 풀리는 일은 막아보자는 심정으로 이탈 수치를 올려서 조정한다. 표준 권장 수치는 높아야 8~9를 넘지 않는 신체 조건에서도 대부분 10 이상, 심지어는 14~16까지 올려 조정하는 선수들도 많다. 한편 일반 상급자들은 고속의 활강이나 고난이 동작 중에 바인딩이 풀려버리면 오히려 더 위험하다는 생각에 이탈 수치를 올린다. 실제로 고속 활강 중이나 모글 스킹 시에는 원치 않는 곳에서의 '이른 이탈'이 종종 일어나서 위험한 상황을 초래하곤 한다.

하지만 문제는 '이른 이탈'이 일어나는 이유가 대부분 '이탈 수치 조정'과는 상관이 없다는 점이다.

미국 버클리 대학 팀의 실험 연구에 따르면, 활강 경기를 비롯한 격렬한 스킹 동작 중에도 스키화-바인딩 사이에 발생하는 힘은 권장 바인딩 이탈 수치보다 훨씬 낮은 것으로 드러났다. 즉, 바인딩 이탈 수치 조정표에서 산출한 강도에 맞추고 활강 경기를 나가도 정상적인 동작 중에는 바인딩이 풀릴 일이 없다는 것이다.

그렇다면 이른 이탈이 일어나는 실제 이유는 무엇일까?

이른 이탈은 바인딩이란 기계의 기능적 한계로 인한 결과인데, 대표적인 두 가지 원인은 다음과 같다. 결론적으로 바인딩 이탈 수치와 이른 이탈은 관계가 없기 때문에, 이탈 수치를 아무리 올려도 이른 이탈은 여전히 일어나게 되어 있으며, 따라서 상향 조정할 이유가 없다는 것이다.

1. Flex effect

스키판은 가압시 지면과의 접촉 비율을 높이기 위해 평상시에는 중앙 부위가 솟아 있는 들림 구조로 되어있는데 이를 '캠버(camber)'라고 부른다. 이런 스키에 회전 중 하중이 가해지면 아래로 휘어 '역캠버(reverse camber)' 상태가 되고, 반면 가해졌던 하중이 빠지면 캠버가 돌아오거나 아니면 반발력에 의해 원

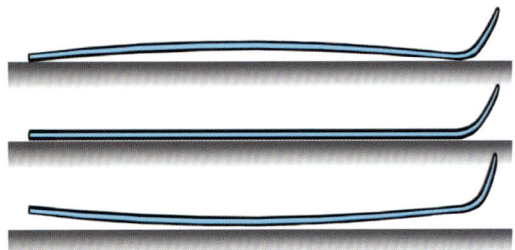

그림 11-4. Camber / Reverse camber

그림 11-5, 11-6. 스키의 휨과 바인딩의 이동

래 캠버보다 더 휘게 된다(그림 11-4).

이런 식으로 스킹 중 체중이 가해졌다 빠졌다 하면서 스키판이 출렁이는 동안 앞뒤 바인딩 사이의 거리가 변하는데, 체중이 실린 역캠버 상태에서는 뒤 바인딩이 뒤로 약간 물러나면서 앞뒤 바인딩 사이의 간격이 멀어졌다가, 하중이 빠져서 캠버 상태로 돌아오면 뒤 바인딩이 다시 앞으로 원위치하여 제간격으로 돌아온다. 이렇게 '뒤 바인딩이 물러났다가 앞으로 돌아오는 기능(forward pressure)'은 이탈 강도를 조정하는 스프링과는 별개의 스프링에 의해 조절되며, 자세히 보면 회사마다 'forward pressure' 강도를 조정하는 장치가 따로 있다(그림 11-5, 11-6 ,11-7).

정상 스킹 중에는 이 기능이 스키화를 바인딩 사이에 고정시켜 활주를 유지하게 해 준다. 하지만 뒤 바인딩이 앞으로 원위치하는 타이밍이 순간적으로 맞지 않으면 뒤로 물러난 스키화의 앞 쪽이 앞 바인딩으로부터 이탈되는데, 점프 등의 갑작스런 심한 리바운드 동작으로 인해 스키가 많이 휘어 뒤 바인딩이 이동 거리가 크거나, forward pressure가 부족하게 조정되어 스키화를 앞으로 밀어주는 힘이 약한 경우에 이런 식의 이른 이탈이 일어난다.

그림 11-7. Forward pressure adjustment function

뒤 바인딩의 'forward pressure'를 담당하는 스프링은 이탈 강도를 조정하는 스프링과는 별개이기 때문에, 'flex effect'에 의한 이른 이탈은 바인딩 이탈 수치를 아무리 높여도 발생한다.

2. Bow effect

이 현상은 모글이나 파우더 스킹처럼 스키 앞쪽이 눈에 부딪힐 때 발생하는 이른 이탈을 설명하는 기전이다.

뒤 바인딩의 수직 이탈 기능은 지렛대의 원리로 보았을 때 스키화 앞 부분을 받침점으로 가정해서 산정된 수치를 기준으로 작동한다. 그런데 스키가 모글이나 파우더처럼 눈 더미에 부딪힐 때에는 스키의 앞 부분이 위로 휘어 지렛대의 받침점 역할을 하게 된다. 그 결과 작용점과 받침점 사이의 거리가 길어지며, 이 때 엎친 데 덮친 격으로 스키어가 중심이 앞으로 쏠리면 설정된 이탈 강도보다 훨씬 큰 힘이 뒤 바인딩에 작용하여 수직 이탈이 일어나게 된다.

이외에도 여러 가지 이유로 이른 이탈이 일어날 수 있지만, 대부분 바인딩 이탈 수치와는 무관한 기계 시스템 자체의 문제이기 때문에, 이른 이탈이 걱정되어 바인딩 이탈 수치를 높여보았자 골절의 위험성만 증가하고 이른 이탈은 여전히 발생한다는 것이다. 실제 바인딩 이탈 수치를 극단적으로 높게 조정하는 경향이 있는 프리스타일 스키어들에게는 경골 골절의 빈도가 훨씬 높은 것으로 조사되고 있다.

결론적으로 상급자 및 선수들이 이탈 수치를 높여 조정하는 것은 본인 자유이지만, 이른 이탈은 기술적으로 해결해야 할 문제이지 바인딩 수치를 탓 할 일이 아니라는 것이다. 특히 일반 스키어들은 상향 조정할 이유가 전혀 없으며 특히 골 강도가 떨어져서 경골 골절이 쉽게 발생하는 15세 미만의 유소년들은 표준 수치를 더욱 철저히 지켜야 한다. 그래서 최근에는 유소년들의 권장 이탈 수치를 더 낮추자는 의견이 지지를 얻고 있다.

11.5. 바인딩 이탈 강도 수치 조정(Adjustment of binding release value)

그러면 실제 바인딩 이탈 수치를 산정하고 조정하는 방법을 알아보자. 스키 선진국들은 스키 장비에 대한 표준을 정하여 생산자들이 그 기준에 맞추고 관리하도록 권장하는데, 바인딩의 이탈 강도에 대해서는 ISO(International Standard Organization) 및 ASTM(American Society of Testing Material)에서 정한 표준을 따르고 있다. 회사마다 다른 모양의 표를 배포하지만 같은 표준을 따르고 있기 때문에 내용은 같다(그림 11-8).

Release/Retention Adjustment Table

kg/lbs	cm/Ft'In"	SKIER CODE	a-n RENTAL ≤250	o-s A-B 251-270	t-x C-G 271-290	y-z H-L 291-310	SINGLE CODE M-Q 311-330	SINGLE CODE R-Z ≥331	Mz Nm	My Nm
									5	18
10-13 kg 22-29 lbs		A	0,75	0,75					8	29
14-17 kg 30-38 lbs		B	1,00	1,00	0,75				11	40
18-21 kg 39-47 lbs		C	1,50	1,25	1,00				14	52
22-25 kg 48-56 lbs		D	1,75	1,50	1,50	1,25			17	64
26-30 kg 57-66 lbs		E	2,25	2,00	1,75	1,50	1,50		20	75
31-35 kg 67-78 lbs		F	2,75	2,50	2,25	2,00	1,75	1,75	23	87
36-41 kg 79-91 lbs		G	3,50	3,00	2,75	2,50	2,25	2,00	27	102
42-48 kg 92-107 lbs	≤148 cm ≤4'10"	H		3,50	3,00	3,00	2,75	2,50	31	120
49-57 kg 108-125 lbs	149-157 cm 4'11"-5'1"	I		4,50	4,00	3,50	3,50	3,00	37	141
58-66 kg 126-147 lbs	158-166 cm 5'2"-5'5"	J		5,50	5,00	4,50	4,00	3,50	43	165
67-78 kg 148-174 lbs	167-178 cm 5'6"-5'10"	K		6,50	6,00	5,50	5,00	4,50	50	194
79-94 kg 175-209 lbs	179-194 cm 5'11"-6'4"	L		7,50	7,00	6,50	6,00	5,50	58	229
≥95 kg ≥210 lbs	≥195 cm ≥6'5"	M			8,50	8,00	7,00	6,50	67	271
		N			10,00	9,50	8,50	8,00	78	320
		O			11,50	11,00	10,00	9,50	91	380
									105	452
									118	540

그림 11-8. 바인딩 이탈 수치 조정 표

(예)

남자/30세

키 : 170cm

몸무게 : 65kg

스키화 바깥 껍질 길이(boot sole length) : 300cm

스키어 분류(skier type) : 제 2형 스키어(type II skier)

● 참고 : 스키어 분류 (skier type)

 : 실력의 구분이 아니고, '스킹 스타일'을 스키어 자신이 분류하는 방법이다.

제 1형 스키어(Type I skier)

- 조심스럽게 스키를 타는 스키어(ski conservatively).
- 저속 스킹, 중-하급자 경사를 선호하며 '이른 이탈'이 일어나더라도 평균 보다 낮은 수치로 조정하길 원하는 스키어.
- 자신을 분류하기 어려운 초보자에게 주로 적용된다.

제 2형 스키어(Type II skier)

- 적당히 즐기는 스키어(ski moderately)
- 다양한 스피드와 지형을 즐기고 가끔은 아주 어려운 코스에서도 타는 스키어.
- 제 1,3형 스키어에 해당되지 않는 모든 스키어.

제 3형 스키어(Type III skier)

- 공격적으로 타는 스키어(ski aggressively).
- 고속으로 질주와 급경사면을 선호하고, 평균 보다 높은 수치로 조정하길 원하는 스키어.

Step 1. 체중과 키를 이용한 스키어 코드(skier code) 설정. (그림 11-9)

- 몸무게(65kg)는 스키어 코드 'J'에 해당된다.
- 키(170cm)는 스키어 코드 'K'에 해당된다.

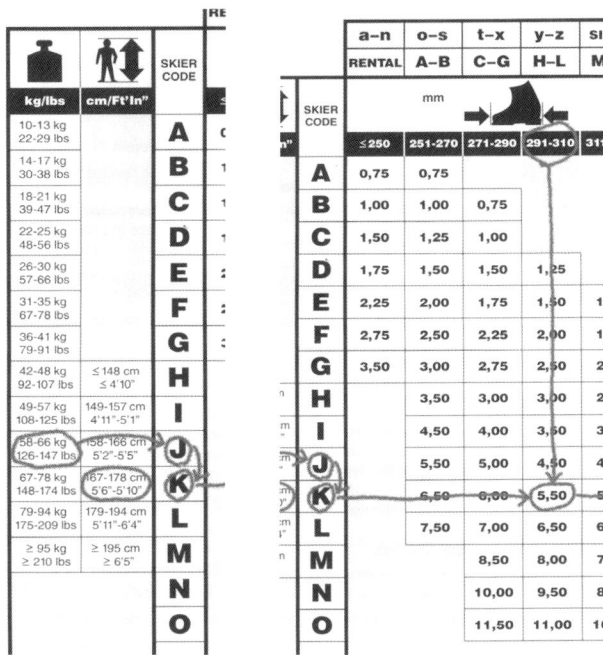

그림 11-9   그림 11-10

- 키와 몸무게의 코드가 다른 경우에는 표의 위 쪽에 해당되는 낮은 코드를 택한다.

  이 스키어의 코드는 'J'

Step 2. 스키어 분류에 따른 코드 조정.

- 이 표의 기본은 제 1형 스키어를 대상으로 표시되어 있다.

- 제 2형 스키어는 아래로 한 칸, 제 3형 스키어는 아래로 두 칸 내려 상향 조정한다.

- 단, 키가 표시되어 있지 않은 위의 빈 7칸에 해당되는 저 체중, 저 신장(주로 어린이)에 해당되는 스키어는 제 3형 스키어이더라도 1칸만 내린다.

  한 칸 내려서 이 스키어(제 2형)의 조정된 스키어 코드는 'K'.

Step 3. 나이에 따른 코드 조정.

- 나이가 50 이상인 스키어는 한 칸 올린다.

  이 스키어(30세)는 상관없으므로 최종 스키어 코드는 'K'.

Step 4. 스키어 코드와 스키화 길이를 이용한 이탈 강도 결정(그림 11-10)

- 스키어 코드와 스키화 길이를 이용하여 최종 '이탈 강도 수치'를 결정한다. 이때 스키화 길이는 발 길이가 아니고 스키화의 바깥 껍질 길이(outer shell length)이다. 스키화 옆에 적혀 있거나, 아니면 자로 실제 길이를 재보면 된다.

- 키, 몸무게에 비해 발의 크기가 너무 크거나 작아서 표의 빈칸에 해당되는 경우는 좌우로 이동하여 첫 번째 만나는 칸의 수치로 정한다.

  스키어 코드 'K'에 해당하는 행과 스키화의 바깥 껍질 길이인 300mm에 해당하는 열이 만나는 칸인 5.5가 이 스키어가 앞뒤 바인딩을 조정해야 할 '권장 이탈 강도 수치'이다.

Step 5. 이탈 강도 수치 적용(그림 11-11, 11-12)
  - 드라이버로 바인딩의 앞뒤에 있는 조정용 나사를 돌려 수치를 조정한다.

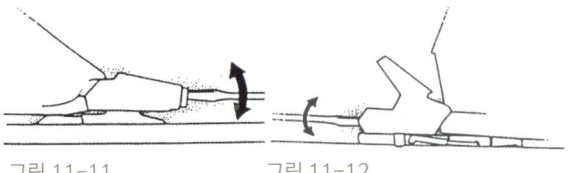

그림 11-11   그림 11-12

11.6. 바인딩 이탈 검사(Binding release test)

여기까지 바인딩의 이탈 수치 조정은 끝났지만 한 가지 작업이 더 남아 있다. 바인딩이란 기계의 성능, 즉 설정한 이탈 강도 수치에서 실제로 이탈되는 지를 테스트 하는 일이다. 바인딩은 스프링이 주요 부품인 기계로서 고장이나 오작동의 가능성이 항상 존재한다. 예를 들어 시간이 지나면서 스프링의 강도가 변할 수도 있고, 관리 잘못으로 이물질이 끼어서 제기능을 못할 수도 있다.

그래서 스키화-바인딩 시스템의 실제 이탈 강도를 측정하는 기계(binding release test machine)가 이미

그림 11-13. Lipe release check, 1965

그림 11-14. 버몬트 칼리브레이터 시연 장면

70년대부터 사용되었다(그림 11-13). 현재 미국에서는 스키 메카닉스의 대가, 칼 에트린져가 개발한 '버몬트 칼리브레이터(Vermont Calibrator)'라는 이탈 측정기를 많이 사용한다(그림 11-14).

새로 구입하여 바인딩을 장착한 경우뿐만 아니라 기존 바인딩도 주기적으로 이런 기계를 이용하여 제대로 풀리는지를 확인해야 한다는 것이다. 미국 보험 회사에서는 시즌 시작 전, 시즌 중에는 최소 한 달에 한 번씩 테스트를 할 것을 권장하고 있다.

다시 표로 돌아가서,

표의 우측 끝에 스키어에게 권장되는 이탈 강도를 토크로 표기한 범위(torque range in Newton Meters : N*m)가 표시되어 있다.

※ 참고 수치(Reference value)

: 각 스키어 코드에 해당되는 이탈 강도(토크)

※ 허용 범위(Min/Max range, Inspection tolerance)

: 참고 수치 바로 위 아래 수치 사이의 범위. 세 번 측정한 것 중 가운데 수치를 택하여 이 범위에 들면 통과.

※ 사용 범위(In-use range)

: 바인딩의 사용 가능 여부를 결정하는 수치. 이 범위를 넘긴 바인딩은 사용할 수 없다.

'사용 범위'에는 들어갔으나 '허용 범위'를 넘은 경우, 바인딩을 청소하거나 바닥이 닳은 스키화를 교체하는 등 이탈 강도에 영향을 줄 수 있는 여러 가지 요소를 점검하여 시정한 후 다시 측정한다. 이런 작업 후에도 허용 범위를 넘으면 최종적으로 '이탈 강도 수치'를 재조정한 후에 다시 이탈 검사를 한다.

그래서 다음 작업으로,

-x	y-z	SINGLE CODE			
-G	H-L	M-Q	R-Z	Mz Nm	My Nm
1-290	291-310	311-330	≥331	5	18
				8	29
,75				11	40
,00				14	52
,50	1,25			17	64
,75	1,50	1,50		20	75
,25	2,00	1,75	1,75	23	87
,75	2,50	2,25	2,00	27	102
,00	3,00	2,75	2,50	31	120
,00	3,50	3,50	3,00	37	141
,00	4,50	4,00	3,50	43	165
,00	5,50	5,00	4,50	50	194
,00	6,50	6,00	5,50	58	229
,50	8,00	7,00	6,50	67	271
0,00	9,50	8,50	8,00	78	320
1,50	11,00	10,00	9,50	91	380
				105	452

그림 11-15

Step 6. 허용 범위 확인(그림 11-15)
- 스키어 코드 'K'인 스키어에게 권장되는 이탈 토크의 허용 범위는
  (1) 앞 바인딩의 측방 이탈 기능

    참고 수치

    : 50

    허용 범위

    : 43~58

    사용 가능 범위

    : 37~67

  (2) 뒷 바인딩의 수직 이탈 기능

    참고 수치

    : 194

    허용 범위

    : 165~29

    사용 가능 범위

    : 141~-271

Step 7. Biding release test

  공인된 바인딩 이탈 측정기(binding release testing device)로 앞 바인딩의 측방 이탈 토크와 뒷 바인딩의 수직 이탈 토크를 각 3회씩 측정하여 가운데 수치를 기록한다.

  - 이 스키어가 소유한 장비의 경우 이탈 측정기로 측정한 앞 바인딩의 이탈 토크가 50N*m, 뒤 바인딩은 200N*m로 측정되었다고 가정한다.

모두 허용 범위 내에 들어가므로 5.5의 '이탈 강도 수치'를 그대로 적용한다.

11.7. 스키 기술자(Ski mechanics)

안전한 스포츠 장비를 개발, 생산하는 것은 제조업자가 해야 하는 일이지만, 장비를 잘 이용하는 것은 소비자의 몫이다. 그런데 스키의 경우 이렇게 장비의 기능과 그와 관련된 안전성이 워낙 중요하기 때문에 생산자와 소비자인 스키어 사이에 교량 역할을 하는 전문가가 등장하며 이들을 '스키 기술자'(Ski mechanics)라고 부른다.

스키 기술자는 일반적으로 스키점에 근무하면서 장비의 선택부터 시작하여 세팅, 조정, 수리 등에 이르는 전 과정에 관여한다. 바인딩의 이탈 강도 수치를 개개인의 조건에 맞게 조정하는 것도 중요하지만, 바인딩은 장착 시의 위치, 장착 후 관리 등이 변수가 되어 이탈 기능에 영향을 미치므로 세팅, 관리 부분에도 주의를 기울여야 한다. 한편 바인딩의 주요 부품인 스프링은 이탈 수치 범위의 중간에서 최상의 기능을 발휘하므로 산정한 표준 이탈 강도 수치를 고려하여 적당한 수준의 바인딩을 선택하는 것도 빼놓을 수 없는 부분이다. 그 외에도 올바른 스키판, 스키화의 선택, 맞춤 작업 등도 부상 예방에 중요한 영향을 미친다. 스키화 맞춤 작업에 전문화된 스키 기술자를 'boot fitter'라고 구분해서 부르기도 한다.

이러한 스키 기술자의 행위 모두가 스키어의 안전에 중요한 영향을 미치므로, 많이 팔면 그만인 일반 운동구점 직원과는 현저히 다른 의미를 갖는다. 이런 다양한 작업을 담당하는 스키 기술자는 해부학, 생역학 등의 기초의학적 지식을 가지고 있어야 하며, 기술자로서의 공학적 지식과 손재주가 필요하다. 이런 모든 것이 스키어의 안전과 직결되는 문제라는 것을 생각해 볼 때, 스키 기술자는 '준의료인(paramedic)'에 상응하는 역할을 수행한다고도 볼 수 있겠다.

옛날에도 스키 장비를 다루는 기술자가 있었다. 스키의 바닥에 고분자 폴리에틸렌이 사용되기 전에는 바닥면이 나무였는데, 눈이 달라 붙어 활주가 어려운 경우가 많았기 때문에 늘 왁스를 발라야 했다. 그렇게 바른 왁스도 나무 바닥에는 깊이 흡수되지 않아 몇 번 활주하고 나면 없어져 버렸다. 그래서 당시에는 스키장에 상주하며 바닥에 왁스를 발라주는 것이 스키 기술자의 큰 역할이었고 이런 사람들을 '도프맨(Dopemen, '약 발라 주는 사람'이라는 의미)'이라고 불렀다. 한편 스키점에 있는 기술자는 걸핏하면 나사가 빠져버리는 앞 바인딩의 수리와 추운 날씨에 끊어져버린 긴줄 바인딩(long thong binding)의 가죽 줄을 갈아주는 등의 작업을 하였다(그림 11-16).

이런 스키 기술자의 역할이 본격적으로 부각되기 시작한 것은 이탈식 바인딩이 대중화되면서부터였다. 앞서 언급하였듯이 1950~60년대를 거치면서 스프링을 이용하여 강도 조정이 가능한 이탈식 바인딩이 등장하였지만, 당시에는 기준이 없어서 경험상 강도를 결정해야 했던 상황이었다. 스키어들은 구입한 장비를 세팅한 다음 실제 넘어지는 실험을 해보면서 강도를 조절하였다. 더구나 제조회사마다 이탈 방식 및 기준이 달랐고 심지어는 바인딩과 맞물리는 스키화 모양도 제각각이었기 때문에, 자연스럽게 경험이 풍부한 스키 기술자들이 필요했던 것이다.

그림 11-16. Dopeman

이런 과정에서 자연스럽게 스키 기술자 교육 과정의 필요성이 대두되었고, 미국의 경우 'Ski Mechnics Workshop' 과정이 설립되어 해마다 각 스키장에서 스키 기술자들을 교육시키고 있다. 또 1987년에는 스키샵에서 지켜야 할 일들이 표준 행위로 제정된 이래 스키 장비의 관리 상황이 크게 개선되어, 일반 스키어들의 바인딩 이탈 강도의 조절 수준이 권장 수치에 육박하고 있는 것으로 조사되고 있다(그림 11-17).

그림 11-17. 필자의 스키 메카닉스 자격증

11.8. 스키 부상과 제조물 책임법

'제조물 책임법(PL 법:Product Liability Law)'은 물품을 제조한 사람에게 그 물품의 결함으로 인해 발생한 생명, 신체의 손상 또는 재산상의 손해에 대해 손해배상 의무를 지우고 있는 법률이다. 제조물의 결함으로 인하여 발생한 손해로부터 피해자를 보호하기 위해 제정된 법률로서 우리 나라는 2002년 발효되었는데, 스포츠 장비에도 적용된다. 부상이 스포츠 기구를 만들고 다루는 사람들의 부주의에 의해서 일어나고 있다면 법적인 책임을 물릴 수 있다는 의미인데, 스키로 인한 경골 골절의 대부분이 바인딩 이탈 수치를 잘 맞추는 등의 장비 관리만 잘 했으면 피할 수 있었던 경우들이므로 제조물 책임법의 적용 대상이 될 수 있다. 소송의 천국 미국에서는 이미 바인딩 조정을 원칙대로 하지 않았거나 그 기록을 남기지 않은 상황에서 발생한 부상에 대해 스키점이 큰 배상을 한 경우가 여럿 있었다.

현재는 스키 장비에 대한 표준화 작업이 이루어진 이래 모든 제조회사들이 동일한 기준으로 장비를 생산하므로, 과거에 비해서 스키 기술자의 직관에 의존하는 일이 현저히 줄어들었다. 하지만 여전히 스키 기술자의 역할은 스키어의 안전에 중요한 영향을 미치는데, 국내의 경우 공인된 교육 과정이 없어서 많은 수의 스키 기술자들이 전문 지식 없이 어깨 넘어 배운 기술로 스키 장비를 다루고 있는 현실이다. 바인딩 기능 점검에 필수적인 '이탈 기능 측정기(binding release testing machine)'를 갖춘 스키점은 극소수이며, 쉽게 적용할 수 있는 '이탈 강도 수치'의 조정마저도 제대로 지키지 않는 스키 기술자들이 많다. 특히 대여 장비를 이용하는 경우 많은 인파가 몰리는 현실적인 이유에 신체적 조건에 맞춘 장비 선택 및 조정이 근본적으로 어려운 면이 있다. 제조물 책임법이 적용된 분쟁이 발생할 소지가 충분히 있는 화약고와 같은 부분이다.

스키만큼 매니아층이 두터운 스포츠도 드물다. 스키로 먹고 사는 프로도 아닌 아마추어 스키어들이 겨울마다 방을 전세 내어 합숙을 하면서 강사 시험을 보고, 온라인 커뮤니티에는 엄청난 숫자의 방문자들이 매일 스키에 대한 토론을 이어간다. 이래저래 말도 많고 생각할 일도 많은 스포츠라, 그런면이 더 스키에 빠져들게 만드는 매력인지도 모르겠다.

제 12 장 스키 부상의 예방
-전방십자인대 손상-

12.1. Health, Fitness, Conditioning

'건강'과 관련된 여러 가지 영문 표현 중에 가장 많이 사용되는 것은 'health'인데, WHO(세계보건기구)에서는 'health'의 정의를 '신체적, 정신적, 사회적, 영적으로 완전하게 양호한 상태'라고 해석한다. 질병이 없는 상태를 표현하는, 약간 수동적인 의미를 지니는 것 같다.

이에 비해 'fitness'는 보다 역동적인 건강이다. 병이 없는 상태로 만족하는 것이 아니라, 운동/영양을 통해서 미래의 건강을 추구해 나가는, 보다 적극적인 의미이다. 스포츠 의학적 측면에서 더 어울리는 용어라고 할 수 있겠다.

'conditioning'은 맞는 한국어를 찾기가 쉽지 않다. 보통 '체력 훈련'이라고 번역되는데, 설정한 목표에 신체를 최적화 시켜나가는 과정을 이야기한다. 스포츠에만 국한된 개념이 아니고 개인마다 추구하는 목표가 다르기 때문에 다양한 설정의 컨디셔닝이 가능해진다. 스포츠에서는 생리학, 생역학, 영양학, 심리학 등의 스포츠 의학적 지식을 총동원하여 선수의 경기력을 극대화시키는 목적으로 진행되며, 때로는 부상의 위험을 넘나드는 고강도의 훈련이 시행된다. 컨디셔닝의 대표적인 성공 사례로는 2002년 월드컵 당시 한국 축구 국가대표팀을 들 수 있겠다. 20여 명에 이르는 선수들을 월드컵 본선이라는 목표에 맞추어 개인의 신체적, 정신적 능력뿐 아니라 조직력까지 극대화 시킨 결과, 4강 진입이라는 기적적인 성과를 얻었다. 오랜 시간 동안 각 분야의 전문가들이 총동원되어 팀을 컨디셔닝시켰던 것이다(그림 12-1).

그림 12-1. 2002년 태극 전사의 컨디셔닝

병 없이 살다 죽으면 '건강하게 살았다'고 만족하던 것이, 시대가 변하면서 인간의 요구 사항이 까다로워져 삶의 질을 따지게 되었다. 따라서 현대 사회에서의 진정한 건강은 스포츠를 통한 역동적인 삶을 의미하는데, 그 수준이 점점 높아져서 이제는 프로와 아마추어, 경기와 레저의 구분이 잘 안될 정도이다. 바야흐로 스포츠의 대중화, 생활화 시대로 접어들고 있다.

12.2. Athleticism : Citius, Altius, Fortius

한편 '운동 선수'를 의미하는 'athletic'이란 단어는 스포츠를 통한 경쟁 즉 '운동 경기'에 대비하여 인간이 신체적, 정신적으로 강하게 무장된 상태를 의미한다. '더 빨리, 더 높이, 더 힘차게(Citius, Altius, Fortius)'라는 근대 올림픽의 구호가 이 'athleticism'을 잘 표현해 주고 있다. 스피드, 파워, 근력 등의 체력을 겨루는 운동 경기의 기본 취지를 함축한 내용이다(그림 12-2).

그림 12-2. 그림 근대 올림픽

'전문 운동 선수(elite athlete)'는 취미나 건강을 목적으로 운동을 하는 'recreational player'와는 운동에 임하는 자세가 다르다. 상대방을 누르고 승리해야 하는 경쟁을 전제로 하기 때문에 경기력 향상을 지상 목표로 한 강도 높은 컨디셔닝이 요구된다. 그래서 전문 선수들은 훈련 과정에서 항상 '과부하 원칙(overloading principle)'을 적용한다. 기존 한계를 극복하기 위하여 끊임없이 목표를 상향 설정함으로써 신체에 새로운 자극을 부여하는데, 이는 엄밀히 이야기하자면 치유 가능한 수준의 부상을 의도적으로 유발하고 그것을 극복하면서 강해지는 '맷집을 키우는' 과정이라고 할 수 있다.

문제는 이런 고강도의 훈련 중에는 실제 부상이 발생한다는 점이다. '더 빨리, 더 높이, 더 힘차게'라는 구호도 자세히 보면 아이러닉하게 모두 전방십자인대 손상 위험 요소들이기도 하다. 이처럼 최고의 경기력과 부상은 종이 한 장 차이라고 할 수 있는데, 운동 선수들은 항상 '경기력과 안전(performance & safety)', 두 가지의 역설적인 과제를 놓고 고민하게 된다. 안전만 따져서 적당히 훈련한다면 챔피언이 될 수 없고, 역으로 일방적으로 경기력만 추구하다 보면 부상으로 모든 것을 잃을 수 있기 때문이다. 결과적으로 냉혹한 승부의 세계에서는 부상의 위험을 무릅쓰고 고강도의 훈련을 극복한 극소수의 선수들이 살아 남아 영광을 누리지만, 안타깝게도 대다수의 선수들은 한계를 넘지 못하고 도태되거나 부상으로 꿈을 접는다.

이에 대한 합리적인 해법을 찾아 나가는 것이 바로 스포츠 의학의 역할이다. 최상의 경기력을 추구해 나가면서도, 최소한 몰라서 다치는 무지한 부상은 예방하고 줄여보자는 것이다. 하지만 아무리 스포츠 의학이 발달한다 하더라도 다양한 위험 인자를 모두 예측할 수 없기 때문에 '원초적 위험(inherent risk)'에 의한 부상은 없어지지 않는다. 또 경기력에 영향을 미치는 수많은 변수들을 모두 예측할 수 없기 때문에 승부에서는 항상 의외의 승자가 등장한다.

그것이 스포츠이다.

12.3. 전방십자인대 손상의 예방

종목을 막론하고 효과가 완전히 검증된 전방십자인대 손상 예방법은 아직까지 없다. 따라서 현 시점에서 전방십자인대 손상은 피할 수 없는 '원초적 위험(inherent risk)'이라고 할 수 있다. 스포츠 의학이 해결해야 할 최대 현안임에도 불구하고 손상을 일으키는 기전조차 규명되지 않았으니, 그야말로 '해 저무는데 비는 안 그치고, 갈 길은 먼' 상황이다.

전방십자인대 손상 예방 분야 역시, 먼저 예측 가능한 위험 요소를 규명한 다음 그것을 제지할 방법을 제시하는 식으로 진행되고 있다. 그 동안 보호 장비, 바인딩 등의 하드웨어 쪽에서의 성과가 전혀 없기 때문에 현재는 소프트웨어적인 해법을 찾는데 초점이 맞추어져 있다.

지금까지 밝혀진 내용을 종합해 보면, '방향 전환 혹은 착지 → 외반 붕괴 → 전방십자인대 파열'로 이어지는 일련의 과정 중 '외반 붕괴(valgus collapse)' 현상이 필수 요건이라는 것에 대해서는 이견이 없다. 따라서 접지 상태에서 체중이 부하된 하지의 외반 붕괴 현상이 일어나지 않도록 제지하는 것이 예방의 핵심 목표이다(그림 12-3).

그림 12-3. Valgus collapse

물론 이를 일으키는 '촉발 동작(initiating movement)'인 '방향 전환과 착지' 동작을 아예 하지 않으면 전방십자인대 부상은 일어나지 않는다. 하지만 '더 빨리, 더 높이, 더 힘차게'를 추구하는 스포츠에서 직선 보행만 하고 방향 전환, 점프/착지 동작을 못하도록 규칙을 정한다면 그것은 스포츠의 본질을 부정하는 것이 되어버린다. 따라서 현실적인 예방책은 방향 전환, 점프/착지와 같은 위험 동작을 안전하게 수행할 수 있도록 연습하는 것인데, 이를 위해 근력, 지구력, 유연성 등의 기초 체력과 협응력, 균형력, 민첩성 등의 '신경-근육 기능(neuromuscular function)'을 향상시키는 '기능형 신경-근육 훈련(functional neuromuscular training)'이 중요한 역할을 한다. 이런 내용은 기본적으로는 동일한 원칙이 적용되지만 운동 성향에 따라서 종목마다 고려해야 할 점이 조금씩 달라진다.

12.4. 전방십자인대 손상의 예방 (1) - 그라운드 스포츠 -

1. 기술 훈련 (※그림 출처: F-MARC 11+ by FIFA)

축구, 농구, 핸드볼 등의 그라운드 스포츠에서 발생하는 전방십자인대 파열을 일으키는 주요 선행 동작은 '넓은 보폭에서의 방향 전환(cutting in wide stance)'과 '균형을 잃은 상태에서의 한발 착지(off balanced one-legged landing)' 두 가지이다. 따라서 방향 전환과 착지 동작을 안전하게 수행해내는 연습이 중요하다.

(1) 방향 전환시 주의할 점

- 체중이 실려 회전축으로 작용하는 쪽 하지의 슬관절이 외반 위치가 아닌, 발의 수직선상에 놓이도록 해야 한다(그림 12-4).
- 딛는 발을 축으로 한 번에 방향을 트는 방법(one step cutting) 보다, 잔 걸음을 여러 번 딛거나(cutting with small steps) 아니면 원을 그리며 도는 방법(round turn)으로 방향 전환하는 습관을 들인다.
- '상체와 체간(upper body and trunk)'이 하체의 회전 방향을 따라 같이 따라 돌아 주어야 한다.

(2) 점프/착지시 주의할 점

- 착지 역시 발이 운동장에 닿는 시점부터 슬관절이 외반 위치가 아닌, 발의 수직선상에 놓이도록 해야 한다.
- 뒤꿈치보다 전족부가 먼저 땅에 닿아서 부드럽게 완충 역할이 이루어지는 'forefoot landing' 형태의 착지가 바람직하다.

2. 체력 훈련 (※그림 출처: F-MARC 11+ by FIFA)

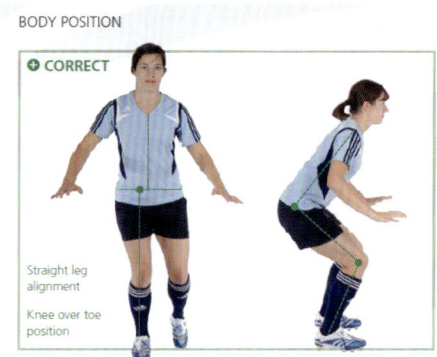

그림 12-4. Knee over the toe position

위에 열거한 동작들을 안전하고 효과적으로 수행하기 위해서는 종합 체력이 필요한데, 전방십자인대 손상 예방측면에서 중요한 훈련 요소를 들자면 다음과 같다.

(1) Core training(체간 중심 훈련)(그림 12-5)

여기서 'core'는 복근, 척추 신전근뿐 아니라 골반, 고관절 등을 포함하여 신체의 중심을 구성하는 '기능적 단위(functional unit)'를 의미한다. 체간 중심의 움직임은

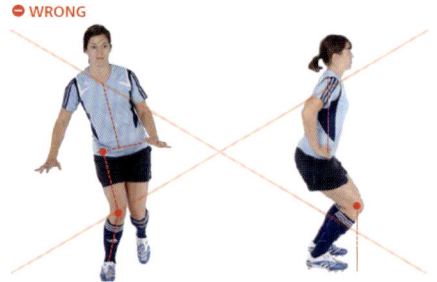
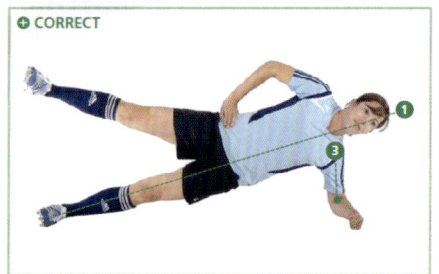

그림 12-5. Core training

연쇄적으로 슬관절의 기능에 영향을 미치기 때문에 근력 훈련, 신경-근육계 훈련을 통해 체간 중심을 안정된 상태로 유지하는 '체간 중심 안정화 훈련(core stability training)'이 부상 예방에 중요한 역할을 한다.

(2) Neuromuscular training(신경-근육계 훈련)(그림 12-6)

'신경-근육계 기능(neuromuscular function)'은 다양한 신경/근육 기능의 상호작용에 의해 얻어지는 복합적인 기능을 의미하는데 정적/동적 근력, 균형력, 협응력, 자세 유지 및 안정화 기능 등이 여기에 기여한다. 이런 훈련을 통한 슬관절 및 족관절 부상 예방 효과와 관련된 연구 결과들이 계속 발표되고 있다.

그림 12-6. Neuromuscular training

그림 12-7. Plyometric training

(3) Plyometric and agility training(플라이오메트릭, 민첩성 훈련)(그림 12-7)

'plyometric training'은 단시간 내에 최대 근력을 발휘할 수 있는 파워 훈련을 의미한다. 운동 중 많은 동작이 근육의 '단축성 수축(concentric contraction)'과 '신장성 수축(eccentric contraction)'을 빠르게 반복하는 식으로 행해지는데, 플라이오메트릭 훈련은 이의 전환 시간을 줄여준다. 따라서 특정 동작을 플라이오메트릭 방식으로 훈련하면 근육, 인대, 건 등이 해당 동작을 보다 안정적으로 수행할 수 있게 되어 부상 예방에 도움을 준다.

※F-MARC 11+ (그림12-8)

각 종목마다 부상 예방을 위해 나름대로 노력을 기울이고 있고, 가장 적극적인 단체는 FIFA(국제축구연맹)이다. FIFA 의무 위원회는 1994년 F-MARC(Medical Assessment and Research Center)라는 연구팀을 구성하여 'Football for Health'라는 구호 아래 부상 예방을 위한 연구와 홍보 작업을 계속 해 오고 있다. 안면 부상을 예방하기 위해 팔꿈치로 머리를 가격하는 행위를 레드 카드 퇴장 감으로 규칙을 강화한 것, 선수들 심장 질환에 대한 사전 검진을 통해 급성 심정지에 의한 사망을 줄이는 사업 등 다방면의 노력을 기울여왔다.

FIFA 역시 축구 중 빈발하는 전방십자인대 손상의 심각성에 대한 대책을 고민하고 있고, 다년간의 연구 끝에 슬관절/족관절 부상 예방을 위한 훈련 프로그램을 개발하여 보급하고 있다. '11+'라고 이름 붙인 20분짜리 준비 운동은 유산소 운동, 근력 운동, 플라이오메트릭, 균형력 훈련 등으로 구성되어 있는데 전향적 연구 결과 축구 부상을 30~50% 줄인 것으로 보고되었다.

그림12-8. 11+ Program

3. Hardware

전방십자인대 파열을 포함한 비접촉성 하지 손상은 발이 운동장에 접지되는 순간부터 문제가 시작된다. 접지 후 발생하는 발과 운동장 사이의 마찰력이 변수가 되므로 운동장 표면, 운동화 바닥 구조 등이 관심 대상이다.

(1) 운동장

운동장 표면이 천연 잔디, 인조 잔디, 흙, 마루 등 어느 재질이냐에 따라 위험성이 달라질 수 있다. 축구 선수들은 부상 당시 딛는 발이 갑자기 운동장 바닥 면에 걸리는 상태(catching)를 '발이 씹혔다'는 표현을 쓰곤 한다. 이런 현상은 천연 잔디보다 마찰력이 높은 인조 잔디에서 자주 발생하기 때문에 인조 잔디를 기피하는 이유가 된다. 천연 잔디도 역시 관리 상태에 따라 달라질 수 있는데, 짧고 고르게 잘라 관리하는 것이 부상 예방에 도움이 될 것이다.

부상 측면에서만 생각한다면 가장 안전한 표면은 흙 바닥이라고 할 수 있다. 마찰이 적어 방향 전환 시 발이 미끄러지므로 경기력 측면에는 불리하지만 전방십자인대 부상 위험은 오히려 적어진다. 방향 전환 동작이 훨씬 더 과격한 아이스 하키가 전방십자인대 손상률만 보아서는 축구보다 안전한 이유이다. 아이스 하키 중 외반 붕괴 자세가 나오면 얼음 위에서 발이 미끄러져버리기 때문에 경골 내회전으로 슬관절이 돌아가는 일은 극히 드물다.

(2) 운동화

운동화 바닥은 미끄러짐을 방지하기 위해 '돌기(cleat or stud)' 구조로 되어 있다. 이 돌기의 숫자 및 형태가 부상에 영향을 미치는데, 가장자리에 길게 형성된 'blade type edge cleat' 형태가 방향 전환시 순간적인 'foot catching' 현상을 촉발시켜 위험도를 높일 수 있다고 추정된다(그림 12-9).

그림 12-9. Shoe sole studs

이런 이유에서 축구, 농구, 핸드볼, 배구, 테니스 등 각 종목마다 전문 운동화가 개발되어 있으며, 축구의 경우 그라운드 상태 즉 천연 잔디, 인조 잔디, 흙 등에 따라 사용하는 운동화가 달라지기도 한다. 미래에는 운동장과 운동화 바닥 사이에 모종의 이탈 기전이 적용될 가능성도 있다.

12.5. 전방십자인대 손상의 예방 (2) - 스키 -

스키로 인한 전방십자인대 손상 기전 역시 아직 완전히 검증이 되지 않았지만, '외반 붕괴(valgus collapse)'에 이은 '경골 내회전(internal tibial rotation)'이 문제라는 점에서는 그라운드 스포츠와 크게 다르지 않은 것으로 보인다. 단 운동화보다 열 배 정도 긴 스키에 종아리까지 올라오는 부츠-바인딩의 '연결 구조(coupling system)'가 끼고, 딱딱한 운동장 대신 부드럽고 미끄러운 설면에서 활주가 행해지는 등의 운동 환경에서 차이가 난다. 스피드는 스키가 훨씬 더 빠르다. 때문에 부상 예방 측면에서 소프트웨어적인 기본 원칙은 비슷하지만, 하드웨어면에서는 고려해야 할 점이 더 많아진다.

1. 기술 훈련

(1) 엣징 기술

스키는 스키와 설면 사이에 각이 세워져야 회전이 되므로 스키어는 엣지 각을 세우기 위해서 노력하는데, 몸 전체를 이용한 '기울이기(inclination)', 각 관절에서 각도를 만드는 '꺾기(angulation)', 상체를 스키의

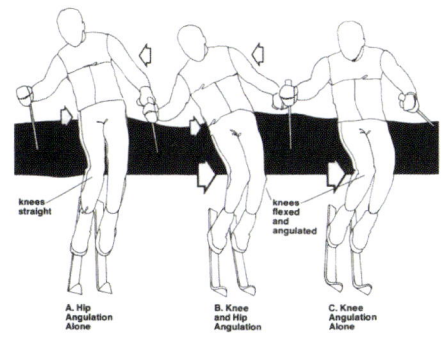
그림 12-10. Angulation

그림 12-11. Valgus collapse in skiing injury

그림 12-12. Inclination in water skiing

진행 방향과 반대로 비트는 '외향경(counter-rotation)' 등의 기술을 이용한다(그림 12-10).

문제는 이 중 angulation과 counter-rotation 기술이 전방십자인대 손상의 촉발 동작인 '외반 붕괴' 현상과 비슷한 관절 위치를 유발한다는 점이다. 실제 스키로 인한 전방십자인대 손상 비디오에서는 중심을 회복하려는 과정에서 과도한 angulation과 counter-rotation 기술을 사용하는 모습이 반복 관찰된다(그림 12-11).

따라서 inclination 위주로 엣지 각을 만드는 스타일의 스킹이 전방십자인대 손상 예방에는 도움이 된다고 할 수 있는데, 이는 최근 스키 기술이 추구하는 방향과 비슷하다. 카빙 스키의 등장 이후 스키의 회전력이 대폭 향상되면서 스키어는 과거처럼 angulation과 counter-rotation 기술을 많이 사용하지 않고도 회전이 가능하게 되었고, 이는 전방십자인대 손상 문제만 놓고 보면 바람직한 추세로 볼 수 있다. 하지만 스키딩(skidding) 기술을 배제한 카빙(carving) 기술은 전반적인 활주 스피드를 높였고, 작은 회전 반경으로 인해 강한 회전력이 하체에 걸린다는 점은 오히려 나쁜 영향을 미칠 수 있다. 또 카빙 기술은 전통 스킹 방식에 비해 활주 중 양 발의 간격을 넓게 벌릴 것을 요구하는데 이 역시 위험 요소로 작용한다. 이론 상으로는 양 발을 모으고 기울이기 위주의 엣징으로, 마치 수상 스키와 같은 회전을 하는 것이 전방십자인대에는 안전한 기술이라고 할 수 있다. 현재까지의 조사에 의하면 카빙 스키의 등장이 전체적인 전방십자인대 손상 빈도에 큰 영향을 미쳤다는 증거는 없다(그림 12-12).

(2) 방어 기술

그라운드 스포츠에서는 '방향 전환/착지' 동작에서 순간적으로 부상이 발생하지만, 스킹 중에는 균형을 잃어 넘어진 다음 상당 거리를 구르거나 미끄러져 내려가는 과정에서 부상이 일어나는 경우도 많다. 이것은 위험한 상황이 발생했을 때 짧긴 하지만 방어할 시간적 여유가 있음을 의미한다. 버몬트 그룹이 제창한 'ACL Awareness Program'은 바로 이런 위기 상황에서의 반사적인 방어 행위를 정리한 것이었다. 일종의 '낙법(fall training)'이라고 할 수 있다.

다시 정리하자면 이 프로그램에서는 균형을 잃거나 넘어져 미끄러지는 등의 위험한 상황에 직면했을 때, 의도적인 방어 동작을 취해 양 다리를 모으도록 유도하고 있다. 양 다리가 모아진 상태에서는 '외반 붕괴' 현상이 발생하기 어렵기 때문이다(그림 12-13).

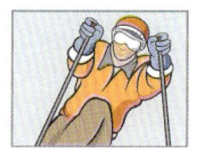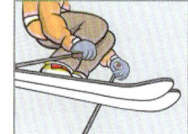

그림 12-13. ACL Awareness Program

1. 팔을 앞으로 뻗는다.
2. 양 스키를 가지런히 모은다.
3. 손을 스키 위로 뻗는다.

근본적으로는 위험한 상황을 유발하는 다음과 같은 행동을 하지 말 것을 강조한다.

1. 넘어질 때 무릎을 펴지 말고 구부린 상태로 두도록 한다.
2. 미끄러져 정지할 때까지 일어나려 하지 않는다.
3. 넘어질 때 손을 뒤로 짚지 않도록 한다.

2. 체력 훈련

체력적인 부분은 위에 설명한 그라운드 스포츠와 동일한 원칙이 적용된다.

대퇴사두근과 햄스트링 근육의 밸런스를 맞춘 하체 근력 강화 훈련을 기본으로 하여, 신체 중심인 체간 근육의 안정화 작업, 신경-근육계 훈련, 플라이오메트릭 훈련 등이 부상 예방에 중요한 역할을 한다.

3. Hardware

(1) 운동장

스키장 설면을 마치 스케이트장처럼 평면으로 다듬어 놓으면 전방십자인대 부상률을 줄일 수 있을 것이다. 굴곡이 없는 인공 슬로프 스키장에서 전방십자인대 부상률이 낮다는 것이 이를 반증한다.

하지만 스키는 근본적으로 자연에서 즐기는 아웃도어 스포츠이다. 심지어는 일부러 모글(mogul)과 같은 부정지 사면과 각종 장애물들을 설치한 'terrain park'에서 겨루는 프리스타일(free style) 경기가 올림픽 정식 종목으로 채택되는 판에, 인위적으로 자연적인 변수를 모두 제거한다는 것은 스포츠의 본질을 훼손하는 행위이다. 자신이 제어할 수 있는 난이도의 코스를 골라 타는 것이 부상 예방에 중요하지만, 그 선택은 전적으로 스키어의 자유이며 책임은 각자가 져야 한다.

그림 12-14. Angulation

(2) 스키화 재정렬 작업(realignment)

현재의 목 높은 스키화 안에서는 하지가 스키화에 따라 재정렬한다. 그 결과 심한 경골 외염전 현상에 의해 슬관절의 중심이 발보다 안 쪽으로 떨어지는 스키어는 엣지 각을 세우기 위해서 과도하게 슬관절을 안으로 돌려 넣는 동작을 취한다. 이러한 과도한 '내추적(intracking)' 동작은 이어서 '외반붕괴' 자세로 이어지기 쉽다(그림 12-14).

따라서 앞서 '스키 생역학' 편에서 설명한 몇 가지 조작을 통해 슬관절의 위치를 조정하는 것이 부상 예방에 도움이 될 수 있다.

1. 커프 기울기 조절(cuff realignment cant)
2. 측면 캔트 보강물 삽입(side shim cant)
3. 외장형 바닥 캔트 삽입(external boot sole cant)
4. 맞춤 깔창 삽입(custom made insole)

(3) Coupling system(Boots)

스키화와 바인딩은 다리와 스키를 엮는 연결 고리(coupling system)로서 스키라는 긴 지렛대의 레버리지를 하체에 전달하는 구조물이다. 아쉽게도 현재의 기계적 능력은 전방십자인대 손상 예방에 큰 역할을 못하지만 안전 구조로서의 역할을 포기할 수는 없으므로 계속 새로운 아이디어들이 등장하고 있다.

1960년대 초반 로버트 랭(Robert Lange)이 플라스틱으로 가죽 스키화를 뒤덮어 버린 이래 스키어들은 딱딱한 플라스틱 스키화를 신는 것을 당연한 일로 여겨왔다. 그 결과 족관절에서 전후 방향의 약간의 굴신 동작만 허용되는 현재의 스키화는 스키에서 발생한 회전력을 고스란히 슬관절에 전달한다. 이런 구조는 하중을 엣지에 전달하는 데에는 효과적이어서 경기력을 향상시킨 대신 슬관절 손상률을 높이는데 결정적인 역할을 했던 것이다. 플라스틱 스키화는 가죽 스키화에 비해서 보온력은 뛰어났지만, 획일적이고 딱딱한 구조 때문에 평균에서 벗어나는 족형을 가진 스키어는 발이 눌려 불편함을 초래한 면도 있다.

이런 이유에서 스키화 제작 방식에 조금씩 변화하는 모습이 보이고 있는데, 근래에 등장했던 몇 가지 실험적인 제품에 주목할 필요가 있다. 전반적인 추세는 스키화의 필요한 부분만 잡아주고 체형에 따라 조절이 가능한 '선택적 조절(selective control)' 쪽으로 방향이 잡혀 있다. 1960년대 랭과 스키어들이 추구했던 '견고함'과는 반대로 가고 있는 것이다.

※ Rear Release System(RRS) (Lange Inc., 2000)(그림 12-15)

한계 이상의 힘이 스키화의 뒤쪽 방향으로 끝동(cuff)에 가해지면 끝동의 전경각(forward lean angle)이 15도에서 0도로 풀려버리는 기능. 착지 동작에서 스키화의 뒤 끝동이 하퇴부를 앞으로 미는 'boot induced mechanism'에 의한 전방십자인대를 막아보자는 의도였다. 정확한 임계력을 설정할 수 없으므로 실제 전방십자인대 손상 빈도를 줄이긴 어려울 것으로 보이지만, 필요에 따라 스키화의 족관절에 유연성을 주려는 시도는 계속될 것이다(그림 12-16).

※ Stance Geometry System(SGS) (Dalbello Inc., 2000)

하지의 정렬 상태에 맞추어 스키의 바닥을 기울여주는 기능이다. 바인딩 밑에 웨지를 깔거나 스키화 바닥을 갈아내던 식의 기존 '외장형 캔팅(boot sole canting)'을 스키화 자체에서 해결하는 방법으로서, 엣징

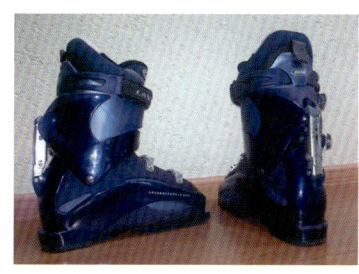

그림 12-15. RRS(좌)
그림 12-16. SGS(우)

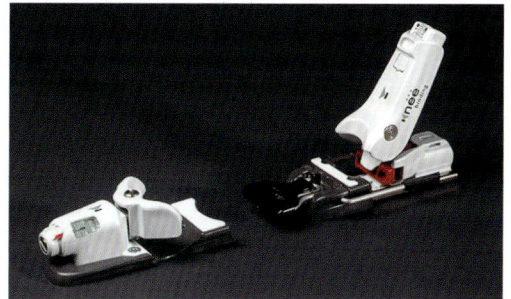

그림 12-17. Soft boots　　　그림 12-18. Kneebinding

과정에서 과도한 내추적 동작을 줄여주어 외반 붕괴 현상을 막는 효과를 기대할 수 있다. 스키화 바닥이 높아지고 무게가 증가하는 불편함으로 인해 대중화에는 실패했지만 바닥 기울기, 스키와 스키화와의 각도 등을 조절하는 기능은 계속 향상되리라 본다.

　※ Soft boots(Rossignol Inc., 2002)(그림 12-17)

힘을 전달하는 주요 구조를 제외한 외피 일부를 플라스틱 대신 유연한 재질로 제작한 스키화. 편안함과 기능성을 동시에 추구한 제품이다. 실제로 최근 생산되는 스키화의 외피는 부분적으로 재질을 다르게 구성하고 있다.

　(4) Coupling system(Binding)

아직 전방십자인대 손상 기전조차 확인이 안된 현재 상황으로 볼 때 단시간에 해결되길 기대하긴 어렵겠지만, 그 동안 밝혀진 손상 기전에 대한 정보를 바탕으로 꾸준히 기능을 개선한 바인딩들이 등장하고 있다.

　※ Multimode release function(Kneebinding Inc. 2008)(그림 12-18)

기존의 two piece binding이 기본적으로 앞 바인딩의 측방 이탈과 뒤 바인딩의 수직 이탈 기능을 지닌 것에 비해, 다중방향 이탈 바인딩은 뒤 바인딩에서 측방 이탈 기능을 추가적으로 제공한다. 다리에 발생하는 회전력은 하지를 축으로 작용하며, 이 회전력에 대한 보호 장치가 측방 이탈 기능인데, 회전축에서 거리가 떨어진 기존 앞 바인딩의 측방 이탈 기능만으로는 그 역할을 충분히 할 수 없기 때문이다. 특히 스키로 인한 전방십자인대 손상 기전 즉 미끄러지는 중에 순간적으로 엣지가 눈에 걸려 슬관절이 '외반 붕괴(valgus collapse)' 자세가 될 때는 주로 스키 꼬리 부분의 엣지가 걸리기 때문에 뒤 바인딩의 내측 방향 이탈 기능이 더 절실하다고 예상할 수 있다.

 기존 바인딩에도 뒤 바인딩의 측방 이탈 기능이 전혀 없었던 것은 아니다. 하지만 대중화에 실패했던 이유는 이탈 모드를 추가하려다 보니 바인딩의 본 기능, 즉 스키화를 잡아주는 'retension' 기능이 부실해져, 원치 않는 곳에서 이탈되는 '이른 이탈(inadvertant release)' 현상이 자주 일어났기 때문이다. kneebinding 제작사는 잡아줘야 할 때는 확실히 잡아주고, 풀려 주어야 할 때 풀러주는 'retension & release' 기능을 동시에 확보했다고 한다. 하지만 여전히 그 실효성에는 의문을 갖는 것이, 아직 전방십자인대 손상 기전과 손상을 일으키는 임계력이 완전히 증명되지 않았기 때문이다.

 ※ Learning binding(by Carl Ettlinger, 1970s)(그림 12-19)

 궁극적으로는 스키-바인딩-스키화의 coupling system이 신체 주변에서 벌어지는 운동학적 상황을 감지해내어 부상 직전 바인딩이 자동으로 이탈되는 '인공 지능 시스템(smart coupling system)'이 해결책이 될 것으로 본다.

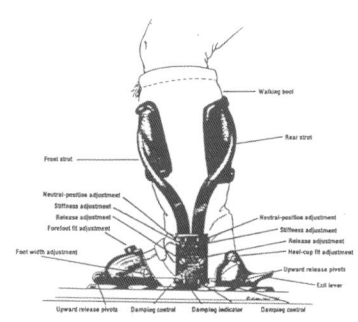

그림 12-19. Learning binding

 이를 구현하기 위해서는 두 가지의 정보 전달 경로가 가능한데, 슬관절의 굴곡/회전 각도, 근육의 활성도 등의 정보를 센서가 감지해서 바인딩에 전달하는 방식과, 스키 꼬리에서 발생하는 뒤틀림(torsion) 등의 힘을 바인딩에 전달하는 방식이다. 이런 시스템을 통해 위험한 외력이 가해지면 자동으로 바인딩이 풀리게 만든다는 것인데, 부상 예방 목적은 아니었지만 실제 컴퓨터 칩을 장착한 스키판이 진동을 감지하여 경도를 조절하는 모델이 시판된 적도 있었다.

그림 12-20. Future skiing by Carl Ettlinger

 스키 부상을 막아보고자 하는 인간의 집요한 노력은 계속된다. 결국 전방십자인대 손상 걱정 없이 운동할 수 있는 날이 올 수 있을까? (그림 12-20)

제 13 장 원초적 위험

13.1. Survival game

인류의 역사는 거친 자연 환경을 극복하고 타 생명체와의 생존 경쟁에서 살아 남아 온 과정이었다. 신체적 능력으로 보자면 열등한 종족인 인간이 지구상에서 군림하게 된 것은 타 종에 비해 월등한 지능을 이용하여 발달시킨 문명 덕분이었다고 할 수 있는데, 현재까지의 생존 과정에서는 필연적인 것이었고 모두가 그 혜택을 누리고 있긴 하지만 문명의 발달이 인간의 궁극적인 생존에 도움이 될 것인 지에는 의문의 여지가 많다.

인간이 살아남게 된 결정적인 계기는 불을 사용하면서부터였다. 불로 금속을 다룰 수 있게 되자 창, 칼 등의 무기를 개발하여 타 생명체들을 제압하였고, 농경 기술의 발달과 함께 정착하여 개체 수를 늘림으로써 지구를 지배하게 된 것이다. 하지만 그 결과는 의도한 바와는 다른 방향으로 가고 있는 것 같다. 타 종과의 싸움에 쓰이던 무기는 같은 인간끼리의 살상에 더 많이 쓰이고, 살기 위해 개발한 에너지는 원자력처럼 오히려 위험한 존재가 되었다. 인간은 지켜야 할 보금자리인 자연을 파괴하여 자신이 설 땅조차 잃어가고 있다. 문명에 의해 번성한 인류가 문명의 부메랑에 맞아 생존을 위협받고 있는 것이다.

발달한 문명은 인체에도 영향을 미치고 있는데, 그 동안 평균 수명은 증가하였지만 생물학적으로는 오히려 더 나약한 존재가 되어가고 있다. 인류학자들은 만 년 이상 별 문제 없이 살아오던 인간에게 성인병 발생이 증가한 시점을 19세기 후반 산업혁명 시대에 개발된 '고속 제분기'의 등장 이후라고 보고 있다. 그 전 사람들은 곡식을 대량으로 가공하고 저장할 수 있는 방법이 없었기 때문에 제 철에 수확한 거칠고 알갱이가 큰 곡식으로 만든 빵, 밥 등을 주식으로 먹고 살았다. 이런 음식은 맛은 별로 없고 소화도 잘 안되지만, 흡수가 느려서 신체에 에너지를 천천히 공급하므로 대사의 균형을 깨뜨리지 않는다. 요즘 화두가 되고 있는 '슬로우 푸드(slow food)'의 역할이었던 것이다.

인구가 늘어나면서 농경 기술이 발달하여 수확량이 늘자 사람들은 수확한 곡식의 가공 속도를 높이고 잉여 식량을 저장할 방법을 찾게 된다. 이런 상황에서 개발된 고속 제분기는 빠른 속도로 곡식을 잘게 부수기 시작하였는데, 그 결과 부드러운 흰 빵을 먹을 수 있게 되었지만 결국 그 대가를 치르게 된다. 도정한 백미와 하얀 밀가루 같은 재료로 만든 음식은 맛은 있지만 위장관에서 흡수가 빠르기 때문에 혈당 수치를 갑자기 상승시켜 만성적인 '과인슐린혈증'을 유발한다. 그 결과 고혈압, 심혈관 질환, 당뇨, 비만 등의 성인병이 증가한 것이다. 한편 저장 기간을 늘이고 맛을 좋게 만들기 위해서 넣은 각종 첨가물들은 신체에 예측 조차 할 수 없는 많은 영향을 미치고 있다. 현재 각종 성인 질환은 암을 제외하고는 인간의 가장 흔한 사망 원인이다.

인간은 눈에 보이는 적들과의 전쟁에서는 승리했지만, 보이지 않는 미생물체들에게는 속수 무책으로 당해왔다. 인류가 시작된 이래 가장 큰 사망 원인은 항상 세균에 의한 감염이었다. 원인을 알 수 없었기에 '괴질'이라고밖에 할 수 없었던 천연두, 페스트, 콜레라, 티푸스, 성병 등의 전염 질환들은 전쟁보다 더 많은 사람들의 생명을 앗아갔다.

하지만 인간은 결국 20세기에 들어와 미생물체와의 전쟁에서 반전을 끌어내고야 만다. 발달한 미생물학을 토대로 위생 관리 개념을 도입하여 소독제, 살균제, 백신, 항생제 등을 개발한 것이다. 우리 나라만 해도 지난 60년 간 평균 수명이 30년 가량 늘었는데, 그 큰 이유는 역시 감염 질환에 의한 사망률이 대폭 줄어든 결과라고 볼 수 있다.

그러나 이것 역시 완전한 승리라고 할 수 있을까? 생명체의 생존 본능은 미생물체도 다를 바 없다. 변이를 통해 기존 항생제에 반응하지 않는 수퍼 박테리아가 출현하고 에이즈, 조류 독감, 신종 플루 등의 신종 질환이 창궐하고 있다. 박멸을 선언한 천연두 균이 어디에선가 몸을 웅크리고 칼을 갈며 반격을 준비하고 있을 지도 모를 일이다. 출생 후 각종 면역 요법 및 유전자 검진을 통해 질병을 예방하고 치료하여 얻은 '공학적 건강(engineered health)' 상태는 신체의 자생적인 방어 능력을 떨어뜨려 앞으로 출현할 새로운 적에 더 쉽게 공격 당할 지도 모른다. 미생물과의 전쟁은 여전히 진행 중이다.

그림 13-1. Milo of Croton, BC 600

스포츠 의학 역시 생존 경쟁 과정에서 자생적으로 발달한 학문이다. 전쟁에서 이기고 식량을 많이 수확하려면 신체를 강하게 만들어야 했으므로 생활 속에서 자연스럽게 활용되었다. 고대 검투사였던 '밀로(Milo)'가 자라는 송아지를 들어 올리면서 근육을 키웠던 것은 트레이닝의 기본 원칙인 '점진적 저항 증진 훈련(progressive resistance training)'을 본능적으로 실천하고 있었던 예였다(그림 13-1).

이렇게 원초적 목적으로 시작된 스포츠 의학이 변질되기 시작한 것은 냉전시대를 거쳐 스포츠가 상업화되면서부터였다. 전쟁 대신 스포츠 경기를 치르던 분위기에서 천문학적으로 몸 값이 치솟은 프로 선수들의 경기력을 극단적으로 추구하다 보니 스테로이드 도핑과 같은 비윤리적 방법이 도입된 것이다. 도핑 기술은 나름 발전을 거듭하여 최근에는 유전자 도핑까지 등장하였고 심지어는 복근을 만드는 수술이 행해지기도 한다. 근육 성장 억제 호르몬인 'myostatin' 유전자를 규명하여 근이영양증 치료의 전기를 마련한 존스 홉킨스 의대의 이세진 박사가 길항제 주사를 이용하여 근육을 2배로 키웠다는 실험 결과를 발표한 후 보디빌더들의 문의가 쇄도했다는 후문이다(그림 13-2).

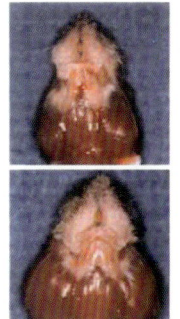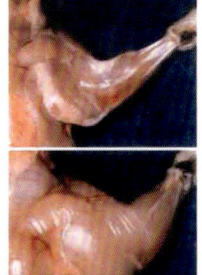

그림 13-2 . Mighty mouse

그림 13-3. ET

이런 식으로 병의 치료뿐만 아니라 건강 증진 분야, 심지어는 경기력 향상 분야까지 과학에만 의존하고 신체를 사용하는 일이 줄어든다면, 덜 쓰는 근육은 퇴화되고 더 굴리는 뇌의 용량만 점점 커질 것이다. 결국 후 세대의 인간은 대를 이으면서 유전자의 변형을 일으켜 영화 속 E.T.의 모습을 닮아갈 것이고, 자연스럽게 생물학적 생존 게임

제 13 장 원초적 위험

에서의 경쟁력은 점차 퇴보하게 될 것이다. 거친 자연에서 창 들고 맹수와 싸우던 나름 용맹했던 인간이었는데, 별로 쓸 일이 없어서 가늘어진 팔다리와 가누기도 벅찬 큰 머리의 이상한 생물체로 변해가고 있다(그림 13-3).

13.2. Science consumer(과학 소비자)

여전히 생존 경쟁 중인 인간은 끊임없이 새로운 치료법을 개발해 내고 있다. 하지만 시간이 흐르며 문명의 역풍을 맞고 있는 현 상황을 본다면, 의학 역시 바람직한 방향으로 발전하고 있는지 신중하게 생각해야 할 부분이 많다. 이미 깊숙이 상업화된 의료 시장에서 첨단 기법이라고 등장하는 각종 치료법들의 실체와 그 장기적인 영향을 예측하기가 쉽지 않기 때문이다.

한때 진리라고 숭배하던 치료법이 하루 아침에 각종 부작용을 유발하는 금지 요법으로 낙인 찍혀 퇴출되는 경우도 많다. 그리고 그것을 개선하겠다고 속속 등장하는 첨단 치료법들을 좇아가다 보면 결국 제자리에 돌아와 있는 어처구니 없는 상황도 벌어진다. 인공 고관절의 재료 조합이 돌고 돌아 1960년대 초창기 챤리(Sir John Charnley MD)의 시대와 비슷한 방식으로 되돌아간 것이 대표적인 예일 것이다. 필자가 전공의 시절 대세라며 사용했던 나사 형태의 세라믹 인공 비구는 불과 10년 만에 해리 현상을 일으켜 재수술을 해야 했다. 당시 이런 부작용을 언급한 사람은 아무도 없었다. 최선의 방법이라고 설명 듣고 수술 받은 환자에게는 난감할 따름이다.

스포츠 부상 치료에도 많은 변화가 일어나고 있는데, 공상 과학 영화에서나 볼 수 있었던 일들이 현실화 되고 있다. 그 주역은 '조직 공학(tissue engineering)', '유전자 치료(gene therapy)', '로봇 수술(robotic surgery)' 등이다. 조만간 다음과 같은 일이 실제로 일어날 것 같다.

"아기가 태어나면 모든 아기의 세포를 조직 은행에 보관한다. 자동으로 출생 신고가 되는 것이다. 이 아이가 스키를 타다가 전방십자인대가 끊어지고 말았다. 실려온 아들을 보고도 엄마는 놀라지 않고 "좀 조심하지 그랬니?" 한마디 하고는 의사와 예약을 한다. 의사는 조직 은행에 전화를 걸어 환자의 등록 번호를 알려주고, "오른쪽 전방십자인대 한 개만 만들어 주세요. 지난번처럼 반대쪽으로 해오시면 안 되요."라고 이야기 한다. 은행은 보관해 놓았던 환자의 세포를 조직 공학(tissue rngineering) 기술을 통해 배양하여 손상 전과 똑 같은 자신의 인대를 만들어 의사에게 보내준다. 수술 전 환자는 주사를 한 대 맞는다. 주사액에는 성장인자가 포함 된 DNA가 들어있어서 이식한 인대가 빨리 붙도록 도와준다(gene therapy). 의사는 커피를 한잔 들고 수술실 대신 조종실로 들어간다. 환자 앞에 서 있는 로봇이 환자의 무릎을 훑어 필요한 정보를 조종실로 전송한다. 의사는 잠깐 커피잔을 놓고 필요한 명령을 입력한다. 엔터 키를 누른 의사는 다시 커피를 마시며 로봇이 수술을 진행하는 장면을 구경한다. 수술 후 환자는 걸어서 집으로 간다. 이식한 인대는 유전자 치료 덕분에 수일 만에 다치기 전과 똑같이 붙고, 다음 주말에는 아무 일도 없었다는 듯이 다시 스키를 타게 된다."

과장하긴 했지만 이미 치료 현장에서는 비슷한 일들이 벌어지고 있다. 이렇게만 된다면 현재 시점에서 우리가 하고 있는 자가 조직 적출 방식의 전방십자인대 재건술, 즉 멀쩡한 자신의 슬개골건이나 슬근건을 떼어서 이식하는 수술법은 흘러간 옛이야기가 되고, 고생스런 재활 과정은 필요가 없어질 것이다. 학생들에게는 "과거 의사들은 멀쩡한 조직을 떼다가 엉성한 모양으로 인대를 만들어 붙이는 황당한 수술법을 사용했었다" 라고 농담 삼아 이야기하게 될 지 모른다. 마치 지금 고어텍스로 만든 빨랫줄 같은 인공 전방십자인대를 사용했던 시절을 무용담처럼 이야기하듯이 말이다.

한편 로봇 기술이 극단적으로 발달하면 결국 의사도 필요 없어지지 않을까 모르겠다. 그러나 이 분야의 연구를 주도하는 피츠버그 의대 정형외과 의사 푸(Freddie H Fu MD)는 이렇게 이야기 한다. "Robot is only as precise as the human program it"(로봇은 인간이 입력해주는 만큼만 정확하다).

그렇다면 시시각각 등장하는 첨단 의학 지식들을 어떻게 걸러 받아들여야 '아님 말고' 식 치료의 악순환을 막을 수 있을까?

현대 의학은 과학에 토대를 두고 있으므로 의학을 잘 써먹으려면 일단 과학의 활용법을 익혀야 한다. 특히 임상 의학에 이용되는 치료법들은 반드시 까다로운 과학적 검증 과정을 거쳐야 하는데, 그것은 가설을 세우고 그것을 실험적으로 증명한 다음 상당 기간 동안 그 결과를 추적 관찰하는 절차를 의미한다. 그렇지 않으면 검증되지 않은 효과를 주장하는 각종 사이비 치료법들이 난무하게 되기 때문이다. 하지만 아쉽게도 과학은 인체 내에서 벌어지는 현상을 모두 설명하지 못하며, 이런 상황이 정통 치료와 사이비 치료의 구분을 어렵게 만든다. 특히 치료 효과가 극적이지 않은 각종 성인 질환과 퇴행성 관절염, 근본 치료가 어려운 악성 종양, 희귀 질환 환자들이 사이비 치료법들의 주 공략 대상이 되고, 여기에 매스컴을 통한 광고는 궁지에 처한 환자의 귀를 더 가볍게 만든다. 때로는 사이비 치료법이 엉성한 절차를 통해 과학적 검증을 거친 것처럼 둔갑하기도 하는데, 이 정도면 의사들도 구분하기가 어려워지는 수준이 된다.

결국 첨단 의학 지식을 적절히 활용한 상식적인 치료가 이루어지려면 의사, 환자 모두 과학을 잘 활용하는 현명한 '과학 소비자(science consumer)'가 되어야 한다. 과학을 잘 걸러 받아들여 소비하는 의사는 무분별한 첨단 치료법에 휘둘리지 않으면서도 뒤처지지 않는 치료를 환자에게 제공하고 설명한다. 과학의 한계를 알기 때문에 항상 의외의 상황에 대비하며 경험의 가치를 적당히 사용한다. 한편 현명한 '과학 소비자'인 환자는 의사에게 맡겨야 할 일과 자신이 해야 할 일을 잘 구분하여 상식적인 치료 방법을 선택한다. 막연한 기대보다는 현실을 인식하고 노력하기 때문에 질병과 싸우기 보다는 질병을 다스려 나간다.

모두가 '과학자'가 될 필요는 없지만, 모두가 현명한 '과학 소비자'가 될 필요는 있는 것이다.

13.3. 스키 부상의 역사 - 원초적 위험(Inherent risk) -

원점으로 돌아가서, 150여 년에 걸친 근대 스키의 역사는 우리에게 무엇을 이야기 하고 있는가?

인간은 생존 경쟁 과정에서 '원초적 위험(inherent risk)'의 경계를 허물려고 끊임없이 노력을 해 왔다. 그 결과 각 분야에서 많은 위험 요소들을 예측 가능한 '감당할 수 있는 위험(modifiable risk)'으로 변환시키는 데 성공하였다. 그 결과 지구상에서 개체 수를 늘리고 수명을 연장시켜 지배자로 군림하게 된 것이다. 하지만 그 과정에서 문제 해결을 위해 인간이 생각해 낸 많은 아이디어들이 또 다른 문제를 만들어내었고, 시간이 흐르면서 다시 원점으로 되돌아 가곤했다. 시대를 너무 앞서 간 갑작스런 혁명은 전체 시스템의 조화를 무너뜨려 따라 가지 못한 나머지 부분에서 더 큰 부작용을 일으켰다. 역사를 되풀이하는 우둔함을 넘어서 때로는 역사의 교훈을 망각한 채 거꾸로 후퇴하기도 하였다. 정치, 경제, 문화 등 사회의 거의 모든 분야

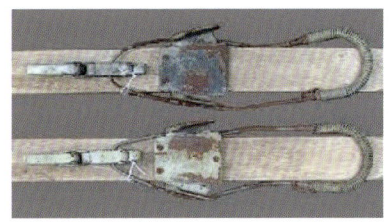
그림 13-4. Kandahar Cable binding

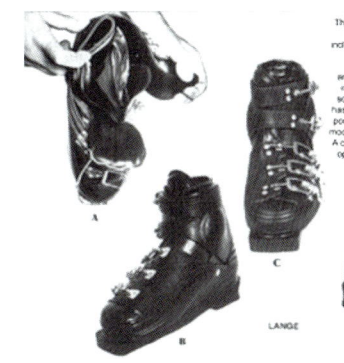
그림 13-5. Lange boos

가 돌이켜 보면 비슷한 과정을 겪어왔는데 스포츠도 예외가 아니었고, 스키라는 한정된 분야에서도 역사는 우리가 되새겨야 할 교훈들을 보여주고 있는 것이다.

근대 스키의 역사적 흐름 상 가장 큰 전환점은 케이블 바인딩(1929년)과 플라스틱 스키화(1964년)의 등장으로 대변되는 하드웨어의 혁명이었다. 두 발명품 모두 엔지니어 출신 스키어에 의한 것이었는데, 일찍이 스포츠와 공학이 합쳐져 이루어 낸 일종의 '융합적 사고'의 산물이라고 할 수 있었다.

케이블 바인딩이 등장했을 때 스키어들은 그 기능에 열광하였다. 그러나 스키가 발에서 떨어져야 할 상황에서도 붙어 있는 비이탈식 바인딩으로 인해 수많은 스키어 골절 환자들이 발생하였다. 인간이 즐기려고 발명한 기계가 제 발목을 부러뜨려 신종 부상을 창조한 것이나 마찬가지였다. 이 케이블 바인딩으로 인한 안전 문제를 해결하는데 스키어들은 50년의 세월을 허비하게 된다(그림 13-4).

이어서 등장한 플라스틱 스키화를 사람들은 스포츠 역사상 최대의 발명품으로 꼽는다. 1964년 로버트 랭(Robert Lange)이 신소재였던 아디프렌으로 만든 스키화를 처음 내 놓았을 때 스키어들은 '환상적인 플라스틱'이라는 표현을 써가면서 또 다시 혁명을 찬양했다. 기존의 우중충한 가죽 스키화와는 비교될 수 없었던 강렬한 원색의 플라스틱 스키화는 1968 그레노블 올림픽을 휩쓸면서 불과 수년 만에 스키계를 평정해 버린다(그림 13-5). 하지만 딱딱한 플라스틱 스키화가 발목을 고정시키자 족관절 골절이 줄어든 대신 경골 골절이 늘어났으며, 결국 전방십자인대 손상이라는 더 큰 숙제를 만들어내고야 말았다. 스키어들은 전

그림 13-6. Rober Lange

방십자인대 손상 문제를 해결하려고 또 다른 50년을 노력했지만 아직도 실마리를 찾지 못하고 있다. 한편 앞으로 개발되는 스키화는 랭의 의도와는 달리 부분적이긴 하지만 점점 부드러워지고 있다. 견고함을 지상 목표로 추구했던 60년대 스키화 개발 방향과는 반대로 가고 있는 것이다. 어쩌면 19세기 말 스키어들이 신던 등산화의 모양을 다시 닮아갈지도 모르는 일이다.

결국 케이블 바인딩과 플라스틱 스키화는 자연스러운 '진화(evolution)'가 아닌 한 명의 천재가 일으킨 '혁명(revolution)'이었던 것이다. 시스템의 균형을 무시한 혁명은 따라가지 못한 다른 부분에서 여러 가지 부작용을 만들어내었고, 뼈아픈 결과를 맛본 후에야 뒤늦게 대처하려고 애쓴다는 것이 고작 과거로 돌아가고 있는 것이 우리들의 현재 모습이다. 그러면서 새삼스럽게 천재의 위력에 놀랄 뿐이다.

스키 부상을 완전히 막을 수 있는 방법은 없다. 변화무쌍한 자연에서 신체적으로 열등한 인간이 즐기는 스키는 영원히 '원초적 위험'의 굴레에서 벗어날 수 없는 운동일 것이다. 그럼에도 불구하고 스키 부상을 예방하려는 인간의 노력 역시 영원히 계속될 것이다. 위험에 안주하게 되는 순간 생존 경쟁에서 뒤처지게 되는 생태계의 섭리를 인간은 본능적으로 인지하고 있기 때문이다. 하지만 이 위험에서의 탈출은 자연과의 공존과 인류의 평화라는 공동 목표를 추구하는 지구 공동체 구성원들의 꾸준한 노력을 통해서 이루어져야 진정한 의미가 있다. 혜성처럼 나타난 천재에 의한 구원은 분명히 또 다른 부작용을 가져오리라는 것을 역사는 보여주고 있기 때문이다.

시대를 앞서 간 천재 로버트 랭은 2000년 봄, 우리에게 많은 숙제만 던져주고 아름다운 콜로라도의 한 마을에서 세상을 떠났다(그림 13-6).

-끝-

Epiloge 1
매터호른 스키 여행기

1.1. Alpinism

스키는 산을 내려오는 스포츠이다. 스키장이 놀이동산처럼 변해버린 요즘 같은 상황에서는 좀 어울리지 않지만, 근대 알파인 스키는 알프스 산을 오르내리는 과정에서 발달한 스포츠이므로 '알피니즘(Alpinism)'의 일부이다(그림 E1-1).

대학에 들어와서 처음 스키를 시작했고 내게는 스키가 '스포츠/레저/엔터테인먼트'의 의미였기 때문에, 겨울이면 항상 스키장에서 살았지만 한번도 산 속에 있다는 생각을 한 적은 없

그림 E1-1. Tuckerman Ravine, New Hampshire

었다. 스키장과 슬로프 이름은 익숙했지만 정작 그 스키장을 품고 있는 산의 이름에는 관심이 없었다. 낮에는 선수들을 쫓아 다니면서 폭주족처럼 스키를 타고, 저녁에는 술과 함께 달리며 6년의 겨울 방학을 보냈다. 그리고 졸업 후 수련의 생활을 시작하면서 8년 간 스키와 멀어져야 했다. 세월이 흘러 정형외과 의

그림 E1-2. Sun Valley, Idaho

그림 E1-3. Old Sun Valley

사가 되었고, 군의관을 마친 후 대학병원으로 돌아 온 전임강사 시절, 첫 해외 학회 참석을 미국의 '선밸리(Sun Valley, Ketchum, Idaho)'에서 열리는 스포츠 메디슨 미팅으로 잡고는 다시 스키에 대한 열정이 되살아 나는 것을 느꼈다.

선밸리는 스키 리조트계의 전설. 1936년 만든 세계 최초의 의자식 리프트가 아직도 보존되어 있는 곳이다. 1940~50년대, 미국에서 좀 논다고 하던 녀석들은 겨울이면 모두 선밸리에 집합하였다고 한다. 우리 나라는 1980년 전후의 용평 스키장이 그랬다. 선밸리의 Baldy mountain 정상에 서서 스키장 주변의 산을 쳐다보았고, 내가 스키장이 아니고 산에 들어와 있다는 것을 처음으로 느꼈다(그림 E1-2, E1-3).

그제서야 순서가 잘못 된 것을 알게 되었다. 스키를 타기 전에 먼저 산을 배웠어야 했던 것이었다. 그렇다고 해서 지금 다시 산악반에 들어갈 수는 없는 일이라, 영원히 반쪽짜리 스키어일 수밖에 없다는 생각이 들었다. 과거 산악인 출신의 스키계 선배들이 부러웠다. 이후 부쩍 산에 대한 관심이 많아졌고, 등산과 관련된 영웅들의 이야기에 귀를 기울이던 1999년, 알프스 여행의 기회가 내게 찾아왔다.

1.2. 체르비니아-매터호른-쩨르마트 스키 여행

지금 내가 두드리고 있는 노트북의 뒤로는 몬테 체르비노(Monte Cervino), 즉 매터호른(Matterhorn)의 남벽이 보이고 있다. 컴퓨터를 올려놓은 나무 탁자는 백 년도 넘은 것 같고, 벽에는 매터호른을 최초로 오른 에드워드 윔퍼(Edward Whymper)의 사진이 걸려있다. 믿어지지 않는 달력 그림 속에 내가 들어와 있는 것이다(그림 E1-4).

그림 E1-4. Monte Cervino / Matterhorn

나는 살아오면서 마술과 같은 힘을 여러 번 경험한 적이 있다. 그것은 모자 안에서 새가 나오거나 상자 속에 들어간 미녀를 동강 내는 트릭도 아니고, 도사가 이야기 하는 미래에 대한 예언도 아니다. 내가 경험한 마술은 어떤 것을 오래 동안 반복해서 생각하면 그것이 현실로 다가오는 힘이다.

나는 어떤 목표를 세우면 그것이 화급을 다투는 일이 아닌 한 일단 내버려둔다. 대신 자주 그것을 생각한다. 그러면 시간이 흐르면서 관련된 일들이 하나 둘씩 주변에 벌어지고, 그 기회를 멍청하게 그냥 보내지만 않으면 자연스럽게 목표에 접근하게 된다. 나는 이런 현상을 나름대로 해석하여 '마인드 컨트롤' 이라고 부른다. 생각해보건대 이런 식으로 기회가 꼬리를 물고 찾아오는 것은 우연이 아니고, 잠재의식 속에 자리잡은 목표가 나의 행위를 지배함으로써 벌어지는 현상이라고 생각한다. 어쨌든 마인드 컨트롤의 힘으로 나는 오래 전부터 생각해왔던 알프스로의 학술-스키 여행을 떠나게 되었고, 2년 전 선밸리 여행이 그랬듯이 내가 가고 싶어하던 곳에서 보고 싶었던 사람들을 만날 수 있는 기회를 갖게 되었다.

나는 원래 글과 전혀 관련이 없는 사람이다. 증거로 나는 소설을 전혀 읽지 않는다. 글을 읽기도 싫어하지만 쓰기는 더욱 싫어했기 때문에 고등학교 때에도 한 번도 진로 때문에 고민을 한 적은 없었다. 내가 책을 읽은 유일한 이유는 필요한 성적과 관심 분야의 정보를 얻기 위해서였다. 이처럼 글과는 담을 쌓고 살아왔던 나에게 금년 겨울 시즌(1998/1999)에 큰 변화가 일어났는데, 내가 평생 써왔던 것보다도 더 많은 글을 쓴 것이었다. 물론 대부분 관심사인 스키를 포함한 스포츠 의학에 관한 글과 문답형의 편지들이었지만, 나로서는 상당한 양의 글을 썼고, 이제는 뭘 하고 나면 기록으로 남겨야 한다는 강박 관념까지 갖게 되었다. 여기에는 지난 겨울 친하게 지냈던 언론계 인사들과 올라오는 내용이 대학원 수준을 넘어가는 인터넷 스키 커뮤니티인 '박순백 칼럼(http://drspark.dreamwiz.com)'이 큰 영향을 미쳤다. 처음에는 내가 도울 수 있는 질문에 댓글을 다는 수준에서 시작했던 것이, 점점 심오한 문답이 오가더니 급기야는 스키를 통해 스포츠 의학의 개념을 정리하는 작업까지 하게 되었다.

그 과정에서 이 분야가 아직 사람들의 손이 많이 닿지 않았다는 것을 알게 되었다. 그리고 그 이유를 따져보니, '스포츠 의학'은 일종의 '융합학문(convergence science)' 학문인지라 '스포츠'와 '의학' 두 분야의 이론 및 실기를 두루 섭렵해야 하는데, 이런 경력을 쌓기가 쉽지 않기 때문이라는 생각이 들었다. 그 동안 의과대학 공부는 깃발 따라서 단체 관광 끌려 다니듯이 억지로 했지만, 수업은 빠져도 훈련은 빠지지 않던 '운동권 학생'이었기 때문에, 노는 것과 공부의 경계가 애매한 이 분야의 현장 감각은 충분하다고 생각했다. 또 정형외과 전문의를 마치고 시작한 군 생활 중에 체육대학을 독학으로 다닌다는 심정으로 운동 관련 자료들을 모아가며 난생 처음 자발적인 공부를 해오던 터라, 스포츠 의학은 내가 평생 즐겁게 잘 해 나갈 수 있는 분야라는 확신을 갖게 되었다. 스포츠 의학을 목표로 마인드 컨트롤을 시작한 것이다. 그러던 중 내게 스포츠와 관련된 의학 정보 혹은 의학과 관련된 스포츠 정보를 요구하는 사람들이 점점 늘어갔다. 이것도 기회라고 생각하고 전문 지식을 일반인이 이해하기 쉽게 글로 표현하는, 일종의 'medical correspondent' 역할을 자처하기로 했다. 이렇게 약간 오버하여 활동을 하다 보니 결국 팔자에 없는 글쓰기를 계속하게 된 것이다.

내가 정의하는 마인드 컨트롤의 원천은, 이처럼 다른 사람은 그냥 지나쳐 버리는 일을 나 혼자만 기회라고 보는 '착시' 내지는 '환각' 현상이다. 스키 메디슨 관련 자료를 정리하다가 이 쪽의 핵심 인물들을 알게 되었고, 내친 김에 이를 기회 삼아 이번 여름에는 유학까지 갔다 오기로 하였다. 그 전에 학회에 참가하여 이들을 직접 만나는 것 역시 적시에 찾아 온 기회라고 생각한 것이다. 이것이 병원 내팽개치고 혼자서 이 알프스 산 골짜기까지 기어들어온 이유이다.

알프스 산맥은 동쪽으로는 오스트리아에서 시작하여 서쪽으로 뻗어 스위스, 프랑스로 이어지고, 남쪽은 이태리와 독일의 국경에 걸쳐 있다. 산세가 워낙 험하기 때문에 교통 수단이 발달하기 전에는 사람들의 왕래가 적었고, 자연스럽게 큰 산들을 경계로 국경이 그어져 있다. 내가 온 곳은 이태리와 스위스가 국경을 이루고 있는 서쪽 페닌 알프스(Pennine Alps) 지역에서 이태리 쪽인 체르비니아(Cervinia)이다. 이 곳의 상징은 역시 달력 사진의 대표 모델인 매터호른(Matterhorn 4478m). 꼭 마녀의 고깔 모자처럼 생긴 이 산을 이태리 사람들은 몬테 체르비노(Monte Cervino)라고 부르고, 이 산의 남쪽에 있는 마을이 이태리에 속하는 체르비니아이다. 반대편인 이 산의 북동쪽에는 스위스의 쩨르마트(Zermatt)가 위치한다. 이태리 아오스타 밸리(Aosta Valley) 지역의 끝 부분에 속하며, 1930년대 이태리의 새마을운동가였던 무쏠리니(Benito Mussolini, 1883~1928)가 아

그림 E1-5. Cervinia

오스타 밸리를 스키장으로 개발하겠다는 생각에 길을 닦고, 당시 농토였던 브레우일(Breuil) 지역에 스키 리조트를 건설했기 때문에 브레우일-체르비니아(Breuil-Cervinia)라고 부른다.

당시 개발은 새마을운동이 항상 그렇듯이 두서없이 많은 건물을 급조하는 바람에 체르비니아에는 호텔, 펜션, 아파트 등이 난립해있어서 쩨르마트와 같은 전통적인 알프스 마을의 모습과는 약간 거리가 있는 풍경이다. 때문에 체르비니아는 스위스 쩨르마트의 명성에 가려져 잘 알려지지 않았지만, 이태리 북서쪽의 이 작은 마을에는 다른 곳에서는 누릴 수 없는 장점들이 많다. 우선 스위스 알프스에 비해 훨씬 싼 가격에 스키를 탈 수 있다. 또 양질의 훌륭한 식당들이 있어서 이태리 풍의 자유스러운 아프레-스키(apres-ski)를 즐길 수도 있다.

케이블카를 타고 넘어가면 쩨르마트 쪽의 스키장도 가 볼 수 있다. 우리 나라 사람들과 인성이 흡사하다는 곳 이태리. 그 중에서도 산골 마을의 인심을 맛 볼 수 있는 곳이 체르비니아이다(그림 E1-5).

1.3. 1999년 5월 1일(토)

　항상 느끼지만 병원을 뛰쳐나오는 순간에는 홀가분하다가도, 시간이 지나가면 서서히 불안감이 들기 시작한다. 장기 복역수가 출감 후 자유 생활에 , 어려움을 겪는다던데 비슷한 경우가 아닌가 싶다. 일정을 보면 놀러 가는 것이 뻔 했기 때문에 병원에서는 바쁠 때라 나중에 가면 안되겠냐고 묻는 것을 먼 산 쳐다보는 수법으로 극복하고 나온 지라 약간 마음이 무거웠지만, 나중에 언제? 가차없이 짐 챙겨서 공항으로 나갔다. 몇 일 전 살로몬 윤범진 과장이 정성스럽게 날 갈아서 챙겨준 올 라운드 스키, 'X-scream'을 들고 콜택시를 타는데, 반소매 차림에 스키를 어깨에 메고 나가는 모습이 약간 어색한 느낌이 들었다.

　공항에서 비행기를 기다리며 바로 어제 구입한 디지털 카메라가 작동하는지 시험해 보는데, 그제야 사진을 내 노트북으로 옮기는데 드라이버가 필요한 것을 알았다. PC 카드도 구입을 안 했고. 컴퓨터하고는 아직도 친한 느낌이 안 들어서 친구 녀석에게 전화로 물어보았더니 PC 카드를 사라고 하였다. 파는 곳이 있을까? 걱정을 안고 비행기에 올랐다.

　체르비니아는 밀라노에서 버스로 3시간 거리에 있으므로 우선 밀라노에 가야하고, 서울에서 밀라노로 가는 직항 노선은 IMF 이후 끊겨버려 암스텔담을 경유해야 한다. 결국 밀라노에는 밤에 도착하게되므로 어쩔 수없이 하루 밤을 묵어야 했는데, 여기에 사는 바리톤 김동규 등의 음악하는 친구들이 공교롭게도 이 시기에 모두 귀국해버리는 바람에, 하는 수 없이 불과 한 달 전 바이얼린 제작을 공부하기 위해 이 곳에 온 잘 생긴 청년 음악도, 박성현의 집에서 자기로 하였다.

　나는 안 그래도 경황이 없을 초보 유학생을 귀찮게 할까봐 공항에서 택시를 타고 들어갈 생각을 하고 있었는데, 구태여 마중 나오겠다는 것을 말렸으면 고생할 뻔하였던 것이, 얘네들은 밤에 도착하는 승객들까지 배려하는 섬세함은 찾아볼 수가 없어서, 밤이 되면 공항에 차가 들어오지 않는다는 것이다. 성현이와 함께 집으로 와, 내가 온다고 아껴 둔 와인을 한 병 나눠 마신 후 잤다. 집 떠난 지 하루도 안됐는데 이국 땅에서 남자 둘이, 방에서 와인을 마시니 약간은 분위기가 처절했다.

1.4. 1999년 5월 2일(일)

아침 일찍 일어나 성현이가 만들어준 진짜 맛있는 스파게티를 먹었다. 성현이는 이태리에 온지 한 달밖에 안되었지만 벌써 10년 살았던 사람보다도 더 맛있는 스파게티를 요리해내고 있었다. 앞으로 공부할 악기 제작 분야에서는 섬세한 손 맛이 필요하다는데, 잘 해내리라는 생각이 들었다.

버스 출발 시간이 정오였으므로 오전에는 밀라노의 상징인 두오모(duomo)를 구경하였다. 난 사실 건축물, 미술품 등에는 관심이 없지만 여기 이태리의 문화재들을 보며 분명이 알게 된 사실은, 조상 한번 잘 만나서 후손들이 벌써 2,000년 이상 먹고 살고 있다는 것이었다.

하지만 유학생들의 이야기를 들어보니 밀라노 관광의 꽃은 문화재가 아니고 쇼핑인 것 같다. 이 근처에는 유명 상표들의 공장들이 모여있는데 일부 상품이 스톡이라고 부르는 아울렛으로 빠져 나온다고 한다. 양복을 잘 입지 않는 나는 필요도 없고 시간도 없어서 못 갔지만, 만약에 갔으면 하루를 꼬박 보냈으리라는 생각이 들었다. 유명한 휴양지인 꼬모(Como) 근처에 있는 아르마니(Armani) 스톡 마켓에 가면 정장이 30~40만원, 캐쉬미어 롱 코트가 세일할 때에는 50만원 정도에 살 수 있다고 한다. 실제 보따리 장사들이 맨 몸으로 이곳에 와서 겹겹이 입고 이민 가방에 꼭꼭 눌러 넣어 가기도 하며, 어려운 유학생들이 이런 식으로 아르바이트를 하기도 한단다. 단체 관광팀은 절대로 이곳에 데려가지 않는데, 아줌마들을 여기에 떨궈 놓으면 결과가 어떠리라는 것은 짐작이 가는 일이다.

꼭 마피아 두목처럼 생겼던 체르비니아행 버스 운전사는 내내 문 잠가 놓고 버스 안에서 자다가 출발 5분 전에 벌떡 일어나더니, 담배 한 대 피우고는 정시에 가차없이 출발하였다. 뭘 물어보러 말을 붙여보니 그렇게 나쁜 애 같지는 않았지만 생긴 것은 바로 기관총 날아올 분위기였다(그림 E1-6).

그림 E1-6. 이태리 버스 운전사

여기까지의 이태리 날씨는 한국과 비슷해서 완전 따뜻한 봄. 체온이 환경에 적응을 잘하는 나는 계속 반소매 차림으로 활보했고, 가는 길은 한가해 보이는 평야가 계속되어서 내가 정말 스키장에 가는 것인지 의문이 들 정도였다. 두 시간쯤 지나면서 서서히 언덕이 보이기 시작했는데, 공터만 있으면 집집 마다 포도나무를 키우고 있는 것이 인상적이었다. 이태리가 포도주의 최대 생산 및 소비국이라는 형님의 이야기가 생각났다. 아오스타(Aosta) 지역으로 들어서면서 서서히 산세가 험해지기 시작했다. 교통의 요지로서 과거 피비린

그림 E1-7. Hostelleri des Guides

내 나는 전쟁을 벌였던 지역답게 여기 저기 든든해 보이는 성들이 많이 눈에 띄었다. 그러던 중 긴 터널을 얼마간 지나갔을까? 갑자기 앞에 나타난 거대한 산, 몬테 체르비노-매터호른.

모양부터 이 산은 그냥 지질학적으로 설명하고 넘어가기에는 너무나도 신비하게 생겼다. 정상이 뾰쪽해서 올라가기가 힘들다고 하지만, 거기는 웬만하면 올라가지 말고 제사나 지내야 할 곳처럼 느껴졌다. 계속 언덕을 돌면서 체르비노가 보였다 말았다 하는 가운데 나는 드디어 또 하나의 'dream place', 체르비니아에 오게 되었다.

주최측에서 잡아준 'Hostelleri des Guides' 호텔은 인상적인 곳이었다. 이름을 해석하자면 '등산 가이드의 숙소' 쯤 되겠는데, 이름에 걸맞게 온통 벽이 등산가들의 사진과 알프스, 히말라야에서 가져온 기념품으로 장식되어 있었다. 방 분위기도 비슷해서 있다 보니까 내일은 체르비노를 올라가야 할 것 같은 착각이 들 정도였다(그림 E1-7).

1.5. ISSS(International Society for Skiing Safety)

금번 행사의 공식 명칭은 '13th International Congress on Ski Trauma & Skiing Safety'. ISSS(International Society for Skiing Safety)라는 단체에서 주관하는 행사로서, 스키 안전에 관한 각종 주제를 다루며 2년에

한 번씩 열린다. 의사들뿐 아니라 공학 분야의 과학자, 스키 장비/스키장 관련 사업자 등 관련 분야의 전문가들이 참가한다(그림 E1-8).

이 모임의 탄생 배경은 이렇다.

1960년대를 거치며 미국 등의 선진국에서는 소비자보호운동이 활발하게 일어나기 시작하였다. 그 동안 생산자가 찍어 내는 물건을 일방적으로 써야 했던 입장에서 질과 안전성을 따지기 시작했던 것이다. 생존을 위한 치열한 전쟁 끝에, 먹고 살만해진 다음에는 삶의 질을 향상시키려 노력하는 자연스러운 발달 과정이다. 정부는 안전한 제품을 만드는 회사들에게 여러 가지 혜택을 주었고, 소비자 단체들은 제품 안전에 대한 표준을 홍보하는데 앞장섰다.

이런 분위기에서 부상이 많이 일어나는 스포츠 분야에서도 장비의 안전성이 관심사로 떠 올랐고, 여기에 공학적 기반이 필요하다는 것을 알게 되었다. 먼저 인기 스포츠 중에 부상률이 높던 미식 축구, 하키, 체조 등의 종목을 대상으로 1969년 ASTM(American Society for Testing Materials)에 스포츠 장비의 표준화를 다루는 기구(ASTM F8 committee)가 처음으로 생겼다.

그림 E1-8. ISSS

당시 악명 높던 스키 골절에 대한 대비책을 고심하던 과학자들도 ASTM F8 committee에 스키 안전 관련 표준화 작업에 대한 지원을 요청하였다. 이에 1972년 4월 6일 55명으로 이루어진 ASTM F8.14 on skiing safety라는 task force team이 구성되었다. Case Western Reserve 대학의 유진 배니억(Eugene Bahniuk) 교수가 주도한 이 모임은 차츰 전문가들의 독립된 커뮤니티로 분화하였고, 1982년 'ASTM F27 on Skiing Safety and Equipment Committee'라는 소위원회가 조직되어 현재까지 이어 내려오고 있다. ASTM F27 subcommittee는 ANSI(American National Standards Institute)에 의해서 ISO에서 미국을 대표하는 기관으로 지명되었다.

한편 국제 표준화 기구인 ISO(International Organization for Standardization)의 스키 관련 모임은 1972년 독일에서 처음 열렸는데, 기본적으로 ISO 표준은 기존 국가 표준을 근거로 제정되기 때문에 대부분 각국의 표준과 호환성이 있다. 예를 들어 바인딩 이탈 수치에 관한 표준인 ISO standard 806은 스키어의 체중을 기준으로 하는 미국식과 스키어의 경골 사이즈를 기준으로 하던 DIN(Deutsche Industrie Normen), 즉 독일식 표준을 모두 받아들여 만들어졌다. ASTM의 방침은 전적으로 ISO에 동의하는 입장이므로, 미국의 바인딩 이탈 수치 기준 역시 ISO와 마찬가지로 스키어의 체중과 경골 사이즈를 근거로 책정되어 있다.

ASTM F27 subcommittee는 먼저 스키 장비의 규격 및 테스트 방법, 스키 판매점 점검 기준 등 18개 항목에 대한 표준화 작업을 하였다. 그 결과 제작사들은 스키화의 앞뒤 돌출부(toe/heel dam), 이와 맞물리는 바인딩의 높이와 이탈 수치 등을 동일하게 생산하게 되었다. 이전에는 회사마다 규격이 달라서 같은 회사의 조합 이외에는 쓸 수 없었던 것이, 표준화 이후에는 다른 회사 제품의 바인딩, 스키, 스키화들을 자유롭게 섞어서 사용할 수 있게 된 것이다. ASTM F27 subcommittee는 연구 지원 사업도 하여서, 예를 들어 'ski break'에 대한 현장 연구를 지원하여 ski break가 대중화되는데 일조하기도 했다.

이들이 주도한 또 하나의 의미 있는 작업은 1989년 발표한 'ski shop practice standard' 였다. 바인딩의 장착, 검사, 수리 등 스키샵의 표준 행위를 규정한 이 내용은 처음 도입 시에는 의견이 분분하였다. 과도한 제약으로 인해 소매점 판매를 위축시킬 수 있다는 의견, 소비자의 실수까지도 스키샵이 책임을 뒤집어 쓰게 될 우려가 있다는 점 등이 지적되었다. 하지만 표준 제정으로 인한 교육 효과로 얻는 것이 더 많으리라는 의견이 우세하여 결국 통과되었고, 이런 과정에서 스키어 골절의 감소 추세를 유지하는데 큰 역할을 한 것이었다.

이런 역사의 ASTM F27 subcommittee가 지원하며, 이들이 주축이 된 'ISSS(International Society for Ski Safety)'라는 학회가 주관하는 행사가 바로 이번에 내가 참석한 'International Congress on Ski Trauma & Skiing Safety' 이다. 이 모임은 항상 주최국의 스키장에서 열리므로 여길 따라다니면 자연스럽게 세계의 유명 스키장들을 두루 가 볼 수 있다. 일석이조가 이럴 때 쓰는 말인 것 같다. 공부도 하고 스키

그림 E1-9. Skiing Trauma and Safety

그림 E1-10. Robert Johnson(좌)
그림 E1-11 Enjar Erickson(우)

도 타고, 꿩 먹고 알 먹고, 님도 보고 뽕도 따고, 쇼도 보고 영화도 보고(그림 E1-9).

　나는 금년 여름 연수를 가게 되어 있는 미국 버몬트 대학교 정형외과/스포츠의학과 과장인 로버트 존슨(Robert Johnson MD) 박사의 권유로 ISSS에 가입을 하였고, 현재로서는 유일한 한국인 회원이다. 처음 참석하는 행사라 발표할 연제를 준비하지는 못했지만, 보고 싶었던 사람들과 인사하고 분위기를 익히는 것만으로도 충분한 의미가 있었다. 저녁에 열린 리셉션은 이 단체의 가족적인 분위기를 그대로 보여주었다. 혼자서 처음 참석하는 행사라 어색할까 걱정했는데 다행이 처음 보는 나를 친절히 맞아주었고, 이에는 이 단체의 우두머리 격이고 이제는 나의 보스인 존슨 박사의 적극적인 소개가 한 몫을 하였다. 항상 참석한다는 스포츠 의학계의 원로 엔야 에릭슨(Ejnar Eriksson MD, Sweden)도 만나 인사하였다. 장난기 많은 재미있는 할아버지였다. 그 외에도 많은 의욕적인 젊은 의사, 과학자들이 참석하였고 오랜만에 만난 반가움을 표현하고 있었다(그림 E1-10, E1-11).

　리셉션을 마치고 방으로 돌아왔다. 창문밖에 체르비노-매터호른이 볼 수록 신비하게 보이는 가운데 해는 저물고, 어떻게 잤는지도 모르게 고꾸라져 잠이 들었다.

1.6. 1999년 5월 3일(월)

장난 삼아 '스키 중독증(ski addiction)'의 진단 범주를 정리한 경험이 있는 나 역시 환자인데, 아니나 다를까 중독 증세를 일으키며 아침을 맞았다. 밤에 스키 타는 꿈을 꾼 것이다. 스키장이 어딘지는 기억이 나지 않지만 신설 파우더에서 헤매다가 쳐 박히는 정도의 꿈이었다. 여기서 가능하다고 들었던 헬리스킹을 즐겨보겠다는 생각을 하고 있었던 지라 그런 꿈을 꾸었던 모양이다.

학회는 금번 행사의 대회장인 노르웨이의 정형외과 의사, 안 에클란드(Arne Ekeland)의 개회사로 시작되었다. 아침 세션은 스키 및 스노우 보드 손상의 역학 조사와 안전 기준에 대한 내용이었는데, 먼저 이 분야의 대가인 칼 에트린져(Carl Ettlinger)의 강의가 있었다. 케니 로져스를 한 배 반 정도 물에 불려놓은 것 같은 뚱뚱한 아저씨인데, 지난해 내가 '전방 십자인대 손상 예방 프로그램(ACL Awareness Program)'에 관심을 보였던 것을 기억하고는 매우 반가워 하였다. 또 친절하게도 그것을 일반인이 쉽게 이해할 수 있도록 제작한 후속 프로그램을 보내주겠다는 약속을 하였다. 사실 나는 두 달 후에는 버몬트로 가게 되므로 자주 만날 사이이지만 구두 허락을 얻은 셈이므로 이 자료를 잘 활용해야겠다는 생각을 하였다.

대체적인 발표 내용은 그 동안 알려졌던 역학 조사 결과와 크게 달라진 것이 없어서, 스키의 경우 현재 전방십자인대 손상이 줄지 않고 있다는 것, 이것이 현존하는 바인딩의 작동 기전으로는 아무리 이탈 수치를 잘 조절하더라도 예방이 안 된다는 것, 스노우 보드는 스키 보다 부상률은 높지만, 슬관절 인대를 포함한 심한 손상은 오히려 적다는 등의 내용이 논의되었다.

학회장 분위기 역시 참석 인원이 많지 않은 행사라 그런지, 서로 못 잡아먹어서 안달인 다른 분과 학회와는 달리 아주 부드러운 편이었다. 그래서인지 좀 지루하게 느껴지던 터에 재미있는 현상이 하나 벌어졌다.

이번 주최측에서는 도우미로 네 명의 정말 빵빵한 이태리 아가씨들을 데려왔는데, 이 아가씨들의 치마 높이가 위험 수위를 한참 넘어간 상태였다. 원래 학회장의 좌석 배열은 정해진 것이 아니지만, 보통 그 모임의 터줏대감 격인 할아버지들이 맨 앞 한 두 줄에 듬성듬성 앉아서, 수시로 꼬투리 잡는 질문을 던지거나 정리하는 코멘트를 하여 분위기를 잡다가, 재미 없어지면 슬쩍 사라지곤 하는 것이 보통이다. 그런데 이 네 명 중에서도 유난히 더 빵빵하고, 더 치마가 짧은 모니카라는 아가씨가 단상에서 마이크 관리와 이름표 정리하는 일을 활개치면서 했는데, 그래서인지 맨 앞 줄의 할아버지들은 물 마시러 나갈 생각도 안하고 끝까지 자리를 지키는 대단한 열정을 보여주었다. 특히 질문을 하면 모니카가 약간 숙인 자세로 마이크를 건네주게 되는 상황에 고무되었는지, 발표만 끝나면 '저요! 저요!' 하듯이 마이크를 달라고 해 질문을 퍼부어서 시간이 지연되기도 하였다. 내가 오버해서 본 것일까? (그림 E1-12)

오전 세션을 마친 다음 드디어 꿈에도 나타났던 알파인 스키를 즐기러 올라갔다.

그림 E1-12. Cervinia girls

체르비니아는 마을의 고도가 2,050m로서 이미 마을이 트리라인(tree line)을 넘어선 고산 지역이고, 스키장 꼭대기는 3,000m가 넘어서 조금만 달리면 숨이 차 오른다. 슬로프는 경계 표식으로 주황색 막대기만 듬성듬성 꽂혀 있을 뿐이라, 어디가 피스테(piste)이고 어디가 위험 지역인지 잘 구분이 가질 않는다. 잘 못 길을 들어 크레바스(crevasse)에 빠지는 사고도 가끔 발생한다.

옆방에 묶게 되어 알게 된 체코 의사, 잰 로키

그림 E1-13. Skiing at Matterhorn

타(Jan Rokyta)의 차를 얻어 타고 스키장 베이스까지 갔다. 여기서 대형 케이블카를 타고 플랑메종(Plan Maison)으로, 그 다음 곤돌라로 갈아타고 치메 비안케(Cime Bianche)까지, 다시 케이블카를 타고 플라토 로사(Plateau Rosa)로, 졸지에 1,500m 정도를 올라오는 루트였다.

아쉽게도 날씨가 흐려서 정상에서는 아무 것도 볼 수가 없었다. 10여명이 같이 올라왔는데 대부분 초행이었는지 서로 눈치만 보고 아무도 출발을 하지 않았다. 잰과 내가 내려가자 따라오기 시작했는데, 낸들

아나? 말뚝만 보고 가는 거지. 몇 분 정도 내려왔을까? 안개가 걷히면서 오른쪽에 체르비노가 갑자기 모습을 드러냈다. 'Breath taking view!' 매터호른을 보면서 스키 탈 수 있다는 이야기는 많이 들었지만, 정말 만지듯이 바로 옆에서 스키를 타게 될 줄은 몰랐다(그림 E1-13).

문득 이런 생각이 들었다. 스키란 것이 원래 산을 내려오는 방법 중 하나 아니던가? 물론 여러 상황에서 내려오려면 각종 기술을 열심히 익혀야 하겠지만, 어쨌든 자연 속에서 내려오는 것 자체가 중요한 것 아닌가? '스키 자연주의'라는 단어가 떠올랐다.

한창 열심히 스키를 타던 학창 시절, 내게 스키는 '스포츠/레저/엔터테인먼트' 였다. 긴 겨울 방학 동안 가출하여, 좋아하는 운동하면서 친구들과 술 마시고 놀려는 목적이었다. 최소한 스키장에 오가는 길과 매일 밤 벌어지는 광란의 '아프레-스키(apres-ski)' 중에는 아무 생각 없이 편안했다. 하지만 문제는 스키 자체에 대한 스트레스였다. 스키를 타는 중에는 어김없이 경쟁에 찌든 의과대학 학생으로 돌아가 버리곤 했던 것이다. 남들보다 잘 타야 한다는 강박 관념, 매일 대표급 선수들의 스킹을 보면서 높아진 눈은 불가능하다는 것을 알면서도, '왜 나는 저렇게 안되지?' 하는 스트레스에 힘들어 했다. 공짜 리프트 및 대회 생중계에 눈이 멀어 참가한 레이싱 대회는 기말 고사를 보는 느낌이었고, 스키장 가는 길이 가끔은 학교 가는 길 같다는 생각을 하였다. 그러면서도 개강 직전까지 시합을 좇아 다니며 참가했던 'Race chaser' 생활을 한 것은, 일종의 '강박증(obsession)'으로 밖에는 설명할 수 없었다. 자연을 즐기려는 마음의 여유가 없었던 상황에서의 스킹이 또 하나의 부담이 되어 몸을 짓누르곤 했던 것이다.

알프스는 내게 스키의 본질은 산을 내려오는 것이고, 그보다 중요한 것은 없다는 것을 가르쳐 주고 있었다. 나는 오늘 숏턴을 하지 않았다. 경사가 비교적 완만한 곳으로 내려온 이유도 있었지만 이렇게 광활한 자연에서 붐비는 주말 스키장에서처럼 사람을 기문 삼아 중노동 스키를 하는 것이 안 어울리는 느낌이 들었기 때문이다. 길을 찾아 자연을 감상하면서, 중간중간 숨을 돌리며 내려오는 스키. 자연스럽게 'Breakthrough on skis'의 저자 리또(Lito Tejada Flores) 할아버지 스타일의, 힘 안 들이는 바닥타기 주법을 구사하게 되고, 여기에 잘 정비된 X-scream이 리무진을 탄 기분을 느끼게 해주었다. 무뚝뚝하던 잰은 약간 기분이 들떴는지 말이 조금 많아져서 묻지도 않은 딸 얘기까지 꺼냈고, 프라하에 놀러 오면 자기가 가이드를 해주겠다는 얘기도 했다. 나중에 딴소리 할까 봐 명함을 받아두었다. 생긴 것이 좀 거칠어서 그렇지 마음씨는 따뜻한 사람인 것 같았다.

오랜만에 운동을 해서 그랬는지 오후 세션은 졸다가 지나가고, 방에 돌아와서도 좀 피곤하여 누워서 잠시 쉬었다. 저녁은 먹고 자야 할 것 같아 밖으로 나갔는데, 비 시즌의 월요일 저녁이라 문을 연 식당이 별로 보이질 않았다.

혼자 떠나는 여행에서 가장 어려운 점은 먹는 것이다. 말이 그렇지 한 두 끼도 아니고, 외지에서 혼자 식당에 앉아 끼니마다 음식을 시켜 먹는 것은, 특히 나 같이 음식을 영양소의 집합으로 생각하는 사람에게는 힘든 일이다. 할 수 없이 동네 슈퍼에 들어가 먹거리를 찾아보았다. 나와 레옹이 닮은 점이 딱 한 가지 있는데 우유를 좋아하는 것이다. 저지방 우유를 2l 집어 들었다. 계란을 두 줄 사고 싶었지만 요리할 곳이 없어서 관두고 바나나, 슬라이스 햄, 치즈, 오렌지주스, 귀리가 박힌 식빵 몇 조각 등을 샀다. 그럴듯한 파워 식단으로 간단히 저녁을 해결한 후에 그냥 떨어져 갔다.

1.7. 1999년 5월 4일(화)

피곤해서 그랬는지 중독 증상 없이 가뿐하게 일어났다. 오늘은 헬리스킹을 예약한 날. 18만 리라, 약 12만원 정도에 경험할 수 있는 절호의 기회인지라 주저 없이 신청을 했었다. 그런데 창문을 열었더니 비가 주룩주룩. 산 위에는 구름이 잔뜩 끼어서 체르비노도 보이질 않았다. 헬기고 뭐고 다 취소되었다. 아침 세션 듣고 방에 들어와서 노트북 붙잡고 두드리고, 오후 세션 듣고. 어제, 그제의 발랄했던 기분이 완전히 내려가 버렸다. '내가 여길 왜 왔지?' 하는 생각도 들었다.

외국인들도 만나 보면 가지각색이다. 이런 종류의 학회에는 잘 나가는 의사들이 많이 등장하는데 그 중에는 거북한 친구들도 적지 않다. 이들도 처음 만나면 대부분 친절하다고 느껴진다. 하지만 이 때의 친절은 당연히 지키는 공중 도덕 같은 행위이므로 그것이 진정한 의미의 관심이나 호의는 아니라고 봐야 한다. 스키 부상 연구의 대가 존슨 박사는 바쁘기로 둘째 가라면 서러워할 분이지만, 근본적으로 마음이 따뜻한 사람이라는 느낌을 받았다. 그 동안 생면부지의 내게 대해준 것은 기대 이상이었고 일상적인 호의를 넘어선 것이었기 때문에, 나는 이분을 동양적 의미에서의 사부로 모시기로 마음먹게 되었다.

비가 쏟아지는 가운데 오후 세션이 끝났는데, 학회장 밖에 존슨 박사의 아내인 셜리 아줌마가 우산을 들고 서서 기다리고 있었다. 난 막연하게 미국 여자들은 이런 일 잘 안할 것 같다는 생각에 그 모습이 매우 인상적이었다. 셜리는 내 아내가 외지에서 아이들 데리고 살 일 때문에 걱정을 많이 한다고 했더니, 자기가 도와줄 테니깐 학교, 집 걱정하지 말라고 이웃집 아줌마처럼 자상하게 얘기해 주었다.

저녁 먹고 밖에는 빗소리가 들리는 가운데 사온 책들을 이것저것 보다가 잤다. 우울한 하루였다.

1.8. 1999월 5월 5일(수)

이 곳 알프스 산골짜기의 날씨는 정말 불안정하다. 어제 종일 비가 와서 이제는 스키고 뭐고 종 쳤구나 생각했었는데, 자고 일어나 보니 구름 한 점 없는 맑은 날씨로 변해있었다. 놀자 판 학회답게 오늘은 통째로 스케줄이 없는 날이라 대부분은 아오스타 밸리(Aosta valley)로 관광을 갔지만, 나는 계획했던 대로 스키를 타고 매터호른의 북동쪽 마을, 즉 쩨르마트로 넘어 갔다 오기로 하였다. 만나는 사람마다 같이 가겠냐고 물어봤지만 모두 고개를 저어서 결국 혼자 가게 되었다.

알프스 남서쪽 끝 자락의 지형을 말로 설명하자면 이렇다. 체르비니아 마을의 북동쪽에 매터호른(4478m)과 몬테로자(Monte Rosa, 4634m)가 솟아있고, 그 사이의 분지가 스위스와 이태리의 국경이다. 옛날엔 걸어서 넘나들던 길을 지금은 케이블카와 스키를 타고 다니는 것인데, 체르비노의 남벽(South face)를 보면서 체르비니아를 출발하여, 케이블카를 갈아 타고 이태리 쪽 끝까지 올라가면 플라토 로자(Plateau Rosa, 3480m)라는 국경 지역의 분지에 도착하게 된다. 경계가 어딘지는 모르겠지만, 어쨌든 국경을 넘어서 스키를 타고 스위스 쪽으로 내려가다 보면 이번

그림 E1-14. Map : Cervinia-Matterhorn-Zermatt

엔 서쪽에 매터호른의 동벽(east face)이 나타난다. 왼쪽에 매터호른을 두고 한참 내려가면 트로셰너 스테그(trochener steg)에 도착하고, 여기서부터 드디어 달력사진에 자주 등장하는 매터호른의 모습 즉, 북동능선(north-eastridge)을 등뒤에 두고 스키를 탈 수 있다. 계속 내려가면 퓨르그(Furgg)가 나온다. 봄 시즌이라 여기서부터는 눈이 녹아버렸기 때문에 케이블카를 타고 내려가서 퓨리(Furi)를 거쳐 쩨르마트에 도착하는 코스이다(그림 E1-14).

그림 E1-15. Alpine village, Zermatt

이렇게 체르비니아를 출발해서 쩨르마트까지 걸리는 시간이 부지런히 가도 약 1시간 반. 알피니스트(Alpinist)들이 걸어서 넘었던 고통에 비하면 미안한 생각이 들 정도로 빠른 시간이지만, 고속 케이블카로 가는데도 이 정도이니 얼마나 넓은 지역인지 알 수 있다. 아침부터 부지런을 떨어서 오전 11시에 쩨르마트에 도착할 수 있었다. 스위스 쪽 직원 얘기가 오후 2시 반까지는 케이블카를 다시 타야지 이태리로 넘어갈 수 있다고 했다. 계획을 세우기를, 나야 관광에는 사실 별 관심이 없으니까 두 시간 정도 시내를 돌아 다니다가 1시에 전망 좋은 곳에서 점심 먹고, 1시 반에 쩨르마트를 출발, 2시에는 이태리 쪽에서 스키를 더 타다가 3시 반쯤 내려가면 알찬 하루가 되리라는 생각을 하였다. 배낭에 넣어온 살로몬 트레킹화를 갈아 신고 스키는 락카에 걸어둔 다음 마을을 둘러보기 시작했다.

쩨르마트는 전형적인 알파인 빌리지이다. 사실 알프스 마을에 처음 들어왔음에도 불구하고 워낙 사진으로 많이 본 풍경이라 놀랄 것까지는 없었지만, 케이블카에서 내려다보이는 마을의 모습은 정말 그림 같이 아름다웠다(그림 E1-15).

대부분이 호텔, 상점, 식당인 거리의 집들은 어느 하나 만만하게 보이는 것이 없을 만큼 잘 정돈된 곳이었다. 여느 유럽 마을이 그렇듯이 중심부에 성당과 광장이 자리 잡고, 여기서 메인 스트리트(main street)가 뻗어 있었다. 거리에 늘어 선 각종 상점 중에는 규모가 큰 산악 및 스키샵이 여럿 눈에 띄었다. 좋은 제품들이 많았지만 알려진 대로 스위스는 매우 물가가 비싼 곳이므로 별로 구매욕이 생기지 않았다. 성당 옆에 상당히 넓은 공동 묘지가 마을 한복판에 있는 것이 좀 특이했고 여기에 관광객들이 모여있었다. 궁금했지만 시간이 없어서 그냥 지나쳤다.

날씨는 계속 화창해서 매터호른이 정말 깨끗하게 보였다. 여기 와서 가장 좋은 날씨를 만나 쩨르마트로 넘어온 것이 행운이었다. 그 중에서도 가장 전망이 좋은 식당에 자리 잡고 앉아, 만두처럼 생긴 맛있는 파스타를 시켜 먹고 커피를 한잔하면서 매터호른을 감상했다. 이보다 더 좋을 수 없다는 생각이 들었다(그림 E1-16).

그림 E1-16. Lunch at Zermatt

1시가 넘어 계획보다 조금 일찍 케이블카를 탔다. 오전에 매터호른의 동벽을 끼고 스키를 탔던 느낌이 워낙 좋았기 때문에 스키를 더 타는 것이 남는 것이라는 생각에서였다. 왔던 길을 다시 케이블카를 타고 '작은 매터호른'이라는 뜻인 클라이네 매터호른(Kleine Matterhorn, 3883m)까지 올라갔다. 이정표를 봐가면서 이태리 쪽으로 내려오는데 눈앞에 갑자기 나타난 넓은 슬로프. 거기에 파우더(powder, 신설)가 있었다. 게다가 어제 날씨가 죽을 쑤었던 이유에 사람도 별로 없어서 슈프르(spur)도 몇 줄밖에는 나있지 않고 경사도 만만한 파우더. 이것은 나만을 위해 준비된 파티였다. T-bar의 이름을 보니 플라토 로자(Plateau Rosa)라고 써 있었다. 오전에 이태리쪽 케이블카의 정상 이름과 동일한 것을 보니 그 옆에 있는 슬로프일 것이고, 그렇다면 여기서 종료 시간까지 타다가 내려가면 오늘은 정말 행복한 하루가 되리라고 생각했다. 쩨르마트에 가서 증명 사진도 찍었고, 매터호른도 실컷 구경했고, 거기에다 파우더 스킹까지. T-bar 타고 올라가면서 저절로 웃음이 나왔다. 습한 눈이라 약간 스키가 걸리는 느낌이 들었지만 정말 신나게 스키를 즐겼.

3시가 넘어 리프트 가동 시간이 끝나가자, 갑자기 주변이 어두워지면서 스산한 느낌이 들기 시작했다. 서두르자는 생각에 좀 속도를 붙였는데 월요일에 내려갔던 슬로프와는 뭔가 다른 느낌이 들었다. 워낙 넓은 지역이므로 그럴 수 있다고 생각했다. 지난 번과는 달리 활강중 주로 왼쪽에 산들이 보였다. 역시 복잡한 지형이므로 그럴 수 있다고 생각했다. 한참을 내려갔다. 사람들이 별로 눈에 띄지 않아 약간 불안했지만 이내 케이블카 탑승장에 도착할 수 있었다.

"휴~ 다행이다. 빨리 내려가서 샤워하고, 오늘은 여기서 만난 친구들과 한잔해야지." 이런 생각을 하면서 탑승장으로 들어가는데, 쩨르마트 유니폼을 입은 친구들이 몇 명 눈에 띄었다.

"저네 들 빨리 안 가면 스위스로 못 돌아 갈 텐데 어떡하려고 그러지? 멍청하면 몸이 고생한다니까. 바보 같은 녀석들."

그런데, 갑자기 기분 나쁜 느낌이 뇌리를 스쳤다.

1.9. 실수

"혹시, 만에 하나, 어쩌면… 내가 잘못된 것이 아닐까?"

갑자기 머리 안이 복잡해지며 조금 전 내려오면서 찜찜하게 느꼈던 일들이 줄줄이 떠올랐다. 생소했던 슬로프, 속도를 내느라 이정표를 관심없이 지나쳤던 것, 활강중 산이 주로 왼쪽에서 보였던 것 등. 특히 잠깐이었지만 매터호른이 왼쪽에 서 있던 장면이 떠올랐다. 그때는 멋있다는 생각 밖에는 없었다. 그제야 나는 지금 어떤 일이 벌어졌는지를 알게 되었다. 그렇다, 나는 이태리가 아니고 스위스로 내려온 것이었다.

자연이 어쩌고 스키가 어쩌고, 낭만적으로 돌아가던 머리 속에서 종소리가 한번 세게 울리더니, 비상등이 켜지고 스트레스 호르몬이 마구 분비되면서 바쁘게 돌아가기 시작하였다. 첫 번째 변화는 멍청하게 보이던 쩨르마트 소속 케이블카 직원들이 갑자기 존경스러워진 것이다. 다짜고짜 두 명을 붙들고 애절하게 호소하였다. 나는 한국에서 온 누구인데, 어쩌다 여기까지 오게 되었고, 오늘 이태리로 꼭 돌아가야 하는데 어쩌고 저쩌고, 횡설수설, 손 발 다 써가면서 심각한 표정으로 설명을 했는데 반응은 시큰둥. 아마도 매일 겪는 행사였는지 성의 없는 말투로 대답을 했다. 얘기인즉슨 한 마디로 이미 다 끝난 일이며, 죽어도 넘어가야 하겠다면 'snow cat(제설차: 눈 다지는 탱크 같은 차)'을 빌려 타고 가는 방법이 있다고 하였다. 순간 '스키장에 다니면서 한번 타봤으면 했는데 결국 저 탱크까지 타보는구나.'하는 생각이 들었다. 얼마냐고 물어보았더니 슬쩍 웃으면서 간단히 대답을 해주었다. "It's only three hundred dollars." 웃음의 의미는 내가 포기할 것을 미리 예상했기 때문이었다. 마음 같아서는 "Yeah! Very reasonable price. I'll take it!" 하고 싶었지만, 날도 이미 저물고 해서 결국 포기했다. 결과는? 언제나 다시 올 수 있으려나 하는 마음으로 작별을 고했던 쩨르마트에 난 불과 3 시간 만에 다시 돌아오게 되었고, 예정에 없던 스위스에서의 일박을 하게 되었다. 물론 케이블카에서 내려다 본 쩨르마트 마을의 모습은 오전의 환상적인 느낌과는 달리 웬수 같은 동네로 보였다.

너무 한심해서 지도를 꺼내어 잘못 내려온 이유를 따져 보았다. 오전에 체르비노 쪽에서 케이블카를 타고 올라 온 이태리 쪽 정상의 이름이 '플라토 로자(Plateau Rosa)'. 쩨르마트를 관광한 후 오후에 올라와 신나게 파우더를 즐겼던 T-bar의 이름도 역시 '플라토 로자'. 나는 이 이름이 이태리 쪽 전유물인 줄로 알았지만, 지도를 다시 보니 '플라토 로자'는 이태리와 스위스 양쪽에 걸쳐 넓게 퍼져있는 분지로서 여름 스키를 즐기는 대표적인 장소였다. 결국 나는 오늘 오후 스위스 쪽에서 스키를 타다가 스위스로 내려 온 것이었다.

쩨르마트로 돌아와 다시 신발을 갈아 신고 나니 오후 5시. 잠시 앉아서 전열을 가다듬었다. "그래, 어차피 벌어진 일, 깨끗이 포기하자. 어쩌면 이 곳이 나를 붙들어둔 것일지 모른다. 여기서 좀 더 놀다 가자." 내가 오늘 쩨르마트를 들른 이유 중의 한 가지가 신비의 산, 매터호른에 대해 알고 싶어 자료를 구하려는 것이었는데, 점심 시간에 서점이 문을 닫아버려 아쉬움이 있었던 지라, 서점에 들러 보면 기분이 좀 나아지리라는 생각이 들었다.

일단 숙소를 정해야 했으므로 마을로 내려갔다. 사람들에게 물으니 멀지 않은 언덕 위에 있는 유스호스텔을 추천해 주었다(그림 E1-17). 뭐 호강하러 온 것도 아니고 재미있겠다 싶어서 올라가 보니 날씨가 좋은 탓에 여러 나라에서 온 학생들이 마당에서 광합성을 하며 대화를 나누고 있었다. 배낭 하나에 스키를 짊어지고 파김치가 되어 도착한 내가 신기했는지 말을 걸기에, 오늘 오후에 있었던 '참사'에 대해서 얘기해 주었더니 배꼽을 잡고 웃었다. 주인 할머니도 따라 웃으면서 안내를 해 주었다.

그림 E1-17. Youth Hostel in Zermatt

그림 E1-18. Church in Zermatt(좌)
그림 E1-19. The History of the Matterhorn(우)

    2층 침대가 3개 들어있는 벙커에 공동 샤워장, 이만한 스모크 햄과 감자, 야채, 빵, 쥬스, 레몬티를 마음껏 마실 수 있는 저녁 및 조식을 합쳐 약 45,000원. 다른 호텔의 방 값이 대부분 100$을 훌쩍 넘는 것에 비하면 환상적인 곳이었다. 얘기를 들으니 이런 양질의 유스호스텔이 유럽 전역에 있어서 여행하는 학생들이 큰 부담 없이 잠도 자고, 영양도 보충하고, 친구도 사귀는 진정한 의미의 쉼터가 되고 있다는 것이다. 손님 중에는 초등 학생 애들을 데리고 여행 중인 가족도 보여 처자식 버리고 혼자 와있는 내게 죄책감이 들게 만들었다. 내 방에는 유럽 일주 여행 중인 스위스 학생들 3명, 스키에 미쳐서 미국 루이지아나에서 온 친구 1명, 여자 친구와 유럽 여행 중인 잘 생긴 호주 학생 1명 등이 같이 묶었다. 휴게실에 방명록이 있어서 보았더니 세계 각국의 젊은이들이 써놓은 낙서가 가득했는데, 한국인이 써 놓은 것은 유학생이 남긴 글 한 개뿐이었다. 연령은 유스(youth)가 아니지만 신체적, 정신적으로는 유스라고 혼자 믿고 있는 나도 몇 마디 끄적거려 놓았다.

    수건도 없이 대충 샤워를 하고 다시 마을의 메인 스트리트로 나갔다. 서점에 들어가 'The History of the Matterhorn', 'Guided Tour and History of Zermatt', 'The high mountains of the Alps' 등 세 권의 책과 이 지역 지도를 구입한 후 성당을 구경하고 돌아왔다. 오는 도중 마을 한 가운데에 있는 묘지를 다시 지나가게 되었지만 배도 고프고 해서 또 그냥 지나쳐 들어왔다(그림 E1-18).

    할머니가 만들어 주신 정말 싸고 푸짐한 저녁을 먹고 나니 배는 부르고 날씨는 따뜻. 매터호른은 여전히 잘 보이고 잠 잘 곳도 정해졌고. 다시 기분이 좋아져서 바람이 솔솔 부는 벤치에 앉아 조금 전 구입한 'The History of the Matterhorn' 이라는 책을 읽기 시작했다. 이윽고 나는 무척 많은 이야기를 간직한 신비스러운 산. 매터호른의 세계로 빠져들어 갔다(그림 E1-19).

1.10. The History of the Matterhorn : "The first ascent"

세상 일은 돌고 도는 것, 이 책을 읽으면서 난 오늘 케이블카를 놓친 이유를 알게 되었다. 만일 이태리로 무사히 그냥 돌아갔으면 난 매터호른의 겉 모습만 본 채 집에 갈 뻔했던 것이다.

체르비니아에서 내가 묶고 있었던 '등산 가이드의 숙소(Hostellerie des Guides)'라는 산장의 벽은 온통 가이드, 산, 등산 장비 등의 사진 및 그림으로 도배가 되어있었는데, 그 중 내 방에서 내려오는 계단 벽에 여러 사람이 산의 정상을 올라가는 모습과 그 바로 옆에 몇 명이 굴러 떨어지는 그림이 인상적이어서 잠깐 멈춰서 본적이 있었다. 무슨 그림일까 궁금했었다(그림 E1-20, 21).

때는 거슬러 올라가 1865년 7월, 이른바 'Golden age of Alpinism'. 19세기 중반 유럽은 탐험, 특히 고산 등반에 대한 열풍이 불어, 산악 장비의 발달과 함께 그 동안 사람의 발자국이 닿지 않았던 알프스의 고산들이 하나 둘씩 정복당하고 있었다. 하지만 유일하게 매터호른은 경사가 심하고 날씨가 변덕스러우며 중간에 수시로 떨어

그림 E1-20, 21. The first ascent of the Matterhorn

지는 낙석 등의 위험 요소 때문에, 여러 차례의 도전에도 불구하고 처녀봉으로 신비함만 더해가고 있었다.

그 중 매터호른의 정복에 목숨을 걸다시피 한 두 사람이 있었는데, 한 명은 당대의 유명한 등산가였던 영국의 에드워드 윔퍼(Edward Whymper)였고, 다른 한 명은 동료이자 라이벌이었던 이태리 발토난쉐(Valtournanche) 출신의 가이드 쟝 안토니 캐럴(Jean-Antonie Carrel)이었다(그림 E1-22, E1-23).

두 사람은 처음에는 웜퍼를 주축으로, 한 팀으로서 매터호른의 남벽(south face)을 정복하기 위해 8차례나 시도를 하였으나 모두 실패하고 말았다. 그러던 중 캐럴은 이태리의 마지막 남은 처녀봉인 매터호른은 이태리인이 올라야 한다는 애국심에 웜퍼 몰래 등정을 준비했고, 이를 우연히 알게 된 웜퍼는 캐럴과 결별한 다음 쩨르마트로 넘어가 반대편인 북벽(North face)의 등정을 준비하게 된다.

웜퍼는 우선 이태리 부레우일 지역의 가이드였던 더글라스(Douglas)와 죠셉 터그왈더(Joseph Tougwalder)를 알게 되어, 함께 테오둘 파스(Theodul Pass)를 통해 쩨르마트로 넘어갔다. 쩨르마트에서는 죠셉의 아버지이자 당대 최고의 가이드 중에 한 명

그림 E1-22. Edward Whymper(좌)
그림 E1-23. Jean-Antonie Carrel(우)

이었던 피터 터그왈더(Peter Taugwalder)가 합류하고, 이어 우연한 기회에 샤모니(Chamonix) 출신의 베테랑 가이드 크로쯔(Croz)를 만나 팀을 이루게 된다. 크로쯔는 당시 이미 영국의 성직자 찰스 허드슨(Charles Hudson)에게 고용되어있던 상태였으므로 허드슨이 합류하고, 자금이 모자랐던 웜퍼는 허드슨과 같이 다니던 신출내기 청년 로버트 해도우(Robert Hadow)를 끼워주게 된다(그림 E1-24).

그림 E1-24.
The members of the first ascent

이렇게 4명의 영국인과 3명의 가이드로 구성된 팀, 즉 웜퍼, 터그왈더 부자, 크로쯔, 해도우, 더글라스, 허드슨 등은 1865년 7월 14일 새벽, 드디어 쩨르마트를 출발하여 매터호른 등정에 나선다. 이때 이미 남벽 쪽에서는 캐럴이 이끄는 이태리 팀이 등정을 시작하여 남서쪽 등성이를 오르고 있던 상황이었다. 웜퍼 일행은 회른리 헛(Hornli hut)이 있는 고도 1064 ft의 분지에서 비박(bivouac)을 했다. 캐럴의 이태리 팀 역시 리온 리지(Lion ridge)에서 야영을 하면서 다음날 정상 공격을 준비하고 있었다. 동이 트기 전 웜퍼 일행은 북동쪽 회른리 리지(Hornli ridge)를 넘어 정상을 향해 오르기 시작했다. 몇 번의 위험한 고비를 넘긴 끝에 이들은 드디어 1865년 7월 14일 오후 1시 반 경 매터호른의 북벽을 정복하여 정상에 서게 된다. 날씨는 화창하였고 이들은 한참을 정상에 머물며

승리의 기쁨을 나누었다. 이 순간 이태리 쪽 남벽에서는 불과 200여 m 아래에 캐럴이 이끄는 이태리 팀이 올라오고 있었던 극적인 상황이었다. 8년여에 걸친 도전이 결국 윔퍼의 승리로 막을 내리게 되었던 것이다(그림 E1-25).

캐럴은 마지막 능선을 오르던 중 정상에 있는 사람을 보고 처음엔 귀신을 본 것으로 착각하였다. 거기에 사람이 서있다는 것을 믿을 수가 없었던 것이다. 하지만 이내 그 사람이 눈에 익은 하얀 바지 차림의 윔퍼라는 것을 알게 된 순간 등반을 포기, 눈물을 곱씹은 채로 하산해 버리고 만다. 이태리 인들에겐 충격이었지만 캐럴은 불과 3일 후, 이태리 쪽 남벽 만

그림 E1-25.The first ascent

은 이태리인이 올라야 한다는 생각에 다시 등정을 시도하여 정상을 정복한다. 아직도 이태리 사람들은 윔퍼가 8차례나 도전하여 실패한 남벽을 캐럴이 정복한 것에 더 의의를 두려 하지만, 그래도 최초로 정상에 선 사람은 한 명일 수밖에 없는 것이다.

승리의 기쁨을 만끽한 윔퍼 일행은 자신들의 이름을 기록한 종이를 병에 넣어 남겨놓고 하산을 시작한다. 그리고 여기서부터 신의 저주라고 밖에는 표현할 수 없는 끔찍한 일이 벌어지고 만다. 알프스 역사상 최악의 조난 사고가 일어난 것이었다.

7명의 일행은 하산 순서를 크로쯔 - 해도우 - 허드슨 - 더글라스 - 터그왈더 시니어 - 윔퍼 - 터그왈더 주니어의 순서로 정하고 리더는 베테랑 가이드, 크로쯔가 맡기로 하였다. 하산 시작 후 300m쯤 내려오자 '지붕'이라고 불리는 곳 도달했는데, 여기는 바위 사이의 넓은 틈새 들이 얼음과 눈으로 덮여서 손으로 잡을 곳이 만만치 않은 어려운 구간이었다. 이들은 이 곳을 한 번에 한 명씩 건너면서 뒤 사람이 로프를 잡아주기로 하였는데, 모두가 세 가닥의 로프로 줄줄이 연결된 상태였다.

그런데 여기서 일행 중 유일하게 초보였던 해도우에게 문제가 생기기 시작하였다. 당시 19세였던 해도우는 허드슨의 손에 이끌려 등산에 입문한지 1년이 채 안된 신출내기였지만, 자금이 모자라 애를 먹고 있던 윔퍼가 허드슨을 영입하면서 덤으로 합류한 경우였다. 건장하고 걸음이 빨라 소질은 있었으나 등산 경

험이라고는 허드슨과 함께 몽블랑을 몇 차례 방문했던 것뿐이었다. 때문에 처음 웜퍼가 가이드들을 섭외하던 중 일부 베테랑들은 해도우가 초보자라는 사실을 알고는 팀 합류를 거부한 일도 있었다. 이런 해도우가 결국 어려운 고비에서 불안한 행동을 보이기 시작했던 것이다.

맨 앞에서 가던 리더 크로쯔는 이런 상황을 눈치채고 있었다. 그래서 해도우가 발 딛을 곳을 찾지 못하고 주춤대자 돕기 위해서 허리를 굽혀 얼음 도끼를 해도우 쪽으로 가져갔다. 그 순간 해도우가 미끄러지며 크로쯔를 덮쳐 크로쯔까지 미끄러지고 말았다. 해도우와 크로쯔가 추락하자 모두를 연결한 줄은 차례로 허드슨과 더글라스를 줄줄이 물고 추락하였고, 불과 10여 초 사이에 네 명이 터그왈더 시니어가 쥐고 있는 로프에 매달리는 상황이 벌어졌다. 이어 나머지 3명도 버티지 못하고 같이 추락하려던 절체절명의 순간 극적인 일이 벌어졌다. 더글라스와 터그왈더 시니어를 연결하고 있던 줄이 끊어져버린 것이다. 먼저 크로쯔의 비명 소리가 들렸다. 나머지 세 명도 바위를 붙잡으려 안간힘을 썼지만 차례로 북벽 아래 빙하 쪽으로 비명을 지르며 사라지고 말았다. 순식간에 일어난 끔찍한 일이었다(그림 E1-26).

그림 E1-26. The disaster

정적이 잠시 흐른 후, 간신히 추락을 모면한 터그왈더 부자와 웜퍼가 정신을 차렸다. 이들은 극도의 두려움 속에 하산을 계속하였다. 하룻밤 야영 후 어떻게 내려온 지도 모르게 다음날 아침 참담한 소식을 지닌 채로 마을로 돌아왔다. 살아남은 이들은 바로 수색대를 조직하여 탐색을 벌였고, 매터호른 빙하 지역에서 크로쯔, 허드슨, 해도우의 시신을 발견했다. 하지만 더글라스의 시신은 결국 찾지 못한 채 몇 조각의 유품만 수거해오고 만다.

이 전대 미문의 참사에 쩨르마트는 초등의 기쁨을 누릴 겨를도 없이 마을 전체가 깊은 슬픔에 빠져버렸다. 전 세계의 소식통들은 이 사고를 매일 같이 크게 보도하였고, 당시 열풍처럼 번지던 고산 등반의 안전성에 대한 논란을 불어 일으켰다. 영국에서는 여왕까지 개입하여 격렬한 논의가 벌어진 결과, 금지 조처까지는 내려지지 않았지만 이 사건은 등산의 안전에 대한 인식을 새롭게 하는 계기가 되었다. 그 과정에서 이

Epiloge 1 : 매터호른 스키 여행기

후 수십 년 간 등산가들의 입에 회자되었고 아직도 풀리지 않은 두 가지 의문점이 발생하였다.

첫 번째 의문점은 '혹시 터그왈더 시니어가 줄을 끊어버리지 않았는가?' 하는 것이다. 수색이 끝난 후 쩨르마트에는 터그왈더 시니어가 앞서 추락하는 4명을 구할 노력을 하지 않고 줄을 끊어버렸다는 소문이 돌기 시작했다. 문제가 심각해지자 발래(Valais) 지역 당국은 조사위원회를 구성하여 당시 생존자와 수색 대원을 중심으로 사고 상황에 대한 조사를 진행하였지만 결과는 무죄로 판결이 났다. 터그왈더 시니어가 줄을 끊을 만한 시간적 여유가 없었고 줄이 끊어진 위치가 그 보다 3~4m 전방이었다는 증거들이 무죄 판결에 영향을 미쳤다. 하지만 이후에도 터그왈더 시니어에 대한 의혹은 끊이지 않았고 이로 인해 그는 평생 고향 사람들의 곱지 않은 눈총 속에 마음 고생을 하며 살아야 했다. 윔퍼도 조사위원회에서 터그왈더 시니어가 줄을 끊지 않았다고 강력히 증언하였지만 그날 정말 어떤 일이 있었는지는 지금은 모두 세상을 떠난 그들만이 알고 있을 뿐이다(그림 E1-27).

그림 E1-27. Broken rope

두 번째 의문점은 그날 사고의 근본적인 원인이 무엇이었냐는 것이다. 이것은 등산가들에게 두고두고 교훈으로 남게 되는데, 이에 대한 해석으로 몇 가지가 거론되었다. 1918년 발행된 Alpine Journal Vol. XXXII에 수록된 펄시 파라(Percy Farrar)의 분석을 보면, "진정한 사고의 원인은 해도우가 미끄러진 것도 로프가 끊어진 것도 아니다. 정상적인 상황에서였다면 크로쯔와 허드슨의 노련미가 충분히 해도우를 리드해낼 수 있었을 것이다. 결정적인 실수는 모두를 한 줄로 묶은 것이었다. 한 묶음이 된 동료들에게 의존하려는 마음이 사고의 원인이었다." "이 사고에서 얻을 수 있는 교훈은, 위험한 부분에서는 절대로 무리를 지어 진행하지 말라는 것이다. 아무리 경험 많아도 무리를 지은 상황에서는 안전하다는 착각에 빠져 책임감이 떨어지고 부주의하게 되어 실수를 범한다."

어쨌든 신의 저주와도 같은 이 날의 참사 이후 쩨르마트의 영광과 슬픔이 전 세계에 알려지고, 아이러니하게도 빈곤에 허덕이던 이 알프스의 조그만 마을은 이 사건 이후 유명해져 날로 번창하게 된다.

시간 가는 줄도 모르고 매터호른 이야기를 읽던 중 날은 저물고, 어느새 테라스에는 나 혼자 남게 되었다. 피곤한 여행객들의 코고는 소리를 들으며 침대에 누워서 134년 전 이곳에서 일어났던 사고와 오늘 내게 일어났던 일 들을 돌이켜 보는 데 문득 이런 생각이 났다. "혹시 내가 체르비니아의 '등산 가이드의 숙소'에 묶고 있는 것을 그림 속에 있는 이들의 영혼이 알고는 나를 쩨르마트로 불러들인 것이 아닐까? 섭섭하게 그냥 돌아가버리려 하자 케이블카를 잘 못 태워 못 가게 잡은 것이 아닐까? 그리고 나에게 책을 읽혀 134년 전 이 곳에서 일어났던 참사의 진실을 밝혀달라고 호소한 것이 아닐까? 그렇다면 나를 붙잡은 것은 누구일까? 터그왈더 시니어에 의해 로프가 잘려나가 비참한 죽음을 당한 4명의 영혼일까? 아니면 억울한 누명을 쓰고 평생 마음 고생 속에 살다 죽은 터그왈더 시니어의 영혼일까?"

1.11. 1999년 5월 6일(목) : 조난

시끄럽게 우는 새 소리에 일찍 눈을 떴다. 창문을 열어보니 어제 그렇게도 선명히 보이던 매터호른은 온데 간데 없이 사라지고 구름만 잔뜩 하늘을 덮고 있었다. 나는 반사적으로 일어나 세수도 안하고 빠른 걸음으로 마을로 내려 갔다. 그리고는 어제 두 번이나 그냥 지나쳤던, 마을 한 가운데 있는 공동 묘지로 들어갔다.

예쁘게 잘 정돈된 카톨릭 묘지에는 아침 일찍이라 방문객은 없고 관리하는 할아버지만 꽃에 물을 주고 있었다. 2단으로 되어있는 묘지의 위층에는 그 동안 세계 각국에서 매터호른을 찾아와 젊음을 불사르고 죽어간 등산가들의 묘비가 세워져 있었다. 그 중 오른쪽 구석에 서있는 터그왈더 부자의 묘비, 거기서 몇 블록 떨어져있는 허드슨, 해도우, 크로쯔의 묘비. 꽃을 한 송이 놓고 가고 싶었지만 그들을 생각하는 것으로 대신하고 묘지를 빠져 나왔다. 어제 그냥 지나칠 때 느꼈던 궁금증이 풀렸다(그림 E1-28, E1-29).

사고 당시의 유품들이 전시되어있는 알파인 박물관에도 들려보고 싶었지만 10시가 개장이라 포기하였다. 결과

그림 E1-28. 산악인의 묘지 비석(좌)
그림 E1-29. Croz의 묘비(우)

야 어떻게 되었든 어제 같은 고생을 되풀이 하지 않으려면 오늘은 되도록 일찍 서둘러 체르비니아로 넘어가야 하겠다고 마음먹었기 때문이다. 유스호스텔 할머니에게 잘 지내고 간다고 뽀뽀 한 번 해준 다음 부지런히 스키를 메고 케이블카 쪽으로 걸어가는데 비가 내리기 시작하면서 매터호른은 구름에 가려 전혀 보이질 않았다. 탑승권을 끊으면서 직원에게 이렇게 흐린 날에도 체르비니아로 넘어가는데 별 문제 없겠냐고 물어보았다. 어깨를 으쓱하며 하는 말 "Maybe." 어쨌든 케이블카와 리프트는 돌아간다는 얘기였다.

바로 어제 일생에 손꼽힐 만한 바보 짓을 저질렀던 나로서는 확인이 필요하였다. 지도를 펼쳐놓고 보니 쩨르마트에서 체르비니아로 넘어가는 방법은 두 가지. 일단 클라이네 매터호른(Kleine Matterhorn)까지 케이블카로 올라간 다음, 어제 신나게 파우더를 즐기다 망했던 바로 그 플라토 로자(Plateau Rosa) 코스의 중간에 샛길로 빠져 이태리 쪽으로 넘어가는 길이 있고, 다른 방법은 퓨어 피스테(Fueher Piste)라는 코스로 조금 내려가다가, 테스타(Testa)라는 리프트를 타고 테스타 그리가(Testa Griga)로 올라가서 체르비니아로 내려가는 길이다. 내가 오늘 끊은 케이블카 패스는 체르비니아로 넘어가기 위한 일회용이었기 때문에 만일 악천후로 테스타라는 리프트가 가동을 안 하면 쩨르마트로 내려가서 다시 패스를 끊어야 할 수도 있다는 생각에 전자의 방법을 택하기로 하였다. 내심 이런 것까지 치밀하게 생각한 자신이 대견스럽게까지 느껴졌다. 그러나 이 선택이 진짜 사람 잡을 뻔 할 줄이야.

클라이네 매터호른까지 올라가는 동안 지독한 안개 때문에 주변에는 아무 것도 볼 수가 없었다. 불안했지만 같이 타고 올라가며 신나게 떠드는 할아버지들을 보고 조금 위안을 받았다. "뭐 할아버지들도 올라가는데..." 정상에서도 시야는 최악이었지만 몇몇 스키 광들이 이런 날에도 앞을 더듬어가면서 스키를 타고 있었다. 어제 그렇게도 경치가 좋아서 시간 가는 줄 모르게 만들었던 이 곳이 하루 만에 달나라처럼 변한 것이 놀라웠다. 일부러 천천히 살펴 내려왔는데도 체르비니아로 빠지는 길을 찾을 수가 없었다. 하는 수 없이 T-bar를 타고 다시 올라가는데 점점 사람들이 보이지 않았다. 심지어 붙잡고 있는 T-bar 로프의 끝도 안 보이니 나 혼자 미궁으로 빠져들어가는 불길한 느낌이 들었다. 정상에 올라가서야 한 곳에 동네 고딩같은 애들이 서너 명 모여있는 것을 발견했다. 재빨리 내려가서 친한 척하며 이태리로 가는 길이 어디냐고 물었다. 그랬더니 한 녀석이 길은 안 가르쳐주고 한다는 이야기가, 어제 자신의 동료 한 명이 오프 피스테(off-piste) 스키를 즐기다가 크레바스(crevasse)에 빠져 죽을 뻔 했다는 것이었다. 그리고 보니 나도 어제 구조 헬기를 본 기억이 났다. "짜식, 불안하게 그런 얘기는 뭐 하러 해." 한참 떠들더니 혼자 찾기 어려울 테니까 자기들을 따라오면 중간에 빠지는 길을 가르쳐 주겠다고 했다. 따라 내려가는데 눈은 더 오고 바람까지 불어 시야가 점점 더 나빠지고 있었다. 어딘지도 모르는 길을 한참 가더니 갑자기 "여기가 이태리로 빠지는 길이긴 한데 너무 안 보이니 조심해서 잘 찾아가라."는 말 만 남긴 채 녀석들은 쩨르마트 쪽으로 순식간에 사라져버렸다. 황당하게도 정상 부근의 슬로프에 나 혼자만 남게 된 것이었다. 그리고 나는 천천히 홀린 듯이 체르비니아로 넘어가는 샛길로 접어들었다.

나중에 안 사실이지만 이런 악천후에 스키를 탄다고 이 근처에 어슬렁거리는 것 자체가 위험한 짓이었었다. 알프스의 스키장은 정상의 고도가 3,400m가 넘는, 말이 스키장이지 그냥 산에 말뚝만 박아놓은 것이나 다름이 없다. 자연 현상을 그대로 보여주기 때문에 천재지변이 일어날 수도 있다. 물론 피스테(piste) 밖으로 벗어나지만 않으면 큰 위험은 없겠지만 정상 부근의 악천후는 piste/off-piste를 구분하기 조차 어려운 상황으로 몰고 가고 있었다. 특히 사람들이 별로 다니지 않는 샛길은 경계를 표시하는 주황색 폴을 찾기조차 힘들었다. 눈은 점점 쌓여 스키가 자꾸 걸리는 바람에 프루그로 진행하기도 만만치 않은데 시야는 수 미터 앞도 안보이고. 사방이 온통 하얀 색으로만 보이니 평형 감각이 둔해져 경사를 판단하기가 어려웠다.

어쨌든 길은 길이니깐 앞으로만 가면 될 것이라는 생각에 천천히 전진하는데, 갑자기 경사가 심해지면서 속도가 붙었다. 당황하여 회전을 시도하다가 바깥 쪽 스키가 눈에 걸려 벗겨지면서 넘어지고 말았다. 한 쪽 스키로 제동을 걸며 미끄러져 내려가다가 갑자기 나타난 밧줄이 목에 걸려 반사적으로 붙잡았다. 그리고 나서 아래쪽을 내려다 보니 세상에, 경사가 족히 70도는 넘을 것 같은 언덕으로 굴러 떨어질 뻔했던 것이다. 남은 한 쪽 스키로 스텝을 밟아 간신히 기어 올라왔다.

갑자기 상황이 장난이 아니라는 판단이 들면서 겁이 덜컥 났다. 그리고 먼저 벗겨진 스키를 황급히 찾았다. 멀지 않은 곳에 스키가 쳐 박혀 있었다. 한 쪽 스키를 잃어버리지 않은 것이 천만 다행이었다. 이 상황에서는 스키가 없으면 앞으로 전진하기가 불가능한데, 길이 구분이 안 가는 상태에서 섣불리 걸어가다가 골짜기 같은 곳에 굴러 쳐 박히면 정말 죽을 수도 있기 때문이었다. 또 현재와 같은 날씨가 더 악화된다면 이 곳에서 밤을 새야 할 지도 모르는데, 어제 날씨가 워낙 좋았던 터라 티셔츠에 얇은 플리스 재킷 하나 달랑 걸치고 온 상황이었고, 이런 옷차림으로 알프스 산 속에서 혼자 밤을 샌다는 생각을 하니 아찔했다. 그

Epiloge 1 : 매터호른 스키 여행기

리고 오만 가지 생각이 다 떠올랐다. "어제야 잘못 넘어갔으니 스위스에서 살면 되었지만, 이 것은 정말 죽을 수도 있는 상황 아닌가. 매터호른을 등반하다 죽은 것도 아니고 멀쩡하게 케이블카까지 있는 스키장에서 죽었다고 하면 무슨 망신이람."

일단 스키를 바로 고쳐 신고 다시 한번 지도를 꺼내 보았다. 한 가지 확실한 것은 길을 잘못 든 것은 아니라는 판단에, 고민하다가 계속 전진하기로 결정하였다. 몸을 가누기도 어려울 정도의 눈보라를 헤치고 한 30분쯤 내려갔을까, 바람이 약해지면서 시야가 조금 좋아졌다. 그리고 나타난 조그만 체르비니아 이정표가 구세주를 만난 것처럼 반가웠다. "휴~ 살았다." 서서히 앞이 보이며 스킹이 가능해지자 치메 비안케(cime bianche)까지 뒤도 안 돌아보고 바로 달려 내려갔다. 산장에 들어가서 따뜻한 카푸치노를 한잔 시켜놓고 숨을 돌리는데 온 몸이 땀과 눈으로 범벅이 되어있었다.

아래 쪽은 눈이 많이 녹았고 만사가 귀찮아져서 체르비니아 마을로 내려와 버렸다. 깔끔 떠는 스위스쪽 쩨르마트에 비해 약간은 우중충하고 엉성한 체르비니아였지만 훨씬 더 정겹게 느껴졌다. 완전히 파김치가 되어 이틀 만에 돌아온 나를 '등산 가이드의 숙소' 주인 아저씨는 웃으면서 맞아 주었고, 방에 들어와 뜨거운 물로 샤워를 한 후 침대에 누워 뻗어버렸다. 이틀 동안 벌어졌던 일 들이 마치 꿈을 꾸고 일어난 듯한 느낌이었다.

잠시 휴식을 취한 후, 놀면 뭐하냐는 심정으로 학회장으로 갔더니 나는 이미 유명 인사가 되어있었다. 어제 만난 쩨르마트 케이블카 직원이 내 숙소를 물어 보았는데, 친절하게도 그 직원은 산장 주인 아저씨한테 당신 손님이 우리나라에서 하룻밤 자고 갈 테니 너무 걱정하지 말라는 전화를 해 주었고, 또 주인 아저씨는 이 일을 학회장에게 알려주었다는 것이다. 학회장은 이를 오늘 오전 세션 진행 중 참석자들에게 우스개 소리로 애기를 하여 폭소가 터졌다는 것이다. "짜식 들이, 나는 죽을 뻔 했는데." 하지만 덕분에 인사는 엄청 많이 받았다.

오늘 일정의 말미에는 집행부 회의 결과를 보고하였는데, 학회에서는 나에게 'National Secretary'라는 직책을 주었다. 일종의 지부장 같은 것인데 선발된 이유는 단 한가지, 이 모임에 참석한 한국인이 내가 처음이기 때문이었다. 죤슨 박사의 입김도 약간 작용한 것 같았다. 어쨌든 나는 'ISSS National Secretary'라는 직함이 생겼고, 어제 오늘 일어났던 일 들을 간단히 얘기하면서 앞으로 열심히 하겠다고 하자 모두들 박수로

환영해주었다. 너무 많은 일들이 벌어진 길었던 이틀이었다.

저녁 먹고 숙소로 올라오는데 벽에 걸려있는 사진, 그림들이 새로운 느낌으로 와 닿았다. 고집 세게 보이는 당대의 최고의 등산가 윔퍼의 사진, 윔퍼에게 매터호른 초등의 영광을 내어 준 불운의 명 가이드 캐럴의 사진, 그리고 무엇보다도 1865년 여름 그날의 참사. 매터호른에 얽힌 사연들을 되새기며 한참 동안 서서 그림들을 쳐다보다가 밤 늦게 방으로 올라왔다.

그런데 여기서 또 한 가지 문제가 생겼다. 방에 들어오면서 가만히 생각을 해보니, 나와 함께 유일한 손님이었던 옆방의 체코 아저씨 잰은 어제 집으로 돌아가 버린 탓에 이 산장에 손님이라고는 나 하나뿐이었다. 갑자기 이 산장이 무서워지기 시작했다.

'Hostellerie des Guides'의 구조 및 인원 구성은 다음과 같다. 지하 1층, 지상 3층의 이 조그만 산장은 가구를 비롯한 모든 시설이 연도를 짐작하기 어려울 만큼 오래된 물건들이고 방에는 TV도 없다. 전화는 있지만 연결이 안되고 받지도 않는다. 그도 그럴 것이 직원이라야 뭔가 사연이 있을 것 같이 보이는 주인 아저씨, 산골에서 근무할 것 같이 보이지 않는 잘 생긴 이태리 총각, 청소 및 허드렛일 하는 허리가 구부정한 할머니 등 세 명이 전부이고, 어디서 뭐 하는지 뻔하기 때문에 전화가 필요 없는 구조인 것이다. 지하에는 작지만 예쁘게 꾸며진 고풍의 극장이 있고, 1층에는 온통 알프스 및 히말라야에서 가져온 기념품 들로 둘러싸인 거실이 있다. 2층에 객실 4개, 3층에 객실 2개와 작업실로 보이는 방이 있다. 방 열쇠는 마구간 자물통처럼 생겼는데, 어이없게도 잠그고 나서는 바로 옆 복도 벽에 걸어 놓게 되어있었다. 난 노트북, 현금 등이 걱정되어 첫 날은 이 아령 수준의 열쇠를 들고 다녔는데, 하루 지나고 나니 전혀 그럴 분위기가 아니어서 그냥 걸어 두었다(그림 E1-30).

주인 아저씨는 9시면 현관 및 객실로 통하는 문을 아예 잠그고 어디에서 자는지 없어져 버리므로 찾을 수가 없다. 결국 지금은 나 홀로 이 산장에 있는 것이다. 물론 처음에는 이런 고풍의 유서 깊은 곳에 묵게 된 것을 행운으로 여겼다. 그러나 모든 사실을 알게 된 지금은 문제가 달랐다. 산에서 비명에 죽은 사람들의 물건과 그림이 도배되어 있는 산장에 나 혼자, 그것도 어제 오늘 매터

그림 E1-30. 귀곡산장

호른의 저주 받은 영혼들과의 교감이 있었던 상황에 말이다. 갑자기 모든 것이 다 무서워지기 시작했다. 산장은 귀곡 산장. 주인 아저씨, 청년, 허리 굽은 할머니 등은 전형적인 공포물에 나오는 멤버들. 밖에서 들리는 시냇물 소리도 무섭게 들렸다. 삐걱거리는 소리라도 문 밖에서 나면, 하산 도중 비참하게 죽은 4명의 귀신이나 억울한 누명을 쓰고 살다 죽은 터그왈더의 귀신이 "은선생~ 내 누명 좀 벗겨 줘~" 하면서 계단을 오르는 소리로 들렸다. 3층 작업실엔 재봉틀이 보이던데 혹시 손님 들을 껍데기만 벗겨 가죽 코트를 만들어 입는 기구들이 아닌지. 나가서 소주, 아니 아무 술이라도 한잔 하고 와서 잘까 하는 생각도 하였지만, 정말로 문밖에 나가기가 무서워서 이불 뒤집어쓰고 잤다. 몸이 피곤해서 바로 잠든 것이 그나마 다행이었다. 공포에 뜬 눈으로 지샜을 생각을 하니 끔찍했다.

1.12. 1999년 5월 7일(금) : 소원 성취

이 곳의 일기 예보라는 것은 아침에 산을 처다보고, 잘 보이면 오늘 날씨 좋다고 하는 것이 전부이다. 도무지 예측을 할 수 없으니 말이다. 어제 나를 비참하게 만들었던 눈보라는 씻은 듯이 없어지고 정말 구름 한 점 없는 화창한 날씨로 변해있었다. 오늘은 학회의 마지막 날이고 12시부터는 친선 스키대회와 바베큐 파티가 예정 되어있어서 모두들 약간 들 뜬 분위기였다. 학회장에도 빈자리가 많았고 나 역시 듣는 둥 마는 둥 끝나자 마자 바로 스키를 챙겨서 산으로 올라갔다(그림 E1-31).

오늘 작은 소원 한가지 풀었다. 반소매만 입고 스키를 타보고 싶었는데 그러기에 적당한 날씨였던 것이다. 혹시나 해서 입고 올라갔던 노스페이스 플리스 재킷은 집어 던져졌고, 어제 고생했던 정상부터 반소매 차림이 어울리는 전형적인 summer ski 환경이었다. 강렬한 태양 아래 매터호른을 비롯한 주변의 알프스 산 군이 한 눈에 들어오는 절경. 넓게 펼쳐진 슬로프는 어제 내린 눈 덕택에 최상급 설질이었다. 여기에 잘 정비된 올라운드 스키, 살로몬 X-scream은 그 위에 서있기만 하면 알아서 나를 모시고 가는, 기사 달린 최고급 리무진의 역할을 하고 있었.

스키 대회는 축제 분위기였다. 60세를 한참 넘긴 스웨덴의 거장 에릭슨 박사도 비브를 달고 뛰었고, 학회장인 노르웨이 에클란트의 5살짜리 늦둥이도 프루그로 완주를 하였다. 할머니도 뛰고, 아줌마도 뛰고.. 활

그림 E1-31. Skiing at Matterhorn 그림 E1-32. Ski race

강복에 헬멧까지 쓰고 나온 레이서도 있는 반면, 애를 앞에 붙들고 내려가는 아버지도 있었다(그림 E1-32).

레이스가 끝나고 매터호른이 보이는 테라스에서 바베큐 파티가 열렸다. 나는 에릭슨 할아버지 옆에 앉아서 이 곳 밸리(Valley)지역의 주식이라는 폴렌타(Polenta)에 닭다리, 갈비 등을 레드 와인에 곁들여 먹었다. 에릭슨은 그 동안 세계를 돌아다녔던 거장답게 '건배'라는 용어를 각국 말로 돌아가면서 하여 분위기를 북돋웠다. 햇살은 따뜻했고 바람이 솔솔 부는 날씨에 웃음 소리가 가득했다. 여기 저기서 서로 모여 사진을 찍어대느라 시끌벅적하였다. 이보다 더 좋을 수 없다는 생각이 들었다.

출발하기 바로 전 날 구입했던 Ricoh 4200 3배 줌 디지털 카메라는 금번 여행에서 역할을 톡톡히 해냈다. 가져간 노트북과의 연결은 암스텔담 공항에서 구입한 PC card로 해결되었다. '박순백 칼럼(drspark. dreamwiz.com)'의 순백 형님이 일기장처럼 사용하는 모습이 좋아 보여서 사겠다고 벼르다가 이번 여행 소식을 인터넷 스키 매거진에 현장 전송하려는 계획이 생겨 부랴부랴 구입했는데, 사실 나는 일생에 처음으로 내 카메라를 갖게 된 것이었다.

우리 가족 중에는 사진을 좋아하는 사람이 많다. 아버지가 사진이 취미, 형님도 사진이 취미, 아내는 사진과 대학원 출신. 이러니 나는 그 동안 카메라를 잡아볼 기회도 없었고 필요도 없어서 그냥 없이 지냈던 것이었다. 그런데 막상 내 카메라가 생기고 나니 찍고 싶은 욕심이 생겼고, 이 디지털 카메라라는 것이 시원치 않으면 지워버리면 되므로 필름 걱정에 망설일 필요가 없어서 마구 눌러댔다. 그런데 이 디지털 카메라의 문제는 전원. 이 모델은 알칼라인 전지를 사용하게 되어있는데 어차피 충전지도 얼마 못 가므로 차라리 건전지를 충분히 들고 다니며 사용하는 것이 낫다는 친구의 조언에 구입을 했었다. 그런데 사용해 보니 몇 장 찍었다 싶으면 전원이 금새 바닥나버려서 항상 전원 때문에 불안해 해야 했다. 그래서 여행할 때 아예 카메라를 안 들고 다니던 내가 이번에는 디지털과 일반 카메라 두개를 들고 다니게 되었는데 이게 보통 짐스러운 것이 아니었다. 전 세계를 여행 다니는 것이 직업이라 항상 부러움의 대상인 동아일보 여행 전문기자 조성하 형님은 카메라 짐을 지고 다니느라 말이 좋아 여행이지 제대로 즐기기가 힘들다는 얘기가 실감이 났다. 어쨌든 난생 처음 내 카메라를 가지고 놓치기 싫은 장면들을 많이 찍어보았다.

위쪽에 좋은 파우더가 있어서 언제 또 타보려나 하는 심정으로 더 타다가 버스 시간에 맞추어 산을 내려왔다. 산장에 들어와서 짐을 정리한 다음 존슨 박사와 여기서 사귄 친구들에게 인사를 하고, 마지막으로 '등산 가이드의 숙소' 주인 아저씨와 작별 인사를 하였다. 주인장은 혼자 스키를 들고 와서 고생하다 훌쩍 떠나버리는 내가 매터호른 이야기에 관심 있는 것을 알고는 다음에는 매터호른을 올라가 보라고 하였는데 나는 그것이 농담으로 들리질 않았다. 버스를 타러 나가는데 돌아보니 그새 날씨가 또 변하여 매터호른은 연극이 끝난 무대처럼 구름 뒤로 마술과 같이 사라져 버렸다. 매터호른이 없어진 덕분에 별 미련 없이 버스에 몸을 싣고 체르비니아를 떠났다. 꼭 다시 오게 되리라는 느낌이 들었다.

이태리는 푸르만이라는 시외 버스 시스템이 잘 되어있어서 일정만 잘 짜면 어디든지, 국경을 넘어서 프랑스, 스위스로도 편리하게 갈 수 있다. 밀라노로 돌아오는 길도 푸르만 버스를 이용하였는데, 5시 반에 체르비니아를 출발하여 30분 정도 간 다음, 섀틸론(Chatillon)이라는 마을에서 갈아타는 일정이었다. 섀틸론 터미널에서 티켓을 끊고 버스를 기다리는데 동네 고딩들로 보이는 껄렁한 애들이 여러 명 모여있었다. 밀라노 역에서 아랍 출신 소매치기들이 대놓고 접근하는 것을 본적이 있는지라, 나는 선글래스에 인상을 꽉 꽉 쓰면서 짐을 돌보는데 신경을 쓰고 있었다. 몇 대의 버스가 지나간 다음 밀라노 행으로 보이는 빨간 버스가 정류장을 돌아 들어왔다. 다행이다 싶어 기지개를 한번 켜고, 별 생각 없이 한국에서처럼 주머니에 손을 넣고 버스를 쳐다보고 있었다(그림 E1-33).

그런데 또 다시 믿을 수 없는 일이 벌어졌다. 버스가 내 앞으로 접근하자 나는 짐을 집으러 상체를 숙였는데 버스가 속도를 좀 줄이는 듯 하더니 그냥 지나가 버리는 것이었다. 좀 앞에 가서 서려나 보다 하고 여전히 어깨에 힘주고 짐을 들고 걸어서 따라가는데, 어어… 그냥 가버렸다. 날 안태우고 말이다.

정말 황당했다. 이번 여행에서 세 번째로 머리 속에 종소리가 울렸다. 스위스로 잘못 넘어갔을 때 한번, 악천후 속에서 이태리로 넘어 오다가 또 한번. 그리고 이번에는 버스를 놓쳤다. 또 머리가 바쁘게 돌아가기 시작했다. "오늘 밀라노로 못 돌아가면 내일 오전 비행기도 못 타는데." 일단 터미널로 들어가 티

그림 E1-33. Bus stop at Chatilon

켓팅을 해준 아줌마에게 항의를 했다. 손님이 있는데 그냥 지나가 버리는 법이 어디 있냐고 했지만, 뭐 그럴 수도 있지 않냐는 투로 쳐다보았다. 이대로 있다가는 오늘 밀라노로 가기가 어렵겠다는 생각에 더 다그쳤다. 그제서야 "그렇다면 어쩌고…" 하면서 방법을 가르쳐 주는데, 일단 6시 반에 여기서 생 방상(St. Vincent) 이라는 곳까지 버스를 타고 간 다음, 거기에서 10시에 밀라노로 가는 버스가 있으니 잘 잡아타라는 얘기였다. "내가 그걸 어떻게 믿어?" 어느 장소에서 어떻게 생긴 버스며 누구에게 확인을 해보아야 하느냐는 둥 꼬치꼬치 캐물었더니 질린다는 듯이 마침 그 옆에 생 방상으로 간다는 뚱뚱한 아저씨를 소개시켜 주었다. 그 아저씨가 거기에 가서 버스 타는 장소를 알려주겠다고 하였다. 하는 수 없이 생면 부지의 이태리 아저씨를 졸졸 따라서 버스를 타고 팔자에 없는 생 방상이라는 곳에 오게 되었다. 새틸론에서 30분 정도의 거리였는데 라스베가스 같은 도박 타운이었다. 그러니 밤 늦게도 버스가 왔다갔다하고. 큰 가방 하나에 스키, 배낭. 어디인지 위치도 모르는 도시에 혼자 떨어졌다. 한심한 생각이 들었다. 이번 여행은 왜 이리도 시련이 많이 일어나는지.

혼자 떠나는 여행은 짐을 줄여야 한다. 가급적이면 크더라도 배낭 하나에 해결하는 것이 좋다. 동시에 여러 개의 짐을 관리하기가 힘들기 때문이다. 두 개 이상 들고 다니면 화장실 갔다 오기도 어려워진다. 이번에는 내 스키와 부츠를 가져갔고, 구입한 겨울 장비와 책들 때문에 짐이 커졌는데 그 대가를 톡톡히 치르고 있었다. 생 방상에 도착하니 저녁 7시였는데 밀라노 행 버스의 출발 시간은 10시. 일단 3시간 정도 머무를 곳을 찾아야 했다. 둘러보니 대형 카지노 및 호텔들이 눈에 띄었는데, 섣불리 들어갔다간 거지 취급 받을 것이란 생각이 들었다. 몇 일 동안 냉탕, 온탕 왔다 갔다 하듯이 눈보라, 태양 속에 번갈아 굴렀더니 얼

굴 및 목에 화상을 입어 몰골이 말이 아니었기 때문이다.

낑낑거리면서 짐을 끌고 그 중 만만해 보이는 카지노 아래에 있는 카페에 들어갔다. 왜 이 꼴로 여기까지 오게 되었는지를 설명한 다음, 이 곳에서 밥 먹고 마시고 한 3시간 개길 수 있겠냐고 물었더니 우주인 쳐다보듯이 쳐다보았다. 체르비니아에서 만난 이태리 사람들은 같이 더듬거리긴 해도 영어로 의사 소통이 되었는데, 여기서부터 등장하는 이태리 사람들은 정말 영어를 전혀 모르는 것 같았다. 말이 안 통하니 옆에 있는 사람한테 다시 한 번, 또 안되니깐 그 옆 사람. 무슨 일이 났나 싶을 정도로 어수선해지자 비로소 건너편에 있던 아저씨가 왔는데, 영어 할 줄 아는 사람을 만나니 마치 동포를 만난 것처럼 반가웠다. 그리고 영어가 모국어처럼 잘 풀려 나왔다. 다행히도 이야기가 잘 되어서 짐도 맡아주고 편안한 자리에서 10시까지 기다릴 수 있게 되었다.

이태리 인들은 정말 재미있는 사람들이다. 이 들이 좋아하는 것이라 하면, 축구, 포뮬러 원 레이스, 에스프레소 커피, 담배, 수다 등. 축구나 레이스가 열리는 날엔 길거리에 사람이 없단다. 친절하지만 약간 과장된 점이 많다. 예를 들어 아무나 붙잡고 길을 물어보면 모른다고 대답하는 사람은 거의 없다. 뭐라도 열심히 가르쳐 주기는 하는데, 가보면 제대로 가르쳐 준 사람 역시 드물다고 한다. 성현이 얘기를 들으니 여기 사람들은 따지는 것에 익숙하지 않다고 한다. 슈퍼에서 사온 음식이 상했다고 치자. 그것을 다시 들고 가서 바꿀 생각을 하는 사람이 별로 없다고 한다. 그래서 여기에 온 한국인 들이 꼬치꼬치 따지면 질겁을 하고 해달란 대로 다 해주긴 하지만 그런 점을 싫어한다고 한다. 이태리 사람들은 담배를 많이 피운다. 남자 여자 할 것 없이 길거리, 사무실, 공항, 음식점에서 담배를 피워댄다. 그리고 꽁초를 바닥에 그냥 버린다. 길거리가 결코 깨끗하다고 할 수는 없는 우리 나라 사람이 보아도 이상할 정도이지만, 모두들 다 그렇게 하기 때문에 며칠 있다 보면 그리 나빠 보이지도 않는다. 대신 부지런히 치워서 여기는 청소부가 하루 종일 할 일이 많다고 한다. 이들은 커피, 그 중에서도 한약처럼 다려내는 진한 에스프레소 커피를 아침에 많이 마신다. 우리는 커피를 수다 떨기 위해서 마시지만 이들은 정말 커피를 마시기 위해 카페에 들리는 것 같다. 그냥 혼자 들어와 서서 그 진한 에스프레소 커피를 시켜 훌쩍 마시고는 돈 내고 나가버린다(그림 E1-34). 카페에 앉아서 지나가는 이태리 인들을 보고 있자니 이런 생각이 들었다. 어차피 규칙이라는 것이 상대적인 것이므로 각 나라, 민족, 사회마다 저 나름대로의 규칙을 갖고 살면 되는 것이지, 현재 잘 산다고 해서 일방적으로 서양 모델을 따라 가는 것은 문제가 있는 것 같다. 영국에서는 차들이 왼쪽으로, 우리 나라에서는 차들이 오른쪽으로 다니고, 어떤 종교를 믿던 간에 착하게만 살면 좋은 사회가 되고, 이태리에서는 담배 꽁초를 바닥에다 버려도 그들끼리는 그게 규칙이고. 이렇게 오랜 세월이 흐르면서 형성된 공감대를 인위적으로 하루 아침에 바꾸려는 시도는 시스템의 조화를 무너뜨려 더 큰 부작용을 가져오리라는 생각이 들었다.

그림 E1-34. Capuchino and Espresso

이들에 비해 우리는 모든 것을 너무 급하게 서두른다. 결과를 얻기 위해서 오래 동안 투자를 하기 보다는 한 순간에 모든 것이 해결되기를 원한다. 축구를 잘하기 위해서 어린이 축구 교실에 투자를 하기 보다 마라도나 같은 스타 플레이어가 갑자기 나타나 열 명을 혼자 젖히고 들어가 골을 넣어주기를 바란다. 노벨상을 올림픽 금메달처럼 생각하여 노벨상에 도전한다는 계획을 세운다. 그것이 초등학교에 실험실을 만들어주는 것이 아니고, 어느 구석에서 등장한 천재가 혼자 모든 것을 터득해 세계적인 논문을 써내기를 원한다. 신체적 능력이 뛰어난 한 두 명을 집중 투자하면 올림픽 금메달까지는 가능할 지 모르겠다. 하지만 기초 과학에 대한 전반적인 투자 없이 한 두 사람의 천재성만으로는 불가능한 것이 학문일 것이다. 나를 안 태우고 지나가버린 얄미운 이태리 운전사를 생각해보았다. 여기서는 적극적인 의사 표현을 안 하면 그런 세밀한 배려까지 기대하기는 어렵다고 한다. 내가 이태리에 왔으면 여기에 적응을 해야지 나름 대로 잘 살고 있는 사람들을 비난할 필요는 없다는 생각이 들었다.

창문 밖으로 이태리 사람들을 구경하다가 저녁 10시에 몸을 날려 버스를 잡아타고 드디어 밀라노로 돌아왔다. 반가운 성현이가 기다리고 있었다. 주말의 광장은 젊은이들이 몰려나와 북새통을 이루고 있었다. 밤에 특별한 놀 거리가 없는 여기 젊은이들은 밤에 광장으로 많이 모인다고 한다. 시간이 조금 일렀으면 구경하는 것도 재미있었겠지만 이미 자정이 넘은 지라 집에 들어와 잤다.

1.13. 1999월 5월 9일(토) : 귀향

성현이가 끓여준 된장국을 먹고 바로 공항으로 나갔다. 성현이는 아까 먹던 김과 김치, 된장국들을 대접해 주었다. 이 곳에서는 구하기가 힘든 음식 들이다. 서울에서 김 같은 것을 좀 들고 오지 않는 것이 후회가 되었다. 리나떼 공항에서 성현이와 작별 인사를 하고 암스텔담으로. 여기서 2시간 기다리다 갈아타고 서울 행 비행기를 탔다. 화상 입은 얼굴과 목이 따끔거렸다.

서울에 도착해서 내린 김포 공항은 다시 한국적 분위기가 물씬 풍겼다. 무뚝뚝한 세관 직원, 무미건조한 인테리어, 긴 입국 심사 줄. 짐을 기다리는데 3개 항로의 짐을 한 곳에 배정하여 무척 오래 걸렸다. 잘 기다린다는 외국 사람들 조차도 짜증을 내기 시작했다. 나야 뭐 일요일 아침 급할 것이 하나도 없어서 마냥 기다리는데, 다 끝났는데도 짐이 나오지 않았다. 암스텔담에서 잘못 분류되어 다른 나라로 간 것 같다는 설명이었다. 다른 때 같았으면 난리가 났었겠지만 이번 여행 중 많은 일을 겪은 나는 충격에 대한 역치가 상승하였는지 무척 덤덤하였다. 노상 이런 일로 승객 들에게 봉변을 당해주는 것이 주업인 baggage claim 담당 공항 직원은 대수롭지 않다는 표정으로 그냥 넘어가자 더 이상하다는 듯이 쳐다보았다.

그림 E1-35. The east face of the Matterhorn

"뭐 언제든 갖다 주겠지." 짐을 못 찾았는데도 나는 기분이 좋아져서 택시를 잡아타고 집으로 향했다. 서울의 날씨는 한 여름처럼 더워서 차에 실은 스키와 누룽지처럼 얼룩덜룩 탄 얼굴이 어색했다. 오래 동안 꿈을 꾸고 일어난 기분이었다. 올림픽 대로에서 멀리 남산이 보였다. 매터호른과 다를 바 없는 아름다운 산이라는 생각을 하였다. 주말에 붐비는 근교 스키장도 알프스 스키장과 다를 것이 없다는 생각이 들었다. 중요한 것은 자연을 즐기는 마음인 것이지 장소가 어디인지는 상관이 없는 것이다. 파란 만장 했던 7박 8일 간의 알프스 학술-스키 여행은 내게 많은 생각을 던져주고 끝을 맺었다(그림 E1-35).

Epiloge 2
재활 트레이닝의 이론과 실기

2.1. "Doctors all mighty"

썰렁한 서양 농담 하나.

    Patient : Doc. My knee hurts when I move.

    Doc : Don't move…

남 일 아니다. 정형외과 진료실에서도 비슷한 대화가 오고 간다.

    환자 : (심각하게) 수술 후 스키는 언제 탈 수 있나요?

    의사 : (기가 막힌다는 듯이) 스키같이 위험한 운동은 이제 하지 마세요…

환자와 의사간에 벌어지는 갈등의 주요 원인은 서로의 실체에 대한 이해 부족이다. 환자는 의사가 모든 것을 알고 있으리라는 기대 하에 몸을 맡기고 질문을 한다. 그리고 의사가 한계를 보일 때 실망한다. '무슨 의사가 그것도 몰라?' 하면서 말이다. 반대로 의사는 의학의 한계를 넘어가는 부분을 환자가 이해해 주길 바라지만, 그렇게 너그러운 환자는 흔치 않음에 불평이 쌓인다. '의사가 신이냐? 어쩌라고?' 하면서 말이다.

결국 환자는 의사를 전지전능한 존재로 여겨 짐을 다 넘기려 하고, 의사는 그 짐 중에 입맛에 맞는 것만 들어주려 하는 상태에서 불협화음이 발생한다. 환자와 의사가 진솔하게 같이 고민하며 노력하는 분위기가 최선의 치료 결과를 가져 오겠지만, 현실은 그렇지 않은 경우가 훨씬 더 많다. 깨어진 환자와의 공감대는 의사의 사소한 실수에도 과민 반응을 불러오고, 그것이 책임 소재를 따지는 불미스러운 일로 이어진 아픈 기억을 거의 모든 의사들이 가지고 산다.

2.2. 전공의 시절

스키부, 농구부 활동을 하느라 도서관보다 운동장에서 보낸 시간이 더 많았다. 수업은 빼 먹어도 훈련은 빼 먹지 않던 '운동권' 학생이었던 이유에, 졸업 후 과를 선택할 때에도 주저 없이 정형외과를 지원했다. 운동과 관련된 공부라면 즐겁게 할 수 있을 것이라는 기대에서였다. 그러면서 '스포츠 의학'이란 분야가 있다는 것을 알게 되었다.

처음에는 정형외과 의사가 운동 선수를 수술하면 그것이 '스포츠 의학'인줄 알았다. 그래서 닥치는 대로 수술과 관련된 이론과 술기를 익혔다. 요즘처럼 체계적인 교육은 아니었지만 현장에서의 기회는 훨씬 열려있었고, 훌륭하신 선배님들 덕택에 나름대로 많은 경험을 했던 것 같다.

하지만 항상 궁금했던 것은 퇴원 후 환자의 행방이었다. 응급 환자와 수술 환자를 주로 다루게 되는 대학 병원의 시스템 상 수련의가 퇴원 후 환자를 근접해서 관찰하기는 사실상 어렵다. 언제 어떻게 운동장으로 돌아갔는지 궁금했지만 알 수가 없었다. 환자들 역시 주로 묻는 것은 깁스 제거 시기, 가동범위 증진 운동 시작 시기, 체중 부하 정도, 크러치 제거 시기, 달리기는 언제부터 가능한지, 원래 하던 운동이 가능한지 등이다. 나름대로 관심을 갖고 이런 문제들에 대해 이야기 했지만, 많이 부족하다는 느낌에서 벗어날 수 없었다. 수술을 집도한 교수님들도 명쾌하게 설명 해 주지 않았다.

성경책이었던 캠벨(Campbell's Operative Orthopaedics)을 읽으면서도 질환마다 맨 뒤에 나오는 'After-treatment' 부분을 이해하기 어려웠다. 의과대학 생활 중 단순 암기에 충분히 익숙해진 상황이었음에도, '2

주에 partial weight bearing, 3주에 ROM, 6주에 full weight bearing…' 등 적혀 있는 내용을 무작정 외우는 것은, 근거를 알 수 없으니 답답했다. 너무 중요하고 심오하기 때문에 천천히 배우게 되나 보다 했지만, 결국 수련의 과정을 마칠 때까지 아무도 가르쳐 주지 않았다.

실습 돌던 한 학생이 물어온 질문은 머리를 더 혼란스럽게 만들었다. "교통 사고 환자와 축구 선수 ACL 치료가 뭐가 달라요?" 생각해보니 병원 치료에 있어서 차이 점을 이야기 해 줄 수 없었다.

2.3. 부상과의 전쟁

부상, 질병과 싸움을 벌이는 전쟁터에서의 지휘관이라고 할 수 있는 의사가 점령해야 할 목표와 사용할 수 있는 무기들을 나열해보자. 생각보다 방법이 다양하지 않다.

목표 1: 증상의 감소(symptomatic recovery)

무기: 소염진통제, 깁스, 물리 치료

사실 증상은 크게 해주는 것 없어도 시간 지나면 저절로 좋아진다.

목표 2: 구조의 복원(structural recovery)

무기: 수술

여기까지가 그 동안 병원에서 주로 해온 일들이다. 축구 중 전방십자인대가 파열된 환자를 예로 들어 보자. 끊어진 전방십자인대는 대체 조직을 이용한 재건술을 시행하여 구조를 복원한다. 통증 감소를 위해 진통제, 물리 치료 등을 병행하며 증상을 감소시킨다. 이렇게 하면 외형상으로는 전방십자인대가 새로 생겼고 증상도 없으니 구조적인 면에서는 치료가 완료 되었다고 할 수 있겠다. 그리고 의사들은 이 과정을 아주 잘 처리해 왔다. 특히 손재주가 탁월한 우리 나라 의사들의 수술 실력은 세계 최고라고 자신한다.

목표 3: 기능의 회복(functional recovery)

무기: 재활 트레이닝

하지만 목표를 축구라는 운동으로의 복귀로 삼는다면 이야기가 달라진다. 축구를 다시 하기 위해서는 축구에 맞게 신체 기능을 끌어 올려야 하는데, 이것은 수술과 약으로 해결되지 않는다. 재활 목적의 트레이닝을 통해 신체 기능을 향상시켜야 하며, 이것도 치료의 중요한 부분이다.

    목표 4: 회복 시간의 단축(timely recovery)

    무기: 조기/가속화 재활(accelerated rehabilitation)

  운동을 직업으로 하는 엘리트 선수들에게는 여기에 목표가 추가된다. 최상의 경기력을 최단 시간 내에 회복해야 하는 것이다. 골잡이 축구 선수가 복귀하여 골을 못 넣는다면, 100m 단거리 선수가 기록이 2초가 늦어진다면, 선수로서의 치료 결과는 실패다. 한편 대학 진학을 앞둔 고 2 농구 선수가 수술 후 재활에 3년이 걸린다면 그 역시 실패한 치료다. 이를 극복하기 위해서는 수술 직후부터 가능한 최대 강도로 시행하는 '가속화 재활 트레이닝'이 필요하다. 이 목표를 달성하지 않으면 수술은 성공했다 할 수 있을지 몰라도, 치료에 성공했다고 할 수는 없다. 그리고 결론은 이 과정도 정형외과 의사가 책임지고 해야 할 일이라는 것이다.

2.4. 군의관 시절

  전문의 시험이 끝나고 나서야 그 이유를 알게 되었다. 재활 트레이닝이라는 것이 결국 환자한테 운동 시키는 일인데, 운동 행위의 안전성과 치료 효과는 상관 관계를 일일이 과학적 검증을 하기가 어려운 분야이다. 때문에 캠벨의 내용도 임상 경험을 토대로 기술한 일반적인 프로토콜이었고, 이를 교수님들도 체계적인 설명을 할 수가 없었던 것이다. 또 재활 트레이닝 역시 운동을 지도하는 일종의 트레이닝이지만, 교육 과정에서 운동학, 기능해부학, 운동생리학, 트레이닝 방법론 등을 따로 배운 적이 없는 의사들에게 애당초 기대할 수 있는 내용이 아니었던 것이었다.

  전문의가 되면 해결되리라 기대했던 것이 무산되자 당황스러웠다. 일단 미국에 있는 친구에게 전화를 걸었다. 상황 설명을 하고 운동, 영양과 관련된 서적을 찾아봐 줄 수 있겠냐고 막연하게 부탁을 했던 것 같다. 다음 날, 녀석이 투덜거리면서 전화를 해왔다. '야 임마, 학교 서점에 가 봤더니 한 면이 다 그런 책들이야. 제목이나 저자나 뭘 좀 구체적으로 이야기 해 줘야 고르지..' 그러면서도 꼼꼼했던 친구는 여러 사람들에게 물어, 가장 적당할 것 같다는 책 한 권을 골라, 로고가 예쁘게 새겨진 대학 티셔츠와 함께 보내왔다.

'Getting Stronger by Bill Pearl' (그림 E2-1)

캠벨 대신 이 책을 성경책처럼 옆에 끼고 영천 행 기차를 탔다.

군의학교에서의 3개월은 지루했다. 스트레스에서 벗어나 새로운 친구들과 만나서 노닥거리는 것이 나쁘진 않았지만, 맘 먹고 집중해서 해치우면 2~3주면 끝날 내용을 질질 끌어 맞추느라 남는 시간이 많았다. 그 동안 황폐해진 몸과 마음을 3년간 재충전하리라 작정

그림 E2-1. Getting Stronger by Bill Pearl

을 하고 있던 터라, 운동 삼아 훈련하면서 가져간 책을 맘 편안하게 읽을 수 있었다.

'Getting Stronger'는 빌 펄이라는 챔피언 출신 보디빌더가 생리학자와 함께 웨이트 트레이닝을 주축으로 한 기초 체력 훈련의 이론 및 실기를 잘 정리해 놓은 책이었다. 특히 용어가 체계적으로 되어 있어서 요즘도 운동학에 입문하고자 하는 사람들이 추천해 달라 하면 주저 없이 이 책을 골라준다.

한 동안 이 책을 읽고 운동을 따라 했다. 아마도 난생 처음 자발적인 공부를 시작했지 않았나 싶다. 중고등학교 때에도, 의과대학을 다니면서도, 정형외과 수련의 과정에서도, 재미있어서 공부를 했던 적은 한 번도 없었다. 난생 두 번째 원해서 공부를 한 것은 이후 스키와 관련된 자료를 모으기 시작한 일이었다.

부임한 근무지에서는 지휘관을 설득하여, 부대의 전투력 향상을 명분으로 체육관을 보수 확장하였다. 장병들의 체력이 얼마나 좋아졌었는지는 확인할 길이 없지만, 어쨌든 빌 펄 덕택에 나름대로 이론적인 기초를 쌓으며 운동학에 입문할 수 있었다. 군의관 후반기의 근무지는 왜 정형외과 의사가 그 곳에 있어야 하는지 이해할 수 없는, 정말 할 일이 없는 곳이었기 때문에, 칼은 손에 대보지도 못했지만 대신 운동, 영양과 관련된 서적을 닥치는 대로 사 모아 읽을 수 있었다. 운동 서적을 읽으면서 각종 전투 체육을 매일 죽어라 하고 했으니 검정고시로 체육대학을 다닌 것과 같은 시절이었다.

운동과 영양의 이론과 실기를 익히면서 내 몸이 단단해진 것도 기분 좋은 일이었지만, 가장 큰 변화는 신

Epilogue 2 : 재활 트레이닝의 이론과 실기

체에서 벌어지는 현상을 좀 더 동적으로 이해할 수 있게 된 것이었다. 그리고 그 것은 그 동안 내가 해 왔던 치료 방식을 근본적으로 바꿔 놓았다. 마치 기계를 수리하는 기술자가 비로소 생체를 다루는 의사로 직업이 바뀐 것 같은 느낌이었다.

2.5. Therapeutic diet and exercise

운동과 영양을 임상 치료에 응용하는 것은 쉬워 보이면서도 어려운 일이다.

운동과 영양 문제는 의사들이 가장 많이 받는 질문의 주제이다. 그리고 의사에게 가장 실망하게 되는 이유가 되기도 한다. 실제 사람들은 전문화된 특정 질환보다 일반 건강 상식에 대해 많이 물어본다. 예를 들어 '관절염에 좋은 운동이 무엇이냐?' 혹은 '건강에 좋은 음식이 무엇이냐?' 등의 질문이다.

물론 '적당히 걸으세요', '과식하지 마시고 천천히 드세요' 식의 상식 수준에서의 답변을 한다면 모르겠지만, 구체적인 운동 프로그램과 식단을 제시해야 하는 상황이라면 이야기가 달라진다. 일반적으로 의사들이 교육 과정에서 운동과 영양에 대해 배우는 것은 쥐꼬리만큼 등장하는 운동생리학과 수련의 시절 주워 듣는 단편적인 지식들 뿐이다. 하지만 치료 목적의 운동과 영양을 다루는 '임상 운동학'과 '임상 영양학'은 운동학과 영양학의 기초 지식을 다양한 종류의 환자에게 적용시켜야 하는 결코 쉽지 않은 분야이다. 더구나 요즘처럼 온갖 매체를 통해 정보가 일반인들에게도 공개된 상황에서 섣불리 나섰다가는 의사가 망신당하기 딱 좋은 분야이기도 하다.

운동의 긍정적인 효과를 정리해 보자면 다음과 같다.

- 인대, 건, 근육 등 각 조직의 강도가 증가한다.
- 인대, 건, 근육 및 관절의 유연성이 증가한다.
- 연골 및 뼈의 강도가 증가한다.
- 근육의 양이 증가한다.
- 근력, 근파워, 균형력, 협응력, 민첩성 등이 증가한다.

- 근지구력이 증가한다.
- 심폐지구력이 증가한다.
- 신체 대사 과정을 조직을 생성시키는 '동화(anabolic)' 상태로 변한다.
- 기초 대사량이 늘어나 체지방 비율이 감소한다.
- 심장 질환, 고혈압, 당뇨, 비만 등 성인병 발생률이 감소한다.
- 치유 과정의 인대, 힘줄, 근육의 재생 능력이 높아지고 상처 조직의 강도가 증가한다.
- 운동 복귀 시 재부상 가능성이 감소한다.

이러한 운동 효과는 이제 상식 수준이 되었기 때문에, 치료 목적의 운동의 당위성을 부정하는 사람은 없다. 문제는 어떤 운동을, 어떤 시기에, 어떤 방법으로 시키느냐 하는 소프트웨어의 문제이다. 그것도 시시각각 상황이 변하는 환자들을 대상으로 운동을 시키려면 여러 가지 어려움에 부딪히게 된다. 또 체육관, 운동 시설 등의 하드웨어, 운영상의 문제 등 해결해야 할 각종 치료 외적인 문제들이 발생한다.

2.6. 이론 : "Joint, Living biological transmission"

1999년 겨울 미국 연수 시절, 버몬트 주립대(UVM) 정형외과 강의실. 언제나 그렇듯이 눈이 엄청 내려 길이 없어진 날, 샌프란시스코 캘리포니아 주립대(UCSF) 정형외과 의사인 스캇 다이(Scott F.Dye)가 초청 강연을 하였다.

1년 전 레이크 타호(Lake Tahoe)에서 그를 만난 적이 있었다. 영화 대부 2편 도입부에 보면, 마피아 두목인 알파치노가 본거지를 서부로 옮겨 도박 사업에 성공한 다음, 아름다운 호숫가 저택에서 네바다 주지사를 불러 파티를 여는 장면이 나오는데, 그 호수가 바로 레이크 타호이다. 시에라 네바다 산맥의 중간 지점이고 라스베가스에 버금가는 도박 타운이라 고급 스키장들이 둘러 싸고 있다. 학회가 열렸던 헤븐리 밸리(Heavenly Valley)에는 레이크 타호를 내려다 보면서 탈 수 있는 아름다운 코스가 있고, 서쪽에 있는 스쿠어 밸리(Squaw Valley)에는 1960년 열린 동계 올림픽 코스와 모글의 전설 쟈니 모즐리(Jonny Mosely)

가 연습하던 거친 모글 밭이 있다. 이 곳은 대한민국 국가대표 스키팀이 최초로 동계올림픽에 참가한 역사적인 곳이기도 하다.

해외 학회 참석 기회를 철저히 스키장에서 열리는 스포츠 메디슨 미팅으로만 골라 갔었기 때문에, 당연히 공부는 뒷전인 대신 두 스키장에 가는 것이 목표였다. 둘 째 날 스쿠어 밸리에서 리프트도 없는 60도 경사의 off terrain 지역(슬로프 경계를 넘어간 지역. 허용은 되지만 안전은 책임지지 않는다)에 들어갔다가 정말 죽다 살아나왔다. 학생 때 다쳤던 내측측부인대에 재부상까지 당하는 바람에 쉴까 싶었지만, 말단 강사가 땡땡이 치고 와서 스키만 타고 가는 것이 좀 마음에 걸려 억지로 절면서 학회장에 갔다. 한 곳에 사람들이 모여있길래 자리잡고 앉아서 들어 보았다.

거구의 스캇 다이는 정말 속사포처럼 말을 쏟아 부었다. 절단된 슬관절 사체를 들고 해부학 구조를 설명하는 'cadaver dissection'을 진행했었는데, 그 모습이 꼭 닭다리를 들고 있는 KFC 할아버지 같았다. 모인 의사들은 시체를 들고 흔들면서 엽기적인 농담을 섞어가며 거의 만담가 수준으로 강의를 끌어나가는 그를 코미디언 쇼를 보는 것처럼 즐거워했었다.

이런 기억의 스캇 다이가 온다기에 재미있겠다 싶어서 갔는데, 여기서 그의 'envelope of function' 이론을 듣게 되었다. 그의 강의는 운동을 치료에 적극적으로 활용해 보리라 마음은 먹었지만 정리가 안 되고 있던 내게 확실한 이론적인 뒷받침을 해주었다. 마치 "잘 생각했으니 열심히 해봐!"라고 등을 두드려주는 느낌이 들었다.

스캇 다이는 사람의 관절을 자동차의 구조에 비교하여, '생물학적 트랜스미션(living biological transmission)'이라는 표현을 썼다. 전방십자인대 치료를 예로 들어, 수술로 인대를 성공적으로 복원하였다 하더라도 기능적인 회복이 되지 않으면 각종 외부 자극에 대한 역치가 낮아져 결국 퇴행성 관절염이 발생하며, 이를 추적 관찰한 환자의 골주사 검사 소견으로 증명하였다. 사람을 몸을 기계 다루듯이 수술만 달랑 끝내고 내버려둬서는 안되며, 기능 회복을 위한 재활 트레이닝이 수반되어야 한다는 내용이었다.

"Envelope of Function Theory by Scott Dye"

(Dye SF. The knee as a biologic transmission with an envelope of function: a theory. Clin Orthop Relat Res. Apr 1996(325):10-18.)(그림 E2-2.)

그래프의 가로 축은 반복 회수, 세로 축은 운동 부하를 표시한다. 예를 들어 내가 안전하게 시행 할 수 있는 스쿼트(쪼그려 앉기)의 최대 능력이 50kg의 무게로 시행하여 10회 반복이라고 하자. 만일 스쿼트를 100kg의 무게로 10회를 하거나 50kg의 무게로 20회를 한다면, 조직 손상이 발생할 것이다. 반대로 10kg의 무게로 5회의 반복에 그치는 운동을 한다면 그것은 비효율적인 운동이 되고, 그 이하의 강도에서는 오히려 근육이 소실된다. 모든 운동은 이런 식으로 부하와 반복을 변수로 한계선이 그어져 '역치(threshold)'를 형성한다.

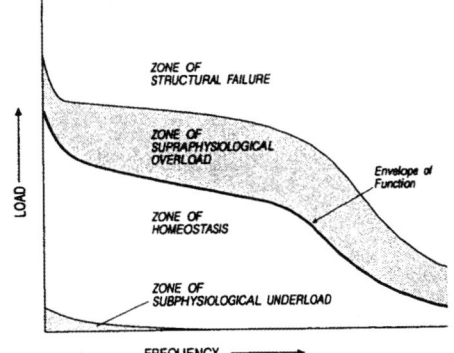

그림 E2-2. Envelope of function

손상 받은 조직은 역치가 낮아져 안전 범위가 축소된다(그림 E2-3). 또 수술 환자의 경우 초반기에는 이식 인대의 고정 부위 등의 비정상 조직이 역치로 작용한다. 그 결과 평소에는 안전했던 동작이 조직 손상을 일으키는 위험한 자극이 되어버린다. 따라서 환자들은 이 한계선을 다시 높이려는 노력을 해야 하며, 그 역할을 하는 과정이 재활 트레이닝이라는 것이다(그림 E2-4).

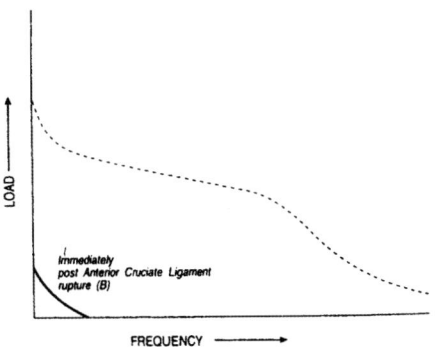

그림 E2-3. 전방십자인대 재건술 후의 Envelope of function

효과적인 근육 발달을 위해서는 이 한계선을 넘나드는 강도의 운동을 시행해야 하는데, 문제는 역치를 숫자로 표현하기가 어렵다는 점이다. 더구나 저항 운동을 포함한 모든 재활 운동은 같은 강도로 시행하더라도 자세에 따라 결과가 달라지기 때문에, 환자의 경우는 역치를 산정하는 것 자체가 불가능하며 의미도 없다. 예를 들어 하체 근력 운동 중 가장 중요한 스쿼트 동작만 해도 자세가

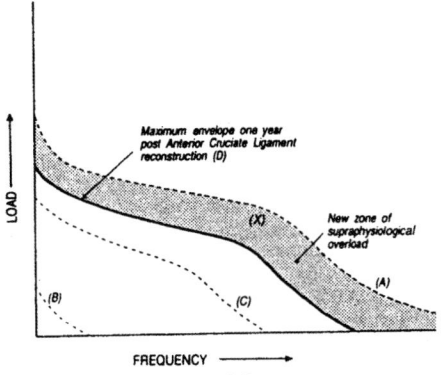

그림 E2-4. 재활 운동 후의 Envelope of function

나빠지면 오히려 무릎에 해를 미치는 동작이 되어버리지만, 스쿼트 같은 고 난이도의 동작을 정확히 수행하려면 수개월의 연습 기간이 걸린다. 재활 트레이닝이 프로토콜에 의한 일률적인 운동 처방 형식으로 진행되어서는 안 되는 이유이다. 현실적으로는 매일 현장에서 환자의 상태를 평가하여 운동 강도를 실시간으로 결정해 나갈 수 밖에 없다.

2.7. 실기 : 극한 경험

미국 연수를 결심하고 IMF 사태가 한창일 무렵 학교에 사표를 냈다. 붙잡는 사람은 없었지만 난리통에 교수직을 버리고 미국에 간다니 다들 의아해 했다. 쿨하게 보이려고 사표는 미련 없이 냈는데 사실은 걱정이 한 두 가지가 아니었다. 환율도 많이 올라가 있었고 갔다 와서의 진로도 불투명했다. 학교에 적을 두고 나갈 수도 있었지만, 아무리 생각해보아도 백발의 원로 교수님부터 바로 위 형님 교수들까지 끝이 안 보이는 대학 내에서, 어느 세월에 원하는 대로 해 볼 수 있을까 싶었다.

일단 출국까지 3개월 정도 시간이 남아, 다음 날로 보디빌딩 지도자 트레이닝 코스를 찾아갔다. 정형외과 의사가 학교 그만두고 운동 배우러 왔다니까 더 이상한 눈초리로 쳐다 보았다. 자초지종을 설명하고 등록하여 오전에는 이론, 오후에는 실기 교육으로 반복되는, 하루 종일 운동만 생각하는 판타스틱한 생활을 하였다. 마침 시합을 준비 중이던 국가대표 선수들과 섞여 운동을 할 수 있었던 것은 큰 행운이었다. 산더미 같은 덩치의 프로들과 함께 바벨을 들고 닭가슴살을 같이 먹으며 끝장을 보는 스타일의 하드코어 트레이닝을 익혔다. 산행으로 따지자면 꼭대기에 올라갔다 온 셈이었다.

재활 트레이닝의 핵심은 근력, 파워, 지구력, 협응력, 민첩성, 균형력 등의 각종 기초 체력을 향상시키는 것이다. 이 중에서도 가장 중요한 것이 근력인데, 근력 향상을 목표로 근육에 부하를 가하는 하는 방법의 운동을 '저항 운동(resistance exercise)'이라고 하고, 그 중에서도 중량을 이용하는 운동을 '웨이트 트레이닝(weight training)'이라고 부른다. 환자들에게 웨이트 트레이닝을 무조건 금기시하는 의사들이 있으나 이는 운동의 본질을 이해하지 못한 잘못된 조언이다. 일반적으로 의사들이 자주 권하는 걷기, 속보, 조깅, 수

영, 자전거 등의 유산소 운동(aerobic exercise)도 중요한 운동 방법이기는 하다. 하지만 유산소 운동이 때로는 관절에 더 위험할 수도 있는데, 순간적인 강도는 적지만 오랜 시간 반복해서 부하가 가해지기 때문이다. 일반적으로 환자들에게는 근력 저하 현상이 중점적으로 발생하므로, 기술적인 문제만 신경 쓴다면 짧은 시간에 끝낼 수 있는 웨이트 트레이닝이 더 효과적이면서도 안전한 운동이 될 수 있다.

사람이 극단적인 노력을 하면 신체적, 정신적으로 이렇게 까지 갈 수 있구나 싶었다. 그들은 운동, 영양 섭취와 관련하여 신체에서 벌어지는 생리학적 현상들을 몸으로 이해하고 실천하고 있었다. 그 중에는 의학 지식으로 설명할 수 없는 부분들도 많아서, 마치 스포츠 의학 생체 실험장을 보는 것 같았다. 이런 보디빌더의 우람한 근육에 거부감을 갖는 사람들도 있겠지만, 그것은 경쟁을 전제로 한 극한 훈련의 결과이지 일반인이 이런 근육을 만들기는 사실상 어렵다. 물론 재활 중인 환자가 처음부터 근육량 증가를 목표로 한 보디빌딩 스타일의 트레이닝을 시도하는 것은 곤란하다. 하지만 재활 트레이닝도 분명히 저항 운동의 일종이기 때문에, 기본적으로는 일반 트레이닝 원칙에서 벗어나지 않는다. 오히려 재활을 진행하다 보면 마무리 단계에서 위축된 근육량을 회복하지 못해서 애를 먹는 경우가 많은데, 이 때의 근육량 증가를 위한 재활 트레이닝 기법은 바벨, 덤벨 등의 프리 웨이트(free weight)를 이용한 고강도 트레이닝으로서 보디빌딩 스타일과 크게 다르지 않다. 따라서 재활 트레이닝을 일반 트레이닝과 원칙이 다른 특수한 운동법으로 잘못 이해하면 이런 기본적인 고강도 트레이닝 기법을 활용할 수가 없고, 결국 마무리를 못한 채 시간만 허비하게 된다. 고무줄, 밴드 등의 소도구들을 너무 오래 사용한다거나 기계에만 의존하는 경우, 새로 나왔다는 특수한 방법을 내세우는 경우들이 그렇다. 트레이닝에는 갑자기 새로운 방법이 나올 수도 없고, 몸만 맡기면 저절로 운동시켜주는 기계도 없다.

환자에게 고강도 트레이닝을 시행하려면 치료 경과에 맞추어 운동 프로그램, 강도 및 자세를 조절해야 한다. 특히 자세 문제가 중요한데, 정확한 자세만 유지한다면 모든 동작이 다 안전하다고 할 수 있지만, 그렇지 않으면 숨쉬기 운동조차도 위험한 운동이 되어버린다. 이를 이해하고 지도하기 위해서는 한계를 넘어가는 극한 경험이 필요하다. 자신이 끝장을 본 적이 있어야 그 경험을 바탕으로 남들에게 강약 조절을 해줄 수 있기 때문이다. 마치 셀파가 안전하게 가이드 하려면 그 산의 정상에 올라본 경험이 있어야 하는 것과 같다. 직접 부상을 당해서 재활 트레이닝을 해 봤다면 가장 확실한 경험이라고 할 수 있다. 그래서 고강도 하드코어 트레이닝을 꼭 거쳐야 할 단계로 생각하고 있었고 마침 그 기회가 생겼던 것이다. 운동은 이론보다 실기가 더 중요하며, 종이에 쓰는 운동 처방이 아니라, 체육관에서 직접 붙들고 지도하는 운동 처방이 중요하다는 것을 알게 된 소중한 경험이었다.

2.8. 응용 : 스키 의학

그리고 나서 미국으로 날아갔다. 소위 스포츠의학 선진국에 가서 어떻게 하고 있는지 눈으로 봐야 정리가 될 것 같았다.

첫 1년은 버몬트 주립대 스키부상 연구 팀에 속해 있었기 때문에 스키를 열심히 타는 것이 연구라 생각하고 스키만 타러 다녔다(그림 E2-5). 선수들을 좇아 다니며 폭주족처럼 생활했던 학생 시절 이후 처음으로 다시 진지하게 스키를 탔다. 그러다가 혼자만 놀고 있는 것이 좀 미안해서 스키 부상과 관련된 자료들

그림 E2-5. 킬링턴 스키장에서의 봄 스킹

을 수집하기 시작했는데, 하다 보니깐 자꾸 거슬러 올라가 150년에 걸친 스키 역사를 건드리게 되었다. 장비, 기술과 밀접히 관련된 스키 부상의 역학(epidemiology)를 이해하기 위해서는 스키 장비와 기술의 변천사에 대한 고찰 없이는 어렵다.

버몬트 주는 오스트리아 이민자들이 들여온 미국 스키의 발상지와 같은 곳이라 주변에 아름답고 유서 깊은 스키장과 재미있는 역사 자료들이 많았다. 거기에 보스였던 버몬트 주립대 정형외과의 로버트 죤슨(Robert Johnson) 박사는 한 스키장을 대상으로 무려 40년 동안 한결같이 역학 조사를 시행해 온 독보적인 '스키 닥터'였고, 죤슨의 동네 친구인 칼 에트린져(Carl Ettlinger)는 산 속에 연구실을 차려 놓고 쳐 박혀 평생 동안 스키 장비만 연구해 온 'ski mechanics'의 대가였다. '미녀와 야수'에 나오는 야수처럼 생긴 칼

을 동네 사람들은 'mad scientist'라고 불렀다(그림 E2-6). 바인딩 이탈 수치 등 스키 장비의 표준화, 이를 바탕으로 경골 골절 빈도를 획기적으로 줄인 일, 이어서 벌어진 전방십자인대 부상의 급증 현상을 밝혀낸 일, 비디오 분석으로 스키로 인한 전방십자인대 부상 기전을 규명한 일 등이 이들의 업적이다.

그림 E2-6. 칼 에트린저의 스키부상 연구소

남는 것이 시간이던 시절이라, 맨스필드 산 (Mt. Mansfield) 중턱에 있던 칼의 연구소에 자주 놀러 갔다. 스키 관련 자료들과 신상품 테스트를 위한 각종 스키 장비들이 산더미처럼 쌓여 있는 곳이었다. 거기서 스키 기술자 양성 코스를 운영하는 칼을 도와주며 따라다니다가 얼떨결에 '스키 기술자(ski mechanics)' 자격을 땄다. 스키, 바인딩 및 스키화 수리 및 튜닝 작업, 깔창 제작법을 배우면서 하지 정렬이 운동에 미치는 영향에 대해서 심각하게 고민해보는 시간을 가졌다. 관련된 역사 자료 수집을 위해 주변 중고 서점과 스키 박물관을 뒤지고, 오스트리아 출신 스키 원로를 찾아가 인터뷰 하는 등 약간 오버 액션까지 했다. 전방십자인대 예방을 위한 prospective study가 한창 시행되던 중이라 대표급 스키 선수들도 만나서 기술과 훈련 문제에 대해 이야기를 나눴다. 스키 부상이 어떻게 일어나며, 과거와 달라진 이유가 무엇이고, 치료는 어떻게 해야 하며, 예방을 위해서는 장비를 어떻게 관리하고, 체력적/기술적으로는 어떤 부분을 해결해야 하는지, 1년을 스키 부상에 미친 사람들과 함께 이런 생각만 하면서 지냈다.

스포츠 의학에 입문하는 데에는 여러 가지 길이 있다. 그 중 가장 자연스러운 것이 자신이 좋아하는 운동을 주제로 공부하는 방법이다. 어떤 종목이던 그 안에 스포츠 의학의 모든 분야가 적용되어 있다. 그 중에서도 장비를 많이 사용하거나 환경의 영향이 큰 종목은 스포츠 의학이 개입할 요소가 더 많아진다. 스키는 장비가 부상에 기여하는 비중이 큰 종목이면서, 변화무쌍한 환경 요소가 영향을 미치고, 거기에 체력적 요소까지 깊이 관여하기 때문에 스포츠 의학의 주요 관심 종목 중 하나이다. 스키로 인한 전방십자인대 파열과 야구 투수의 과사용성 견관절 내측충돌증후군(internal impingement), 이 두 가지 부상 메커니즘을

Epilogue 2 : 재활 트레이닝의 이론과 실기

이해했다면 스포츠 의학의 상당 부분을 경험했다고 해도 과언이 아니다.

돌이켜 보면, 운동 부상 환자의 수술을 관심사로 스포츠 의학에 입문하여, 재활 문제에 부딪혀 트레이닝을 공부하게 되었고, 내가 좋아하는 스키를 통해 스포츠 의학을 응용하는 방법을 익힌 셈이 되었다. 겨울 방학 내내 집 나가 놀러 다니는 것이 좋아서 탄 스키인데 공부에 도움이 될 줄은 정말 몰랐다. 사람들이 자꾸 물어보길래 온라인 상에서 대답을 해주다가 글도 꽤 많이 썼다. 읽고 쓰기 싫어서 이과를 선택했었는데 글을 쓰고 있고, 노느라 배운 운동을 공부에 써먹는다. 사람 팔자 정말 모를 일이다.

2.9. 자동차 여행

남은 일은 운동 선수 치료로 유명하다는 스포츠 의학 병원들의 시스템을 눈으로 확인하는 것이었다. 벽에 붙여 놓은 미국 지도에 찍어 두었던 몇 병원을 동그라미 쳐 놓고 일정을 조정하고 있었다. 맨 먼저 LA에 있는 컬란-조브 병원(Kerlan-Jobe Clinic, LA)을 골랐다. 'Tommy John surgery'(주관절 내측측부인대 재건술)를 최초로 시행한 프랭크 조브(Frank Jobe)가 설립한, 우리 나라 선수들이 가장 많이 찾아 오는 병원 중에 하나이다.

버몬트(Vermont)에서 LA까지는 직선 거리로 약 3,000mile(5,000km). 아무 생각 없이 비행기 표를 알아보고 있었는데, 연구소 옆 자리에 있던 친구가 한 마디 거들었다. 이곳 동북부 사람들이 꼭 해보고 싶어하는 것 중 하나가 미국 대륙을 자동차로 도는 것이라고 했다. 보아하니 시간도 많은 것 같은데, 왜 그 좋은 기회를 재미 없게 비행기를 타고 가느냐는 의미였다. 바로 비행기 예약을 취소하고 자동차 여행을 준비하였다. 겨울 내내 눈 속에 파 묻혀 고생했던 Nissan Pathfinder를 나름대로 거금을 들여 수리하고, 애들 읽을 책이며 옷가지 등등 3개월간 객지 생활할 준비를 하여 한여름 땡볕에 여행을 떠났다. 시속 60mile 정도로 달려서 하루 7시간씩 운전하면 쉬는 시간 포함해서 하루에 약 400mile. 거쳐가는 도시마다 구경 좀 하고 콜로라도, 유타, 그랜드캐년, 라스베가스, 샌프란시스코에서는 하루씩 머물면서 보름 걸려 LA에 도착하였다(그림 E2-7).

그림 E2-7. 자동차 여행

    자동차 여행을 하면서야 비로소 미국 땅덩어리가 넓은 것을 알았다. 출발하여 중간 지점인 덴버에 도착할 때까지 며칠 동안 본 것이라고는 옥수수 밭 밖에는 없었다. 철부지 애들은 뒤 자리에서 지루하다고 계속 징징거리고, 결혼 10년차였지만 이렇게 오래 같이 앉아 있어본 적이 없는 와이프와는 하루에도 몇 번씩 싸웠다 화해하는 희한한 경험을 하였다. 옥수수가 지긋지긋 해서 돌아 올 때에는 뉴멕시코 쪽을 경유하는 남쪽 코스로 왔는데, 거기에는 그나마 옥수수도 없었다. 목표물을 빤히 보면서 4시간을 계속 운전 해야 하는 경우도 있었다.

    풍요로운 넓은 땅은 사람들을 여유 있게 만들고, 비좁은 곳에서의 경쟁은 사람들을 독하게 만든다. 버몬트 산골짜기에는 무서워서 도시에 못 간다는 순박한 사람들도 있었던 반면, 누군가를 밟고 올라온 독한 놈들만 사는 뉴욕에는 의사들도 까칠한 녀석들 천지다. 맘 같아서는 여기 저기 돌아다니며 살아보고 싶었지만, 이러다간 정말 의사 관두겠다 싶어서 악셀을 밟았다.

2.10. 스포츠 의학 병원

미국에 올 때 가장 큰 걱정거리 역시 돌아와서의 진로 문제였다. 학교를 그만두고 왔기 때문에 연고 없이 시작해야 하는데, 스포츠 의학 병원이라는 것이 엄청난 시설과 인력이 필요하다면 그것은 대학이 할 일이지 개인 병원이 경쟁력을 지닐 수가 없다고 생각했기 때문이다. 다니면서 좋다는 것은 다 보고 눈만 높아진 상태에서, 현실에서는 실천을 못하고 여건을 핑계로 불평만 늘까 봐 겁이 났다. 이런 불안한 마음을 가지고 여행을 시작했다.

최근 새로 건물을 지어 이전한 조브 병원은 아담한 5층짜리 빌딩이었다(그림 E2-8). 조브 할아버지는 이제 나이가 많아서 훈장 역할만 하고, 밑에 있는 8명의 정형외과 전문의들이 운동하다 다친 사람들을 치료하며 명성을 이어가고 있었다. 몇 개의 수술실, 외래, 검사실, 재활 체육관, 연구실 등으로 구성된 시설은 깨끗하긴 했지만 특별할 것은 없었다. 오히려

그림 E2-8. 컬란-조브 클리닉

명성에 비해서는 초라한 느낌이었다. 박지성 선수가 수술 받은 스테드만-호킨스 병원(Steadman-Hawkins Clinic, Vail, CO)을 포함하여 이후 방문했던 경쟁력 있는 스포츠의학 병원들은 거의 모두 비슷한 구조를 지니고 있었다.

스포츠 의학 병원이 수술 전문의 정형외과를 중심으로 재활 시스템이 접목되어 있는 독립된 유니트로 되어 있는 이유는 효율성 때문이다. 일반적으로 한 환자의 치료에 다양한 종류의 인력과 시설이 필요한 분야는 대형 병원이 절대적으로 유리하다. 암 환자의 치료가 그렇고, 노인층을 대상으로 한 수술 질환들이 그렇다. 정형외과 영역 중에서도 척추, 인공관절처럼 노인 환자가 많으며 특히 수술 적응증의 범위가 불투명한 분야는 도덕적인 이유에서도 철저히 대학이 중심이 되어야 한다고 믿는다.

반면 운동 부상을 주로 다루는 스포츠 의학 병원은 일단 환자의 성향부터 완전히 다르다. 연령층이 젊어서 회복 속도가 빠르며 중장년층 환자들도 신체 조건이 좋기 때문에 내과 등의 협진이 필요한 경우가 드물

다. 응급 환자가 별로 없어서 대부분 외래를 통해 방문하기 때문에 MRI 이외에는 별 다른 시설이 필요없다. 또 인대와 연골 손상은 수술 적응증의 범위가 비교적 명확하여, 사설 병원의 치명적인 결함인 '과도한 수술 적용'의 굴레에서 벗어날 수 있다. 한편 재활 트레이닝에 필요한 체육관은 집도의와 긴밀한 협조가 이루어져야 하는데, 요즘의 초 대형 병원처럼 시설이 흩어져 있으면 오히려 효율이 떨어져버린다. 한 마디로 하드웨어적인 면에서, 수술과 재활이 한 곳에서 일사불란하게 맞물려 돌아가는, 작으면서도 단단한 구조가 스포츠 의학을 실행하는데 어울리는 것이다.

치료를 받으러 외국에 나가는 선수들이 자주 하는 이야기 중 하나가, 수술은 우리 나라 의사들이 잘 하는 것 알겠는데, 재활이 다르다고 한다. 그렇다면 그들의 재활 트레이닝은 우리가 없는 시설이 있거나 우리가 모르는 비법이 있는 것일까?

국가대표 보디빌더들의 웨이트 트레이닝 훈련을 처음 접했을 때 가장 인상 깊었던 것은 그들이 사용하는 기구와 훈련 시간이었다. 국가대표 훈련장이라 해도 시설 자체는 흔히 보이는 동네 체육관과 다를 것이 전혀 없다. 단 바벨, 덤벨 등의 기초적인 도구가 다양하게 갖추어져 있는 것이 특징이다. 훈련 방법도 기대했던 특수한 동작이나 프로그램은 없는 대신, 예상 외로 운동 시간이 짧다는 것에 놀랐다. 한 마디로 기본적인 장비와 자세 위주의 트레이닝 원칙에 충실하되, 짧은 시간 내에 고도의 집중력으로 마무리 하는 것이 비법이라면 비법이었다. 선수들의 훈련 시간은 세션당 한 시간을 넘기지 않는다.

재활 역시 저항운동을 기본으로 한 일종의 트레이닝이기 때문에, 특수한 기구나 방법이라는 것이 있을 수 없다. 물론 재활 트레이닝에서는 고무줄, 튜브, 볼 등의 소도구 들이 많이 사용되고 등속성 운동 기구(isokinetic dynamometer) 같은 고가의 장비가 나름대로 역할을 하지만, 없으면 안 되는 필수 도구들은 아니다. 원칙을 알고 잘 응용만 하면 적당한 공간과 덤벨, 바벨 등의 기초 도구만 있어도 마무리 재활까지 얼마든지 가능하다. 한 마디로 하드웨어보다 소프트웨어가 훨씬 더 중요하다는 것이다.

소프트웨어, 즉 운동 프로그램 역시 비법은 없다. 다음은 한 국내 선수가 독일에 가서 전방십자인대 재건수술을 받고 현지의 재활 트레이닝 센터에서 받은 재활 프로그램이다(그림 E2-9). 국내 운동 선수들이 많이 찾아가는 곳 중에 하나이다. 체육관에서 운동 좀 해 본 사람이라면 모를 리 없는 레그 프레스, 레그 익스텐션/컬, 자전거 등의 매우 기본적인 하체 운동으로 구성된 프로그램이다. 하루에 한 시간 남짓 시행하는 이런 정도의 운동을 하려고 객지에서 몇 달 간 합숙을 하며 지낸다. 비용은 국내보다 10배 이상 소요되리라 본다.

중요한 것은 재활 프로그램의 특수성이 아니라, 이를 환자의 상태에 맞게 적용할 수 있는 의사의 리더십이다. 정형외과 의사가 트레이닝을 이해하지 못하고 무조건 "움직이지 마세요" 해버리면 재활 트레이닝은 물 건너 가버리는 것이며, 반면 "알아서 하세요" 라는 식으로 소극적으로 대처하면 강도를 조절할 수 없는, 위험하거나 역으로 비효율적인 트레이닝이 되어버린다. 정형외과 집도의 재활에 대한 인식과 경험이 가장 중요하며, 그것만 해결이 되면 어떤 환경에서도 재활 트레이닝을 훌륭히 진행할 수 있다.

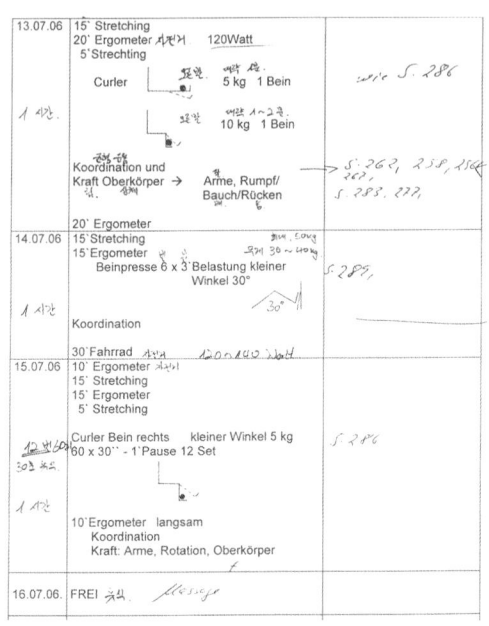

그림 E2-9. 독일의 한 재활 센터의 운동 처방

조브 병원 등을 비롯한 유명 병원이 명성을 얻은 이유는 앞서가는 연구 성과와, 그 연구 결과들을 바로 치료 현장에 반영할 수 있는 상업화된 선진 의료시스템 덕분이지, 그들의 치료 술기가 유별나게 뛰어나서는 아니다. 실제 유명 의사들의 수술을 참관해 보면 실망하게 되는 경우가 많다. 재활 시스템 역시 실험 과학을 통해 선도적인 역할을 해 온 그들의 노력을 인정하지만, 현장에서 벌어지는 환자의 트레이닝은 이론보다 더 중요한 부분들이 많기에, 넓은 공간과 시간적 여유 이외에는 달리 부러워할 것이 없었다.

정리해 보니, 중소 병원 정도 규모에 조그만 체육관 하나 붙어 있으면 시설은 충분하고, 수술은 우리가 더 잘 할 수 있고 트레이닝도 우리가 더 잘 시킬 수 있다면, 앞서가는 연구는 당장 어렵다 하더라도, 운동하다가 다친 환자 수술하고 재활시켜 운동장으로 빨리 돌려보내는 일은 누구보다도 잘 할 수 있다는 결론이 나왔다.

2.11. 국산 스포츠의학 병원

돌아오는 비행기 안에서도 여전히 불안했다. 자신감을 얻은 것도 좋았고, 뭘 해야 하는 지도 알겠는데, 어떻게 시작해야 할지 정리가 안 되었다. 원 없이 놀다가 이제 벌 받는다는 생각이 들었다.

한 가지 확실한 것은 환자에게 운동을 시키기 위해서는 병원 내에, 그것도 정형외과 의사의 시야 내에 체육관이 있어야겠다는 것이었다. 트레이닝이라는 것이 말이나 종이 처방으로 해결될 수 없다는 것을 잘 알고 있었기 때문이었다. 운동장까지 있었으면 싶었지만 불가능했기 때문에 일단 병원에 체육관을 만들었다. 집도의의 지시를 잘 전달할 수 있는 트레이너들이 합류했다. 운동권 의사 출신답게 운동장에서 많은 시간을 보냈다.

'Getting Stronger' 책 옆에 끼고 영천행 기차를 탄지 딱 10년 만에 가까스로 하드웨어와 소프트웨어, 두 가지 준비를 모두 마치게 된 것이었다. 비로소 내가 수술한 환자가, 내 눈 앞에서 재활을 한 다음, 운동장으로 뛰어 돌아가서 골을 넣는, 치료의 전 과정을 볼 수 있게 되었다(그림 E2-10, 11, 12).

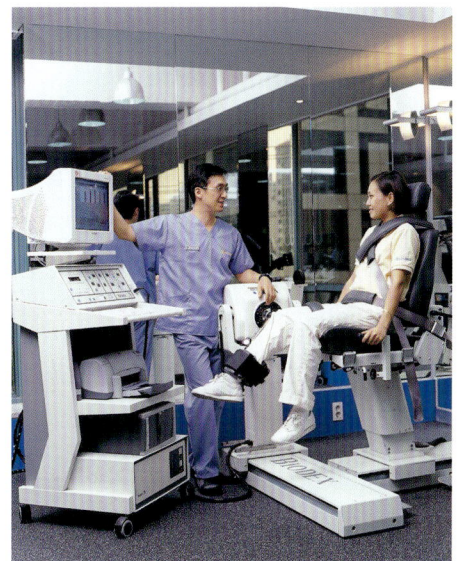

그림 E2-10, 11, 12. 코리아 정형외과 / 스포츠메디슨 센터

그리고 7년…

집도의 지휘 하에 수술과 재활이 동시에 진행되는 이상적인 시스템이라고 자부하고 일을 해왔고 치료 결과는 기대 이상이었다. 전방십자인대 재건술을 받은 환자가 다음 날 링거를 매단 채로 체육관에서 웨이트 트레이닝을 시작하여, 1주일 만에 스쿼트, 2주일에 러닝을 한 다음, 2~3개월 후에는 운동장에서 공을 차고 스키를 타는 식의 공격적인 재활 트레이닝이 가능했다. 10~20대의 젊은 환자들이 주축인 활발한 병원 분위기도 맘에 들었다. 축 쳐진 환자의 병원복도, 의료진의 가운도 어울리지 않아서 다 치워버렸다. 환자들은 자연스럽게 반바지와 티셔츠를 입는다.

하지만 시행 착오를 엄청 겪었다. 벤치마킹 할 확실한 롤모델이 없었기 때문에 병원의 정체성을 정리하는 데만도 오랜 시간이 걸렸다. 처음에는 "여기서 정형외과 환자도 보느냐?"는 질문도 많이 받았다. 워낙 여러 번 뜯어 고치느라 병원 구조도 엉망이 되었다. 그 사이에 직원들도 우왕좌왕하다가 1년 만에 대부분 교체되었다. 성향이 약간씩 달랐던 트레이너들은 내분이 일어나 모두 그만두었다.

그 중에서도 가장 힘들었고 현재도 고민 중인 부분은 재활 체육관의 운영 문제이다.

재활 체육관은 트레이닝의 대상과 목표가 일반 체육관과 전혀 다르다. 대상이 환자인 만큼 갑작스런 부상으로 인해 어쩔 수 없이 운동을 하게 된 것이지, 좋아서 찾아 온 사람은 한 명도 없다. 환자는 트레이닝을 치료 과정이라고 생각하기 때문에, 저비용의 의료 보험 제도에 익숙해져 있는 우리 나라 환자들은 재활에 소요되는 비용을 이해 못하는 경우가 많다. 일종의 '개인 트레이닝(personalized training)' 전용 체육관으로서 재활 트레이닝 비용은 일반 체육관의 PT(개인 트레이닝) 비용에 비하면 오히려 저렴한 편이다. 인건비, 임대료 등의 운영비를 고려했을 때 개인 트레이닝만으로 수지를 맞추기가 어렵지만, 일반 회원을 같이 받는 것도 현실적으로 어렵다. 또 환자의 상태라는 것이 당연히 재활 과정 중에도 나빠질 수 있지만, 재활 트레이닝을 하면서 결과가 좋지 않으면 민감한 반응이 돌아온다. 일반 체육관에서는 발생하지 않는 문제들이다.

체육관의 수익 계산법은 간단하다. 회원의 머리 수에다 회비를 곱하면 된다. 따라서 수익을 늘이는 법도 간단하다. 더 많은 사람들을 더 오래 운동하게 만들면 되는 것이다. 여기서 재활 체육관의 근본적인 문제점이 발생한다. 더 많은 사람들이 더 오래 운동 할수록 수입도 늘고 회원들의 건강도 좋아지는 일반 체육관은 수익을 추구하는데 있어 전혀 문제가 없다. 하지만 재활 체육관은 빨리 치료를 마무리하고 운동장으로 돌려 보내는 것이 지상 목표이기 때문에 오히려 운동 기간을 줄이려 노력해야 하는 딜레마가 발생한다. 또 증상이 있다고 해서 모두 재활 대상으로 삼아서도 안 된다. 선수가 조금만 아파도 재활한답시고 맨날 훈련 빼먹고 빠져 나오는 분위기가 되면 팀 운영이 어려워진다. 따라서 일반 체육관과 동일한 마케팅 전략을 잡으면, 결국 팀 훈련을 하고 있어야 할 선수들을 빼내 오게 되고, 1달이면 끝날 치료를 질질 끌어 3개월을 고무줄 당기면서 붙잡고 있는 식의 운영을 하게 된다. 수익 모델의 도덕성에 원초적인 문제가 있는 것이다.

이런 여러 가지 이유들 때문에 스포츠 의학 병원의 미래에 대해서는 아직 신중하게 고민해야 할 부분이 많다. 하지만 어려운 현실에도 불구하고 분명이 스포츠 의학 병원은 정형외과 의사가 리드해 나가야 하는 재미있는 병원 시스템이다. 척추나 인공관절 분야와는 달리 명분이 확실하기 때문에 대형 병원들과도 당당하게 경쟁할 수 있는 몇 안 되는 아이템 중에 하나이다. 그리고 그 형태는 반드시 운동 부상 환자를 대상으로 한 수술 중심의 병원에 재활 체육관이 부속 기관으로 맞물려 돌아가는 구조라야 한다. 그렇지 않으면 체육관의 수익 모델에 발목이 잡혀 무리한 운영을 하게 되고, 이는 결국 스포츠 의학의 본질을 훼손시켜 신뢰도를 떨어뜨리는 결과를 가져온다.

2.12. Mighty doctor

스포츠 의학을 전공하는 정형외과 의사들에게 '숙련된 수술 기술자' 자격은 필수 조건이지만 충분 조건은 아니다. 기존 정형외과 수련 교육 시스템에서 얻을 수 없는 다양한 운동 지식과 경험이 필요하다. 이를 위해서는 의사 자신이 구경을 하던 직접 하던 간에 운동장에서 보내는 시간이 많아야 한다. 그리고 가장 중요한 것은 운동 부상 환자의 처지를 진심으로 이해하고 같이 고민하는 마음가짐이다.

열심히 운동하는 튼튼한 '운동권 의사'는 환자들에게 더 많은 도움을 줄 수 있다.

"Doctors are not all mighty, but mighty doctors can help all."

저자 소개
은승표

의학박사, 정형외과 / 스포츠의학 전문의
KOSMED 코리아정형외과 / 코리아스포츠메디슨센터 원장

대한 체육회 의무위원
대한 스포츠의학회 이사
대한 스키협회 이사
대한 스키지도자연맹 의무이사
국제 스키안전협회(ISSS) 한국 지부장
미국 스키 메카닉스 자격
대한 체력관리 학회(KSCA) 의무이사
보디빌딩 지도자 및 심판
미국 개인 피트니스 트레이너/카운셀러 자격

전 대학스키연맹 소속 선수
전 가톨릭 의과대학 정형외과 교수
전 미국 버몬트 주립대 스포츠의학과 연구 교수
가톨릭의대, 한체대, 중앙대, 경기대, 이화여대, 삼육대 겸임 교수 역임

용인대학교 지정 병원
한국체육대학교 산학협력단 자문위원
강원랜드 스포츠단 지정 병원
도암중학교 선수촌 지정 병원

연수 병원:
University of Vermont, Burlington, VT
Kerlan-Jobe Hospital in LA, CA
Hospital for Special Surgery in New York, NY
Steadman-Hawkins Clinic in Vail, CO
Long Beach Memorial Hospital in Long Beach, CA

스키 부상의 역사-원초적 위험

초판 인쇄 : 2013년 10월 24일
초판 발행 : 2013년 10월 27일

저　자 : 은승표
발행처 : 영창출판사
　　　　서울시 영등포구 여의도동 61-4 라이프콤비빌딩 1119호
　　　　02-926-3223　　www.orthobook.com
발행인 : 한동훈
등　록 : 제7-821호
기　획 : 강영경
표　지 : 장부다

ISBN : 978-89-92676-40-3　　93510
정　가 : 20,000원

※ 저자와 협의하여 인지를 생략합니다.
　 낙장이나 파본된 책은 교환해 드립니다.

KOSMED 코리아정형외과

코리아스포츠메디슨센터 | KOREA ORTHOPAEDIC CLINIC / KOREA SPORTS MEDICINE CENTER
WWW.KOSMED.CO.KR 십자인대 수술/재활 전문 병원

2013 BRAND NEW KOSMED

은승표 원장 인사말
의학박사, 정형외과 전문의 / 스포츠의학 전문의
코리아 정형외과 / 코리아 스포츠메디슨 센터 원장

2002 FIFA월드컵이 전세계를 뜨겁게 달구었던 여름, 강남역에서 시작한 코리아정형외과(KOSMED)가 어느덧 개원 10주년을 맞아 2013년 송파구 가락동에 새로운 집을 단장하게 되었습니다.

그동안 비약적으로 발전한 스포츠의학은 선수는 물론이고 활동적인 일반인들에게도 발생하기 쉬운 다양한 근골격계 질환에 대해 치료 및 재활, 예방활동까지 더욱 발전된 대응이 가능하게 되었습니다.

코리아정형외과(KOSMED)는 십자인대 수술/재활 전문병원으로서 내원객들께 더욱 신뢰받는 병원으로 소중한 일상생활과 경기로 안전하게 돌아갈 수 있도록 항상 최선을 다하겠습니다.

KOSMED INFORMATION

6F	병실 601.602.603.604 / 식당
5F	병실 501.502.503.504
4F	수술실 / 회복실 401.402
3F	재활치료실
2F	접수/진료실/방사선과/원무과
B1	물리치료실/샤워실
	코리아정형외과

KOSMED FL. INFORMATION

십자인대수술/재활 분야
최고의 병원이 되겠습니다

코리아정형외과
(우)138-807 서울시 송파구 송이로 147 (가락2동 123-16)
T 02.585.9119
F 02.585.8275
WWW.KOSMED.CO.KR